Utilize este código QR para se cadastrar de forma mais rápida:

Ou, se preferir, entre em:
https://www.moderna.com.br/ac/livro
e siga as instruções para ter acesso aos conteúdos exclusivos do
Livro Digital

CÓDIGO DE ACESSO:
A 00016 HIESDEM1E 6 15280

Faça apenas um cadastro. Ele será válido para:

Da semente ao livro, sustentabilidade por todo o caminho

Plantar florestas
A madeira que serve de matéria-prima para nosso papel vem de plantio renovável, ou seja, não é fruto de desmatamento. Essa prática gera milhares de empregos para agricultores e ajuda a recuperar áreas ambientais degradadas.

Fabricar papel e imprimir livros
Toda a cadeia produtiva do papel, desde a produção de celulose até a encadernação do livro, é certificada, cumprindo padrões internacionais de processamento sustentável e boas práticas ambientais.

Criar conteúdos
Os profissionais envolvidos na elaboração de nossas soluções educacionais buscam uma educação para a vida pautada por curadoria editorial, diversidade de olhares e responsabilidade socioambiental.

Construir projetos de vida
Oferecer uma solução educacional Moderna é um ato de comprometimento com o futuro das novas gerações, possibilitando uma relação de parceria entre escolas e famílias na missão de educar!

Tacira Comunicação, Alexandre Santana e Estúdio Pingado

Apoio:

Fotografe o Código QR e conheça melhor esse caminho.
Saiba mais em *moderna.com.br/sustentavel*

Flavio de Campos

Bacharel e licenciado em História pela Pontifícia Universidade Católica de São Paulo (PUC-SP).
Mestre e doutor em História Social pela Universidade de São Paulo (USP).
Professor Doutor do Departamento de História da Universidade de São Paulo (USP).
Coordenador científico do Núcleo Interdisciplinar de Pesquisas sobre Futebol
e Modalidades Lúdicas (Ludens-USP). Autor de livros didáticos e paradidáticos.

Regina Claro

Bacharel em História pela Universidade de São Paulo (USP). Mestre em História Social
pela Universidade de São Paulo (USP). Desenvolve projetos de capacitação para
professores da rede pública na temática História e Cultura Africana e Afro-americana,
em atendimento à Lei nº 10.639/03. Autora de livros didáticos e paradidáticos.

Miriam Dolhnikoff

Bacharel e licenciada em História pela Pontifícia Universidade Católica de São Paulo (PUC-SP).
Mestre em História Social e Doutora em História Econômica pela Universidade de São Paulo (USP).
Professora Doutora do Departamento de História e do curso de Relações Internacionais
da Universidade de São Paulo (USP). Pesquisadora do Centro Brasileiro de Análise
e Planejamento (Cebrap). Autora de livros didáticos e paradidáticos.

HISTÓRIA
ESCOLA E DEMOCRACIA
6

1ª edição

© Flávio de Campos, Regina Claro, Miriam Dolhnikoff, 2019.

Coordenação editorial: Leon Torres
Edição de texto: Angela Duarte
Gerência de *design* e produção gráfica: Cia. de Ética
Coordenação de *design* e projetos visuais: Didier Moraes, Marcello Araújo
Projeto gráfico: Didier Moraes, Marcello Araújo
Capa: Didier Moraes, Marcello Araújo
  Foto: Fabio Colombini.
Coordenação de arte: Didier Moraes e Marcello Araújo
Edição de arte: Didier Moraes e Marcello Araújo
Editoração eletrônica: Cia. de Ética/Cláudia Carminati, Márcia Romero, Mônica Hamada, Ruddi Carneiro
Edição de infografia: A+com
Ilustrações de vinhetas: Didier Moraes, Marcello Araújo
Ilustrações: Lucas C. Martinez
Revisão: Cia. de Ética/Ana Paula Piccoli, Denise Pessoa Ribas, Fabio Giorgio, Luciana Baraldi, Sandra Garcia Cortés
Coordenação de pesquisa iconográfica: Cia. de Ética/Paulinha Dias
Pesquisa iconográfica: Cia. de Ética/Angelita Cardoso
Coordenação de *bureau*: Rubens M. Rodrigues
Tratamento de imagens: Pix Arte Imagens
Pré-impressão: Alexandre Petreca, Everton L. de Oliveira, Marcio H. Kamoto, Vitória Sousa
Coordenação de produção industrial: Wendell Monteiro
Impressão e acabamento: Bercrom Gráfica e Editora
Lote: 283930

Dados Internacionais de Catalogação na Publicação (CIP)
(Câmara Brasileira do Livro, SP, Brasil)

Campos, Flavio de
   História : escola e democracia / Flavio de Campos, Regina Claro, Miriam Dolhnikoff. – 1. ed. – São Paulo : Moderna, 2018. – (História : escola e democracia)

   Obra em 4 v. para alunos do 6º ao 9º ano.
   Bibliografia.

   1. História (Ensino fundamental) I. Claro, Regina. II. Dolhnikoff, Miriam. III. Título. IV. Série.

18-20773   CDD-372.89

Índices para catálogo sistemático:
1. História : Ensino fundamental 372.89
Maria Paula C. Riyuzo - Bibliotecária - CRB-8/7639

ISBN 978-85-16-11649-1 (LA)
ISBN 978-85-16-11650-7 (LP)

Reprodução proibida. Art. 184 do Código Penal e Lei 9.610 de 19 de fevereiro de 1998.
Todos os direitos reservados
EDITORA MODERNA LTDA.
Rua Padre Adelino, 758 – Belenzinho
São Paulo – SP – Brasil – CEP 03303-904
Vendas e Atendimento: Tel. (0__11) 2602-5510
Fax (0__11) 2790-1501
www.moderna.com.br
2019
Impresso no Brasil

1 3 5 7 9 10 8 6 4 2

Apresentação

Há muitas definições para a história. Uma das mais difundidas e aceitas a considera o estudo dos seres humanos no tempo. Assim, nossos olhares e interesses não devem se dirigir apenas para o passado, mas também para o presente, articulando tempos diversos, procurando significações, nexos e relações.

Se a história é uma ferramenta para o manuseio do tempo, a escola é uma instituição de fronteira entre o ambiente familiar e o conjunto da sociedade. Ambas são marcadas pela transição. A primeira pela multiplicidade de tempos. A segunda pela ampliação dos horizontes e pela compreensão científica e sistematizada das dinâmicas sociais.

É na interface dessas transições que situamos a proposta desta coleção. Além dos elementos econômicos, sociais, políticos, religiosos e culturais, procuramos considerar aspectos muito próximos do repertório dos estudantes, visando a uma aprendizagem significativa.

Por essa razão, resgatamos elementos lúdicos desenvolvidos nos períodos e nas sociedades analisados. Os jogos são dados culturais, desenvolvidos ao longo da história para divertir e tornar a existência humana mais agradável. São permanências que devemos entender e analisar como temas privilegiados para a compreensão das diversas formações sociais ao longo do tempo.

Os jogos podem nos oferecer parâmetros para o entendimento de regras, mecanismos e, sobretudo, valores de respeito, diversidade e tolerância, elementos fundamentais para o convívio coletivo em uma sociedade democrática.

Os autores

Brincadeiras de criança, Pieter Brueghel. Óleo sobre madeira, 1560.

MUSEU KUNSTHISTORISCHES, VIENA, ÁUSTRIA

Por dentro do livro

É importante que você compreenda como organizamos este livro. Cada capítulo oferece algumas ferramentas para facilitar seu estudo. Cada uma das seções do capítulo tem uma função que vai ajudá-lo(a) a desenvolver um tipo de conhecimento e habilidade.

PORTAS ABERTAS

Cada capítulo tem uma abertura com imagens e questões. Sua função é iniciar os trabalhos. Você vai perceber que é capaz de lembrar de alguns dados, informações e até mesmo de chegar a algumas conclusões iniciais, ou seja, muitas vezes você já tem conhecimentos sobre os assuntos que vão ser tratados. Imagens e atividades servirão de estímulo. As portas estão abertas para que você inicie suas reflexões.

TÁ LIGADO?

Como um roteiro de leitura, há questões e propostas de atividades para auxiliar a compreensão do texto básico.

TEXTO BÁSICO

Cada capítulo tem um texto geral que trata de um ou mais temas. Sua função é oferecer informações, explicações, análises e interpretações do estudo de História. É o momento de atenção e de leitura cuidadosa. Ao longo desta seção, há outros quadros, como se fossem janelas, com imagens e informações complementares.

EM DESTAQUE

São quadros com atividades, localizados ao longo do texto básico. É um jogo rápido, um treinamento com atividades inserido no decorrer do capítulo. Há sempre uma imagem ou um pequeno texto seguido de algumas questões. Sua função é aprofundar e complementar conteúdos, levantar algum tipo de polêmica ou estabelecer alguma relação com o presente.

TÁ NA REDE!

MESQUITA DE DJENNÉ
Digite o endereço abaixo na barra do navegador de internet: ‹http://bit.ly/2QqnEFn›. Você pode também tirar uma foto com um aplicativo de QrCode para saber mais sobre o assunto. Acesso em: 21 set. 2018. Em inglês.

Viagem virtual pela mesquita de Djenné.

TÁ NA REDE!

Em alguns capítulos, dicas de *sites* para aprofundar seus conhecimentos. Também pode ser acessado através de um aplicativo QrCode.

4

Este ícone indica os objetos educacionais digitais disponíveis na versão digital do livro.

No final do **livro digital** você encontra o *Caderno de Questões para Análise de Aprendizagem*.

ÍCONES DA COLEÇÃO DE HISTÓRIA

 ÁFRICA

 RELAÇÕES ÁFRICA-AMÉRICA ANGLO-SAXÃ

 RELAÇÕES ÁFRICA-AMÉRICA LATINA

 JOGOS

 POVOS INDÍGENAS

 DIREITOS HUMANOS

 RELAÇÃO DE GÊNERO

 RELAÇÃO DE GÊNERO E DIVERSIDADES

 CIDADANIA

 ORALIDADE

 OLHARES DIVERSOS

 PATRIMÔNIO

QUADROS COMPLEMENTARES

Janelas em que estão presentes textos variados, imagens, mapas ou gráficos complementares. Sua função é inserir novas informações e relações com os conteúdos do capítulo.

LEITURA COMPLEMENTAR

Textos de diversos tipos (artigos de jornais e revistas, depoimentos, literatura, trechos de livros etc.) de outros autores, seguidos de questões. A intenção aqui é desenvolver ainda mais sua capacidade de leitura e ampliar seus conhecimentos.

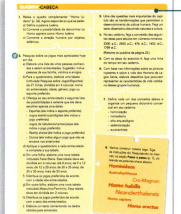

PONTO DE VISTA

Apresenta uma imagem ou conjunto de imagens. Sua função é ajudar você a desenvolver habilidades em interpretar e analisar documentos visuais. Algumas vezes, com base em textos ou em questões apresentadas no capítulo, pediremos a você que elabore um desenho e dê asas à sua criatividade.

PERMANÊNCIAS E RUPTURAS

Atividades que procuram relacionar algum assunto desenvolvido no capítulo com questões da atualidade. O objetivo aqui é utilizar a História como uma ferramenta capaz de analisar também o presente.

QUEBRA-CABEÇA

Conjunto de atividades diversificadas relativas ao texto básico e aos quadros complementares. Tem como objetivo propor desafios, estimular pesquisas e organizar conceitos e informações.

TRÉPLICA

Indicações de filmes, livros e *sites* para aprofundar temas desenvolvidos nos capítulos e ampliar sua capacidade de pesquisa. Como na modalidade atlética, três impulsos complementares para auxiliar sua aprendizagem.

Passo a passo

Para a análise de imagens e textos, elaboramos alguns roteiros que vão ajudar nesse trabalho. É bom dizer que os roteiros não são a única maneira de analisar esses materiais, eles servem como dicas e guias de orientação para seu estudo.

Babel brasileira, Augusto Coruja. Fotomontagem, 2012.

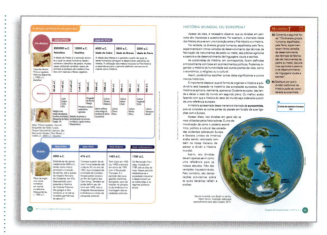

ANÁLISE DE DOCUMENTOS VISUAIS

Para a análise de imagens, precisamos estar atentos a diversos detalhes. É como assistir a um espetáculo teatral ou a uma partida de futebol. Temos de identificar o palco em que se desenrola a ação e as personagens em cena, o campo de jogo, os uniformes dos atletas, o juiz, as jogadas, os esquemas táticos, a torcida.

1. Identifique o autor, a data e o tipo de imagem, ou seja, o seu suporte material: pintura, baixo-relevo, fotografia, escultura, gravura, cartaz etc.
2. Faça um passeio pelo interior da imagem antes de começar a analisá-la. Observe-a atentamente.
3. Uma pintura, por exemplo, cria espaços. Alguns estão mais perto, outros mais distantes. Alguns são mais fechados, outros abertos. Algumas cenas estão no centro da imagem, outras estão nas laterais. Identifique esses espaços.
4. Identifique os elementos da imagem: pessoas, animais, construções, a paisagem.
5. Observe qual é o lugar, a posição e o tamanho de cada um desses elementos. Veja o que está em destaque, no centro, nas laterais, no alto e embaixo.
6. Observe as ações retratadas. Identifique as principais e as secundárias.
7. Qual é o tema ou assunto da imagem?
8. Depois, responda às questões propostas.

LEITURA DE TEXTOS

Lembre-se: no momento da leitura, temos de estar concentrados. Conversas e brincadeiras atrapalham. Imagine um jogador de futebol ao cobrar um pênalti. Para não chutar de bico ou mandar a bola por cima do gol, ele fica atento a todos os detalhes.

1. Em uma primeira leitura, identifique o autor, a data, o título e o gênero de texto (artigo de jornal, poesia, literatura, trecho do livro, discurso etc.).
2. Faça uma lista com as palavras que você não entendeu.
3. Organize suas dúvidas. Faça no seu caderno três listas. A primeira com palavras cujo significado você poderia arriscar. A segunda com palavras que você entendeu pelo texto. E a terceira com aquelas que realmente você não tem ideia do que significam.
4. Consulte o dicionário. Escreva o significado das palavras que você não conhecia. Confira as outras palavras e corrija, se necessário.
5. Faça uma nova leitura do texto e identifique as ideias mais importantes de cada parágrafo e o assunto central do texto. Para essas tarefas, você pode fazer um levantamento das palavras-chave.
6. Depois resolva as questões propostas nas seções.

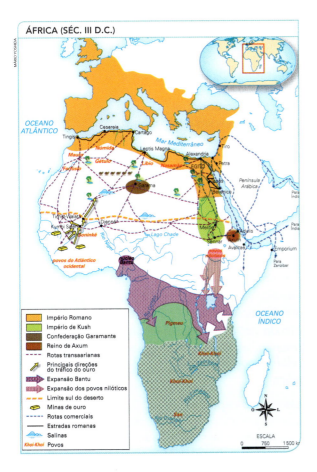

LEITURA DE MAPAS

O mapa é a representação de determinado espaço geográfico. Deve ser lido como uma composição de texto e imagem. Assim, vamos destacar alguns procedimentos necessários para essa leitura.

1. Leia o título do mapa. Nele está contido o tema representado.
2. Identifique as partes do mundo retratadas (continentes, países, regiões, localidades etc.).
3. Identifique os oceanos, rios e mares.
4. Verifique se há representação de relevo ou vegetação.
5. Verifique se há representação de cidades, reinos, impérios ou outra divisão política no mapa.
6. Perceba quais são as partes destacadas.
7. Leia com atenção as legendas e identifique no mapa os símbolos e as cores correspondentes. São informações muito importantes.

PESQUISANDO NA INTERNET

Navegar é preciso! As pesquisas na internet podem ser mais eficientes e seguras se tivermos palavras-chave estabelecidas, com critério e atenção. Com essas ferramentas, a navegação pela internet também será mais precisa e eficaz.

Na linguagem da internet, costuma-se utilizar *tag* como sinônimo para palavra-chave. Na verdade, *tag* em português significa etiqueta. É uma forma de classificar e orientar a pesquisa. Assim, ao utilizar um *tag* estamos aplicando uma espécie de bússola que nos orienta em nossas pesquisas pela internet. Você pode criar esses *tags* ou apenas utilizar as sugestões fornecidas na seção "Quebra-cabeça" presente em cada capítulo do seu livro. De posse desses *tags*:

1. Elabore uma definição resumida para cada *tag* a ser pesquisado.
2. Escolha um *site* de busca confiável para aplicar seus *tags*.
3. No menu do *site* de busca, escolha o suporte desejado (*web*, imagens, vídeos).
4. Para textos, aplique seus *tags* em pesquisas na *web*.
5. Para fotos, desenhos, pinturas, gráficos e mapas, aplique seus *tags* em pesquisas de imagens.
6. Para vídeos e *trailers* de filmes, aplique seus *tags* em pesquisas de vídeos.
7. Para cada pesquisa realizada, selecione pelo menos cinco fontes que você considera mais interessantes. Adote como critério de seleção a definição resumida conforme o item 1.
8. Verifique se há contradição entre a definição inicial e as informações encontradas durante a pesquisa.
9. Selecione as informações de cada fonte que você considerou relevante para melhorar a sua definição inicial.
10. Reelabore a sua definição inicial com base nos dados selecionados.

Sumário

1º Bimestre

1. A História, os seres humanos e o tempo

Portas abertas, 12
O que é História?, 14
   Compreender a História, 14
   Os historiadores, 15
   Tudo é história, 16
Presente, passado e futuro, 16
   Comunicação e tecnologia, 16
Para medir o tempo, 17
   História das horas, 18
Em destaque: A sonda Voyager 1, 19
   Escritos nas estrelas, 20
   Tempos para a agricultura, 20
As festas e o tempo circular, 21
   O tempo dos mitos, 21
O tempo histórico, 22
   O tempo judaico-cristão, 23
     Para contar os séculos, 23
Os jogos e o tempo, 24
Quebra-cabeça, 26
Leitura complementar: [Sobre a História], 26
Ponto de vista: Trabalhos agrícolas, 27
Permanências e rupturas: Brincadeiras de criança, 28
Tréplica, 29

Quadros do capítulo
Calculadora de mão, 18 • A semana, 22 • Jogos e celebrações, 25

2. Origens da humanidade

Portas abertas, 30
Origens, 32
   O desenvolvimento dos seres humanos, 33
   Homo sapiens, 34
Natureza e cultura, 34
   A vida dos primeiros seres humanos, 34
     A domesticação do fogo, 35
       Arte rupestre: técnica, comunicação, diversão e arte, 35
A arqueologia e os sítios arqueológicos, 37
   O arqueólogo, 37
   Vestígios na África, 38
   América, 39
   Caminhos e deslocamentos dos povos originários do Brasil, 40
   Vestígios no Brasil, 40
Em destaque: Os primeiros seres humanos na América, 42
     Os sambaquis, 44
     Os sítios arqueológicos vivos, 44
     A arte rupestre no Brasil, 45
Divisões e períodos da História humana, 47
   A Idade da Pedra, 47
   O Período Neolítico, 48
     A agricultura, 48
     Novas ferramentas, 48
     Sedentarização, 48
   A Idade dos Metais, 49
   História mundial ou europeia?, 51
Quebra-cabeça, 52
Leitura complementar: O único animal, 53
Ponto de vista: Comida, diversão e arte, 54
Permanências e rupturas: Nomadismo e telefonia celular, 55
Tréplica, 55

Quadros do capítulo
Evolução humana, 32 • *Homo ludens,* 36 • Luzia e o grupo de Lagoa Santa, 41 • Tradições da arte rupestre no Brasil, 46 • A divisão da História em períodos, 50

2º Bimestre

3. Mesopotâmios, semitas e povos americanos

Portas abertas, 56
A organização da vida coletiva, 58
   Os rios e o desenvolvimento humano, 58
     Sociedades fluviais, 58
   Primeiras povoações na Índia e na China, 58
   A Mesopotâmia, 59
     Os trabalhos e os deuses, 60
     Desigualdade social, 61
     Novas classes sociais, 61
     O Estado, 62
   Os primeiros Estados, 62
     Os sumérios e a vida urbana, 63
     Cidades-Estado, 64
     Comércio, 65
     Religião e arte na vida dos sumérios, 66
       Azuis, 66
       Zigurates, 67
     Os acadianos, 67
     Os amoritas: o primeiro Império Babilônico, 68

Assírios: o jogo da guerra, 69
Os caldeus: o segundo Império Babilônico, 69
Tijolo: a casa, o palácio, o templo, a cidade, 70
Em destaque: Desvendando a escrita, 71
Os semitas, 72
Os fenícios e o comércio, 72
A cor púrpura, 73
Navegantes, 73
Colônias, 74
Religião e sociedade, 74
Cidades-Reino, cidades-Estado, 74
Legado fenício, 74
Os hebreus, 75
A origem do povo hebreu, 75
A época dos patriarcas, 75
A época dos juízes, 76
A monarquia, 77
Sociedades Americanas, 78
Olmecas, 78
Maias, 78
Astecas, 78
Incas, 79
Os povos originários do Brasil, 79
Quebra-cabeça, 80
Leitura complementar: O Código de Hamurábi, 81
Ponto de vista: O maior dos zigurates da Mesopotâmia, 82
Permanências e rupturas: Os rios mais poluídos do Brasil, 84
Tréplica, 85

> *Quadros do capítulo*
> O jogo real de Ur, 65 • A *Epopeia de Gilgamesh*, 66 • Invasão do Iraque pelo Exército dos EUA provoca prejuízos arqueológicos, 71 • Indígenas do Brasil: a sociedade marajoara, 80

4 O Egito Antigo

Portas abertas, 86
A África de muitos povos, 88
A formação do Egito, 89
Hapi, o deus-rio, 90
Fertilização, 90
Os trabalhos de irrigação, 90
A formação dos nomos ao longo do Nilo, 91
As federações do Baixo e Alto Egito, 91
A unificação do Egito, 93
Faraó, 93
O armazenamento da produção, 93
A escrita dos egípcios, 94
Mulheres poderosas, 95
A divisão social no Egito Antigo, 96
A religião egípcia, 98
A crença na vida após a morte, 99
Politeísmo, 100
Monoteísmo, 100
Em destaque: A técnica de embalsamar corpos, 101
A periodização da história egípcia, 101
Quebra-cabeça, 105
Leitura complementar: [Egito e Mesopotâmia], 105
Ponto de vista: Egípcios, 106
Permanências e rupturas: Cleópatra, 106
Tréplica, 107

> *Quadros do capítulo*
> O calendário dos egípcios, 92 • Os escribas, 94 • Trabalho e divisão social, 96 • Períodos do Império, 102 • *Senet*: o jogo da alma, 104

5 A Grécia Antiga

Portas abertas, 108
O mundo grego na Antiguidade, 110
Período Pré-Homérico, 111
O labirinto do Minotauro, 111
A sociedade minoica, 111
A sociedade micênica, 112
Período Homérico, 112
Organização política, 112
A Guerra de Troia, 113
Período Arcaico, 113
As cidades-Estado gregas, 114
A vida em Atenas, 114
Crise e reformas, 114
Reformas de Sólon, 115
Tirania de Psístrato, 115
O nascimento da democracia, 116
Esparta: um Estado fortificado, 117
Estado militar, 117
Organização política, 117
Laconismo, 118
Em destaque: Falando grego, 118
Período Clássico, 119

Sumário (cont.)

A filosofia grega, 119
    Amantes da sabedoria, 119
Os Jogos Olímpicos e a integração grega, 120
    Principais modalidades olímpicas, 120
    Trégua e celebrações, 121
As Guerras Greco-Persas, 123
A maturidade da democracia ateniense, 124
    Aristocratas, 124
A Guerra do Peloponeso, 125
O enfraquecimento das cidades com a guerra, 126
O domínio macedônico, 127
    A expansão militar, 127
        Síntese cultural, 127
    A cultura helenística, 128
Índia e China: o esplendor cultural do século V a.C., 130
    Budismo e confucionismo, 130
    A sociedade de castas na Índia, 131
    A sociedade chinesa, 132
Quebra-cabeça, 133
Leitura complementar: A cidade grega, 134
Ponto de vista: O homem é a medida de todas as coisas, 134
Permanências e rupturas: Mulheres de Atenas, 136
Tréplica, 136

> *Quadros do capítulo*
> Periodização da História da Grécia, 110 • O teatro, 116 • As mulheres de Esparta, 117 • Os persas, 122 • As mulheres atenienses, 126 • Sociedade de castas, 131

6 Roma Antiga

Portas abertas, 138

As origens lendárias de Roma, 140
    Rômulo e Remo, 140
        O rapto das sabinas, 140
    Decifrando as lendas, 141
O período monárquico (753-509 a.C.), 141
A fundação da República, 142
    As lutas entre plebeus e patrícios, 142
    O nascimento do Direito romano, 143
As conquistas romanas, 144
    As Guerras Púnicas, 144
        Primeira Guerra Púnica, 144
        Segunda Guerra Púnica, 144
        Terceira Guerra Púnica, 145

A conquista da Macedônia, 146
As influências da cultura grega, 146
Consequências das conquistas, 146
    A escravidão, 147
    A invenção do latifúndio e o escravismo, 147
    A revolta dos escravizados, 147
A reforma agrária, 148
A crise da República, 149
    O fortalecimento do Exército, 150
        Os generais e o Senado, 150
    Imperadores, 151
O Império, 151
    As obras públicas romanas, 152
    A Paz Romana, 153
A crise do Império Romano, 156
    Ruralização e colonato, 156
    Segurança e poderes privados, 156
    O cristianismo, 157
    Os cristãos, 157
        Perseguições e aceitação, 158
    Os povos germânicos, 158
        A arte germânica, 159
        Mitos germânicos, 159
        As primeiras invasões germânicas, 160
Centralização e divisão do Império, 161
    Igreja e Estado, 161
    O enfraquecimento do poder central, 162
    O fim dos Jogos Olímpicos da Antiguidade, 163
    O Império Romano do Oriente, 163
Em destaque: O Senado, 164
Quebra-cabeça, 165
Leitura complementar: A condição das pessoas, 165
Ponto de vista: Vida cotidiana, 166
Permanências e rupturas: A semana e os deuses pagãos, 167
Tréplica, 167

> *Quadros do capítulo*
> O banquete, 149 • Jogos e diversões romanos, 154 • A morte da filósofa Hipátia, 162

7 A África de muitos povos

Portas abertas, 168

Núbia: Os senhores da fronteira ao sul do Nilo, 170
    Baixa Núbia, 170
    Alta Núbia: o Reino de Kush, 170
    O Império de Kush, 171

Kush conquista o Egito, 172
Atividades econômicas, 172
Organização política, 172
Etiópia, terra das árvores de perfume, 173
A rainha Makeda e o rei Salomão, 174
Egito sob gregos e romanos, 175
Estrangeiros, 176
Alexandria, o umbigo do mundo, 177
A biblioteca, 177
Povos do deserto, 178
Camelos, comércio e o deserto, 178
A Confederação Garamante, 178
Povos das savanas, 179
Pastores e agricultores, 179
Os mercados, 180
Povos das florestas, 180
A expansão dos povos de língua bantu, 181
Atividades bantu, 181
Os pequenos grandes caçadores, 182
Os pigmeus, 182
Homens e mulheres, 182
Os bosquímanos, 183
Divisão sexual do trabalho, 183
Em destaque: A tradição viva, 185
Quebra-cabeça, 186
Leitura complementar: Salomão e a rainha de Sabá (versão bíblica – 2Cr: IX,1-12; 1Rs: X, 1-13), 186
Ponto de vista: Coexistência, 187
Permanências e rupturas: Eu nasci há dez mil anos atrás, 188
Tréplica, 188

Quadros do capítulo
Candaces: rainhas guerreiras, 172 • O avô do berimbau e os jogos de imitação, 184

8 A Idade Média

Portas abertas, 190
Pensando a Idade Média, 192
Os reinos germânicos, 192
A Igreja e os reinos germânicos, 193
O Reino Franco, 193
O Império Carolíngio, 194
A fragmentação do poder, 194
As novas invasões, 194
O Império Bizantino, 195
Cristianismo, 196

O Islã, 196
Maomé e o monoteísmo, 197
A palavra do Alcorão, 197
Os sucessores de Maomé, 197
As divisões, 198
A expansão do Islã, 198
Os muçulmanos na Península Ibérica, 199
Al-Andaluz, 199
Os muçulmanos na África, 200
A sociedade feudal, 201
O centauro, 201
Os guerreiros, 201
Os monarcas, 202
O clero, 202
O senhorio, 204
Os trabalhadores, 204
Direitos senhoriais, 205
O feudalismo e a sociedade de ordens, 205
Clérigos e nobres, 207
A expansão feudal, 207
O comércio, 208
As cidades, 209
As corporações de ofícios e a burguesia, 209
A cidade e as autoridades de Deus, 209
Em destaque: O românico e o gótico, 210
Mobilidade social, 212
As Cruzadas, 213
Pobres e marginalizados, 213
A Reconquista Ibérica, 214
Peregrinações, 214
A centralização política, 215
Portugal, 215
Leão e Castela, 215
Quebra-cabeça, 216
Leitura complementar: As três ordens, 217
Ponto de vista: Simbolismo das espadas cristã e islâmica, 217
Permanências e rupturas: Jerusalém: judeus, cristãos e muçulmanos, 218
Tréplica, 219

Quadros do capítulo
A nobreza, 203 • O senhorio, 204 • A rotação trienal, 207 • Feiras, 208

 Índice remissivo, 220

 Referências bibliográficas, 222

CAPÍTULO 1
A História, os seres humanos e o tempo

1º Bimestre

PORTAS ABERTAS

OBSERVE AS IMAGENS

1. Identifique e descreva cada uma das imagens.
2. Identifique a imagem que se refere à situação histórica mais antiga.
3. Identifique a imagem que se refere à situação mais recente. Qual é a origem dessa celebração?
4. Indique a sequência da numeração das imagens em ordem cronológica.
5. Indique os tipos de imagens apresentadas.
6. Você considera essas imagens documentos históricos? Tente justificar sua resposta.

Homens e animais. Pintura rupestre, Parque Nacional da Capivara. São Raimundo Nonato, Piauí (Brasil), c. 12000 a.C. (foto de 2017).

Papa Francisco beija imagem do menino Jesus na celebração da missa de Natal, Basílica de São Pedro. Vaticano, 24 dez. 2013.

Natureza morta, Angeli. Charge. São Paulo, fev. 2005.

Pirâmides de Quéops, Quéfren e Miquerinos. Construídas durante a IV dinastia (2613-2494 a.C.). Gizé, Egito (foto de 2013).

Dia da Mulher é Todo Dia – LIBERTEM-SE, Nene Surreal. Grafite. Diadema, São Paulo (Brasil), 11 mar. 2012.

Independência ou Morte, Pedro Américo. Óleo sobre tela. São Paulo (Brasil), 1888 (foto de 2016).

TÁ LIGADO?

1. História é apenas o estudo do passado? Justifique sua resposta.

2. Leia atentamente a frase: "Para compreender a formação de uma religião é preciso entender as **condições históricas** que permitiram o seu surgimento". Agora, tente explicar o que seriam essas condições históricas que devem ser entendidas.

O QUE É HISTÓRIA?

Marc Bloch (1886-1944), um importante estudioso francês, definiu a História como o estudo da vida humana ao longo do tempo.

De acordo com essa definição, a História pode ser entendida como o estudo de todos os tipos de sociedades humanas desde as origens da humanidade até os dias de hoje.

O estudo da História, porém, não é apenas listar fatos, datas, personagens e acontecimentos do passado. Não se aprende História decorando ou memorizando acontecimentos.

Para realmente entender as sociedades do passado, precisamos tentar buscar explicações. Para isso, é necessário recolher informações sobre a vida das pessoas nessas sociedades. Mais interessante será o estudo quanto mais profundas forem nossas explicações e mais corretas as informações selecionadas.

COMPREENDER A HISTÓRIA

É importante, por exemplo, compreender como surgiu determinada religião. Para isso, não basta saber a sua data de fundação e o nome de seu fundador. Para compreendê-la precisamos saber as **condições históricas** que permitiram o seu surgimento e as razões que explicam o aumento ou a diminuição de seus seguidores.

A História terá de se ocupar do seu desenvolvimento. É assim que atua o historiador: ele investiga para saber se ocorreram divisões e disputas internas. Isso vale para o cristianismo, para o judaísmo, para a religião muçulmana, para o espiritismo, para o candomblé e para tantas outras religiões.

Judeus orando no Muro das Lamentações durante celebração do Yom Kippur. Cidade velha de Jerusalém (Israel), 02 out. 2014.

Fiéis durante missa na Igreja Matriz de Santo Antônio. Paracatu, Minas Gerais (Brasil), jun. 2018.

Muçulmanos orando na Mesquita Selimiye. Edirne (Turquia), 21 ago. 2018.

OS HISTORIADORES

Historiadores são os profissionais que se dedicam às pesquisas e ao ensino de História. Eles nem sempre concordam com uma única definição, e discutem muito sobre quais seriam as características de seu trabalho e de sua profissão.

Há muitas maneiras de pesquisar, entender e ensinar História. Nesta coleção, nós, os autores, apresentamos nossas visões e propostas para o trabalho com essa disciplina. Muitas dessas ideias foram debatidas com outros historiadores e com muitos estudantes ao longo das nossas carreiras como educadores e pesquisadores.

Além de profissionais, os historiadores são cidadãos que atuam na sociedade. Ensinam, pesquisam, estudam, escrevem. Assim como também votam e participam da vida política em seus países. Muitos atuam em sindicatos de professores e instituições de historiadores.

TÁ LIGADO?

3. Faça uma lista das atividades dos historiadores.

O que é História?
Vídeo

Manifestação de professores. Porto Alegre, Rio Grande do Sul (Brasil), 04 abr. 2017.

UFMG forma nova turma de professores indígenas de línguas, artes e literaturas. Belo Horizonte, Minas Gerais (Brasil), 09 set. 2016.

Professores das redes municipal e estadual em passeata intitulada "Um Milhão pela Educação". Rio de Janeiro, Rio de Janeiro (Brasil), 7 out. 2013.

Diversos são os tipos de documentos históricos: escritos, iconográficos, orais, materiais, audiovisuais...

Hieróglifos, anônimo. Extraídos do manuscrito *Os papiros de Ani*, c. 1040-945 a.C. (detalhe)

Hydria (vaso para água), atribuído a Leagros. Cerâmica estilo figuras negras, c. 510-500 a.C.

TÁ LIGADO

4. Defina documento histórico.

5. Elabore uma lista com cinco documentos históricos.

6. Explique por que os documentos históricos são representações das sociedades em que foram produzidos.

TUDO É HISTÓRIA

Textos, pinturas, construções, joias, objetos, desenhos, roupas, esculturas, monumentos. Tudo o que os seres humanos produziram em sua longa trajetória é importante para tentarmos reconstruir a vida no passado.

São testemunhos e vestígios das pessoas que viveram nas sociedades a serem estudadas. São sinais que nos permitem tentar entender como elas estavam organizadas politicamente, como era a sua produção de riquezas, quais eram as características de suas crenças religiosas, quais eram as suas classes sociais, quais jogos praticavam.

Esses vestígios são denominados **documentos históricos**. É com base neles que começamos a elaborar as explicações e a compreensão das diferentes sociedades.

Todo documento histórico é uma **representação** da sociedade em que foi produzido. O autor de um texto escrito apresenta suas ideias, suas crenças, seus interesses políticos e sociais. O autor de uma pintura, ao registrar uma cena do cotidiano, também apresenta seus valores sociais.

PRESENTE, PASSADO E FUTURO

Em 1992, a comunicação pela internet alastrava-se pelo mundo. Poucos anos antes, em 1983, havia se iniciado a febre dos telefones móveis, aqui no Brasil conhecidos como telefones celulares. Os computadores de mesa tornaram-se objeto de consumo a partir de 1985. Depois vieram os computadores portáteis. Agora, vivemos o período da utilização dos *smartphones* e *tablets*.

Redes sociais, CDs, DVDs, *pen-drives*, *e-mails*, *downloads*. Todos esses termos estão incorporados ao nosso dia a dia. E não param de surgir novidades. Com tudo isso, em nosso **presente**, vivemos numa época de intensa e rápida comunicação e transferência de dados e arquivos.

COMUNICAÇÃO E TECNOLOGIA

Em um **passado** não muito distante, para quem nasceu em 1960, as mudanças dos últimos 50 anos são enormes. Naquela época, para a comunicação com pessoas distantes, escreviam-se cartas em papel ou enviavam-se telegramas. Não havia telefone celular. Utilizavam-se com frequência os telefones públicos, chamados orelhões, que funcionavam com fichas. Era comum o uso de máquinas de escrever.

Isso significa que os hábitos se modificaram muito nos últimos 20 anos. Hoje, é possível jogar *on-line* com pessoas que estão do outro lado do planeta, em países como China ou Japão, por exemplo.

Fazemos pesquisas pela internet. Vemos e ouvimos as pessoas por meio de câmeras instaladas nos computadores e telefones móveis. Manifestações públicas hoje em dia são organizadas pelas redes sociais.

Garota ouvindo música na vitrola. Rio de Janeiro (Brasil), abr. 1971.

Telefones públicos, conhecidos como orelhões. São Paulo (Brasil), 2002.

Garota estadunidense com máquina de escrever portátil. Década de 1970.

A economia atualmente é movimentada em grande parte pela internet e pelo desenvolvimento de projetos e produtos eletrônicos. Em 2004, alguns estudantes montaram uma rede social na internet e ganharam bilhões de dólares por causa de sua aceitação em todo o mundo. Em 2015, a moeda digital foi a que obteve a maior valorização comparando-se com as demais.

Mas a tecnologia também trouxe alguns problemas. Os horários de trabalho se estenderam. Na verdade, muitas pessoas, após a sua jornada de trabalho normal, continuam trabalhando em casa ou em outros lugares, utilizando computadores portáteis e telefones celulares.

Nos próximos 20 ou 30 anos, novas tecnologias farão parte de nossa vida cotidiana. As inovações de hoje serão coisas do passado, nesse **futuro** próximo. Para entender o significado de todas essas alterações, precisamos estar atentos e comparar informações e situações do passado e do presente.

PARA MEDIR O TEMPO

Presente, passado e futuro são noções necessárias para a organização dos estudos sobre o tempo e sobre a História.

Como você sabe, para situar diversos acontecimentos, utilizamos algumas **medidas de tempo**: horas, meses, anos, que são criações humanas. Hoje em dia, já nos acostumamos a usá-las normalmente.

Essas medidas são **ferramentas** feitas com base na observação da natureza há milhares de anos: nascer e pôr do Sol, fases da Lua, agrupamentos de estrelas, períodos de calor, frio, secas ou chuvas intensas.

As primeiras medidas de tempo foram elaboradas para atender às necessidades de sobrevivência de grupos humanos do passado. As divisões, a criação de instrumentos e suas denominações variaram ao longo da História e das sociedades.

TÁ LIGADO

7. Observe atentamente cada uma das imagens desta página. Identifique os objetos substituídos por tecnologia mais moderna.

8. Comente as mudanças de comportamento ocorridas com tais substituições.

9. Com relação aos equipamentos utilizados para se ouvir música, estabeleça as mudanças tecnológicas ocorridas nos últimos 50 anos.

10. Cite três medidas de tempo criadas pelos seres humanos ao longo da História.

11. Esclareça como os seres humanos elaboraram as medidas de tempo.

HISTÓRIA DAS HORAS

Detalhe do relógio de sol da Igreja Santa Maria la Major (século XIV). Catalunha (Espanha), 2012.

A divisão do dia em determinada quantidade de horas foi uma das primeiras criações para medir a passagem do tempo feitas pelos seres humanos, há cerca de 5 mil anos. Entre os primeiros instrumentos inventados estão os relógios de sol, que projetavam sua sombra no solo e permitiam, assim, acompanhar o decorrer do dia. Foi uma grande inovação!

Essa divisão possibilitava a organização dos trabalhos agrícolas e de outras atividades ao longo do dia. Evidentemente, para tal organização os seres humanos já estavam desenvolvendo também a matemática. A criação dos números e dos diversos sistemas numéricos foram fundamentais para as contagens do tempo.

Os egípcios dividiram o dia em 24 unidades, sendo 12 correspondentes à sombra projetada pelo Sol e outras 12 referentes à sombra projetada pela Lua (em noites em que era possível acompanhar sua sombra).

O número 12 também serviu como referência para outra importante divisão do tempo: o ano foi dividido em 12 meses por egípcios, caldeus, chineses e outros povos antigos.

Calculadora de mão

Uma dúzia. Essa medida de quantidade é muito antiga e foi possivelmente desenvolvida pelos sumérios, há mais de 5 mil anos. Alguns estudiosos acreditam que o número 12 se tornou referência de medida em razão do número de falanges de quatro dedos de uma mão. O polegar serviria de guia para as contas, tornando a mão uma espécie de calculadora.

  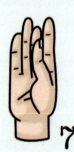 

EM DESTAQUE

 OBSERVE A IMAGEM

Leia o texto abaixo e depois trabalhe as questões propostas.

A sonda Voyager 1

Em setembro de 1977, a Agência Espacial dos Estados Unidos (Nasa) lançou uma sonda não tripulada, a Voyager 1, com a missão de explorar o espaço. Neste momento, a sonda encontra-se nos limites do Sistema Solar. Além de informações sobre o espaço, a missão Voyager pretende oferecer informações sobre a Terra para eventuais seres de outros planetas.

A bordo da Voyager foram enviados dois discos revestidos de ouro e uma agulha magnética para permitir a sua execução. Nesse disco há mais de cem imagens do planeta Terra, incluindo o Cristo Redentor e a muralha da China, músicas de Mozart, Beethoven e *rock'n'roll*, além de gravações de saudação em vários idiomas.

TÁ NA REDE!

VOYAGER
Digite o endereço abaixo na barra do navegador de internet: <http://goo.gl/Fq3Sah>. Você pode também tirar uma foto com um aplicativo de *QrCode* para saber mais sobre o assunto. Acesso em: 12 mar. 2018. Em português.

 Informações sobre o Programa Voyager

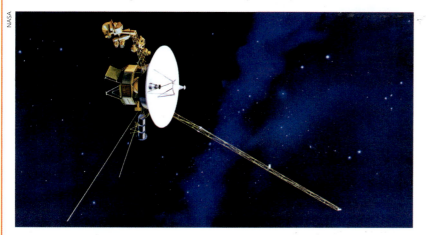
Sonda Voyager 1, 2011.

1. Enumere os conteúdos gravados nos discos de ouro transportados pela Voyager 1.
2. Explique o objetivo desses discos e as informações que poderão ser extraídas deles.
3. Imagine que você tem a missão de organizar uma caixa para ser enviada ao espaço. Seu objetivo é apresentar as características atuais do Brasil e do mundo. Você deve selecionar documentos e testemunhos que permitam a um leitor extraterrestre entender o seu momento histórico. Na sua caixa devem constar:
   a) uma fotografia;
   b) uma canção;
   c) um desenho, uma charge, um grafite ou uma pintura;
   d) um filme;
   e) a imagem de uma obra arquitetônica;
   f) a imagem de um monumento da sua cidade;
   g) um objeto pequeno;
   h) a imagem de um jogo ou de um esporte;
   i) a imagem de uma festa.
4. Com base no material coletado, elabore um pequeno texto explicando as condições históricas do momento em que você vive.

Constelação de Aquário. Gravura extraída de atlas russo, Kornelius Reissig, 1829.

ESCRITOS NAS ESTRELAS

Ao observar os ritmos naturais, ao trabalhar a terra e ao criar suas medidas de tempo, os seres humanos também começaram a atribuir forças especiais à natureza.

A observação das constelações permitia aos seres humanos identificar as estações do ano e suas características principais. Para memorizar essas épocas, eles começaram a identificar formas humanas, de animais ou de objetos, traçando linhas imaginárias que uniam as estrelas que apareciam no céu nas épocas em que a escuridão era total.

TEMPOS PARA A AGRICULTURA

As estações das chuvas, em geral, eram favoráveis ao período de plantio e foram associadas à fertilização da terra.

Uma das figuras que se imaginava estar desenhada no céu nesse período é a de um ser humano derrubando a água de dois vasos. É o símbolo de Aquário, um dos signos do zodíaco, que ainda hoje vemos desenhado em jornais, revistas, livros, internet.

No Egito Antigo, o período de plantio era representado pela deusa Tueris, uma fêmea de hipopótamo grávida, que simbolizava a fertilidade da terra, a proteção do plantio e das mulheres grávidas.

Provavelmente, os primeiros deuses foram criados nas associações entre elementos da natureza, atividades necessárias à sobrevivência humana e poderes mágicos. Os astros (Sol, Lua, planetas e estrelas) passaram a ser identificados como divinos, e o Céu, o lugar onde habitavam.

Deusa Tueris, anônimo. Xisto verde, XXVIª dinastia, c. 664-525 a.C.

TÁ NA REDE!

ESCRITOS NAS ESTRELAS

Digite o endereço abaixo na barra do navegador de internet: <https://goo.gl/8ZEzm4>. Você pode também tirar uma foto com um aplicativo de *QrCode* para saber mais sobre o assunto. Acesso em: 12 mar. 2018. Em português.

Canal composto por áreas temáticas de conteúdo e que disponibiliza jogos lúdicos.

TÁ LIGADO

12. Explique como a observação das constelações foi importante para a identificação das estações do ano.

AS FESTAS E O TEMPO CIRCULAR

Para tentar conseguir a proteção dos deuses e dos seres mágicos, os antigos realizavam festas no início das principais estações do ano. Nessas ocasiões, celebravam rituais e faziam oferendas aos seus deuses.

As festas eram celebrações coletivas. O **tempo festivo** somava-se ao tempo cotidiano, das tarefas e dos trabalhos diários necessários à sobrevivência e à manutenção da vida comunitária.

Nas festas, porém, o comportamento das pessoas era diferente. As celebrações eram marcadas por danças, bebidas, comidas, jogos e oferendas.

A festa era (e ainda é) um tempo diferente do tempo do dia a dia. A festa era (e ainda é) um tempo extraordinário, diferente do tempo das obrigações. Algumas festas duravam muitos dias.

As primeiras festas ajudavam a marcar o tempo anual. Eram, portanto, **instrumentos de demarcação do tempo**.

As festas que se repetiam (e ainda se repetem) a cada ano revelam um tipo de tempo: o **tempo circular** ou **tempo cíclico**.

Festa de Iemanjá na Praia da Boa Viagem. Recife, Pernambuco (Brasil), 2011.

Multidão acompanha a 225ª edição do Círio de Nazaré. Belém, Pará (Brasil), 08 out. 2017.

A cidade de Gramado decorada para o Natal. Gramado, Rio Grando Sul (Brasil), 05 nov. 2017.

O TEMPO DOS MITOS

A criação do mundo, dos seres humanos, dos animais e dos vegetais foi atribuída aos deuses. Muitos povos elaboraram suas explicações para o surgimento do Universo a partir de forças mágicas transformadas em divindades. É interessante notar que o tempo em que os deuses "criaram e viveram junto dos seres humanos" é apresentado como um **tempo indeterminado**.

Esse tempo é indeterminado porque não apresenta referências matemáticas. "Naquele tempo", "No princípio", "Quando os deuses habitavam a Terra", "Era uma vez" são maneiras de se referir a um tempo distante e indefinido: o tempo das origens.

As narrativas dos mitos apresentam ações realizadas pelos deuses em um passado muito distante. Essas ações deveriam servir de exemplo para os seres humanos e ser repetidas nos rituais e celebrações.

TÁ LIGADO ❓

13. Explique as razões pelas quais os seres humanos criaram as festas.

14. Como as festas ajudavam a marcar a passagem do ano?

15. Explique por que o tempo das origens e da criação, narrado pelos mitos, é considerado um tempo indeterminado.

A semana

Possivelmente, a divisão do mês em semanas de sete dias foi uma criação dos hebreus. A semana é aproximadamente o tempo necessário para cada mudança das fases da Lua (cheia, minguante, nova e crescente). A semana de sete dias também foi adotada pelos gregos e romanos. Os hebreus reservaram o sétimo dia para descanso e orações: o *shabat*, de onde vem a palavra sábado. Os romanos ligaram cada dia a um astro, que muitas vezes era também um de seus deuses. Os cristãos definiram o domingo (*dies Dominicus*: dia do Senhor) como o dia do descanso.

No começo do cristianismo, a Páscoa durava uma semana. Esses dias de orações eram chamados de **feriados**. O primeiro dia depois das comemorações da Páscoa era chamado de **feria-prima**, que depois passou a ser denominado domingo. Após a *feria-prima* viriam a *feria-secunda* (segunda-feira), *feria-terça* (terça-feira) e assim por diante. A língua portuguesa, diferente de outros idiomas, adotou essa denominação para os dias da semana.

Nesse longo percurso, os nomes dos dias da semana revelam a combinação de culturas diferentes, como se pode observar no quadro abaixo:

Hebreus	Roma antiga	Muçulmanos	Língua espanhola	Língua portuguesa
Yom Rishon (1º dia)	Dia do Sol	Yaum al-Ahad	Domingo	Domingo
Yom Sheni (2º dia)	Dia da Lua	Yaum al-Ithnayn	Lunes	Segunda-feira
Yom Shlishi (3º dia)	Dia de Marte	Yaum ath-Thalatha'	Martes	Terça-feira
Yom Revi'i (4º dia)	Dia de Mercúrio	Yaum al-Arba'a'	Miércoles	Quarta-feira
Yom Hamishi (5º dia)	Dia de Júpiter	Yaum al-Khamis	Jueves	Quinta-feira
Yom Shishi (6º dia)	Dia de Vênus	Yaum al-Jum'a	Viernes	Sexta-feira
Yom Shabat (7º dia)	Dia de Saturno	Yaum as-Sabt	Sábado	Sábado

Fonte: Quadro elaborado com base em FRANCO JÚNIOR, H. *A Idade Média, nascimento do Ocidente*. 2. ed. São Paulo: Brasiliense, 2001. p. 124.

O TEMPO HISTÓRICO

O tempo circular e repetitivo dos dias, semanas e meses foi completado em algumas sociedades por outro tipo de tempo: o **tempo contínuo**. A sequência de anos de determinado reinado ou da dominação de um povo sobre outro foi registrada em algumas sociedades. Tais registros "contavam" esse tempo de acontecimentos e de períodos de anos: o **tempo histórico**.

Se o tempo dos mitos era preferencialmente transmitido pela oralidade, o tempo histórico foi transmitido pela escrita. Essa seria uma transformação muito importante na cultura das sociedades que a elaboraram.

A aplicação da matemática e o uso de datas permitiram o surgimento da **cronologia**. Para medir quantidades de anos foram criadas outras medidas: **décadas** (períodos de dez anos), **séculos** (períodos de cem anos), **milênios** (períodos de mil anos).

TÁ LIGADO?

16. Compare o tempo histórico ao tempo dos mitos.
17. Relacione o desenvolvimento da cronologia à utilização da matemática.
18. Liste quatro medidas de tempo importantes para a divisão do tempo histórico.

O TEMPO JUDAICO-CRISTÃO

A história do povo hebreu foi registrada em seus livros. As guerras e as disputas contra outros povos, os períodos de dominação sob outros reinos, os anos de viagens coletivas, a sucessão de reis e os principais acontecimentos da sua história foram contados nos livros do Antigo Testamento da Bíblia.

Para os hebreus, tais acontecimentos eram a realização da vontade de Deus. Para a religião judaica, as revelações de Deus ocorriam na História, na sucessão de fatos e acontecimentos do povo hebreu.

O cristianismo surgiu a partir da cultura hebraica. Além de muitos elementos dessa religião, os cristãos mantiveram uma relação semelhante com a História.

A data do nascimento de Jesus Cristo passou a ser utilizada como ano 1 do calendário cristão. Assim, os anos posteriores ao nascimento de Cristo passaram a ser contados em **ordem crescente**: 2, 3, 4..., 140..., 476..., 1945..., 2011...

Os anos anteriores ao nascimento de Cristo foram contados em **ordem decrescente**. Para identificá-los utilizamos a abreviatura **a.C.**, que significa **antes de Cristo**. Assim, as datas dos acontecimentos ocorridos antes do nascimento de Cristo, como a fundação de Roma, o estabelecimento do Reino de Axum, na África, e o início da Guerra do Peloponeso, na Grécia, devem ser designadas como 753 a.C., 600 a.C. e 431 a.C., respectivamente.

Para contar os séculos

Por influência da cultura romana, é comum utilizarmos os algarismos romanos para representar os séculos. Preste bem atenção na lista abaixo, ela será muito importante para os seus estudos de História.

d.C. depois de Cristo

século	ano d.C.
XXI	2001-2100
XX	1901-2000
⋮	⋮
V	401-500
IV	301-400
III	201-300
II	101-200
I	1-100

Nascimento de Cristo

século	ano a.C.
I	100-1
II	200-101
III	300-201
IV	400-301
V	500-401
⋮	⋮
XX	2000-1901
XXI	2100-2001

a.C. antes de Cristo

Fórmula prática para definir o século (funciona para os anos a.C. e d.C.)	
Se o ano **terminar** em 00	Se o ano **não** terminar em 00
utilize o(s) algarismo(s) inicial(is) para definir o século	elimine os dois últimos algarismos, e some 1 ao(s) número(s) restante(s)
ano 1~~00~~ ▶ século **I**	ano 1~~01~~ + 1 ▶ século **II**
ano 15~~00~~ ▶ século **XV**	ano 15~~80~~ + 1 ▶ século **XVI**
ano 19~~00~~ ▶ século **XIX**	ano 19~~17~~ + 1 ▶ século **XX**
ano 20~~00~~ ▶ século **XX**	ano 20~~12~~ + 1 ▶ século **XXI**

TÁ LIGADO?

19. Explique por que os jogos são semelhantes às festas.

20. Elabore uma tabela sobre jogos dividindo-a em: jogos eletrônicos, esportes, jogos de tabuleiro, jogos de dramatização e esportes radicais. Para cada divisão, cite três exemplos.

21. De todos os jogos mencionados, escolha os três mais apreciados por você.

22. Esses jogos mais apreciados revelam características da nossa sociedade? Justifique sua resposta.

OS JOGOS E O TEMPO

Os jogos surgiram com os rituais e as festas entre os povos mais antigos. Nos muitos dias que duravam algumas celebrações, esses povos realizavam lutas, corridas, jogos com bola e encenações.

Em todas as sociedades ao longo da História é possível identificar a prática de algum tipo de jogo.

É interessante notar a importância que os jogos têm na nossa sociedade atual. Os jogos eletrônicos estão cada vez mais sofisticados e cada vez têm mais praticantes, entre todas as idades.

Mas há também um grande conjunto de modalidades esportivas: futebol, voleibol, basquetebol, natação, atletismo, boxe, tênis, golfe e tantas outras.

Há ainda jogos de tabuleiro, de cartas, de dados, de bingo, de apostas e também jogos de dramatização, como o teatro, as novelas e a mímica.

A essa grande lista devem ser acrescentados também os *reality shows*, as competições dos programas de domingo na televisão e os esportes radicais (ou de aventura), como surfe, alpinismo, *bungee jump* e paraquedismo.

De certo modo, os jogos ainda guardam muitas semelhanças com as festas. Como nelas, o tempo do jogo é um tempo diferente do tempo cotidiano, do tempo do trabalho e da produção. É um tempo de diversão e de celebração. E esses jogos também revelam muitas características das sociedades que os praticam.

Corrida de revezamento de tora masculina. IV Jogos Tradicionais Indígenas. Marapanim, Pará (Brasil), 5 set. 2014.

Jogos e celebrações

Entre 23 de outubro e 1º de novembro de 2015 ocorreram os Primeiros Jogos Mundiais dos Povos Indígenas, na cidade de Palmas, em Tocantins. Reuniram-se mais de 30 povos indígenas do Brasil e 20 povos vindos de diversos continentes. O emocionante encontro envolveu competições e jogos sob o lema "O importante não é ganhar nem competir, mas celebrar".

Esses jogos deram continuidade aos Jogos dos Povos Indígenas, organizados desde 1996 no Brasil, e aos Jogos Tradicionais Indígenas do Pará, praticados desde 2004. Nesses jogos, resgatam-se elementos mitológicos e valoriza-se a relação dos indígenas com a natureza.

As modalidades são um pouco diferentes das que estamos acostumados a acompanhar nos esportes modernos: corrida de tora, arco e flecha, zarabatana, futebol de cabeça, arremesso de lanças, canoagem, corridas de velocidade e resistência, lutas corporais, futebol feminino e masculino e cabo de força.

> **Zarabatana**
> Tubo comprido de madeira pelo qual se pode soprar um dardo ou pelota de barro envenenados.

O cabo de força (ou cabo de guerra), além da força física dos praticantes, representa as disputas entre forças da natureza, entre o dia e a noite, entre a vida e a morte.

Variações desse jogo aparecem em diversas sociedades: no Egito Antigo, na Birmânia (atual Myanmar), nas Coreias, entre os povos indígenas da América do Norte e os povos da Ásia. Em geral, esses e outros jogos eram praticados antes do cultivo do solo, como parte dos rituais para obter boas colheitas.

O cabo de força figurou como modalidade olímpica entre 1900 e 1920.

Competição de cabo de força feminina. IV Jogos Tradicionais Indígenas. Marapanim, Pará (Brasil), 10 set. 2014.

QUEBRA-CABEÇA

1. Releia o quadro complementar "A semana" (p. 22). Agora responda ao que se pede:
   a) Que fenômeno da natureza foi observado para a criação da semana de sete dias?
   b) Qual é a origem da palavra "feira", que acompanha os dias da semana na língua portuguesa?
   c) Aponte os dias de descanso para judeus e cristãos.
   d) Pesquise o dia de descanso estabelecido pelos muçulmanos.

2. Defina cada um dos conceitos abaixo e organize um pequeno dicionário conceitual em seu caderno:
   - documentos históricos
   - tempo circular
   - tempo contínuo

3. Elabore uma lista com as três festas mais importantes da sua cidade.

4. Escolha uma dessas festas, aponte as suas características e relate os comportamentos dos seus participantes.

5. Demonstre que essa festa escolhida apresenta-se como um tempo extraordinário, diferente do tempo das obrigações diárias em sua cidade.

6. Consulte os quadros da página 23 e transforme em séculos as seguintes datas:
   a) Escolha do papa Francisco (2013)
   b) Ataque às torres Gêmeas, em Nova York (2001)
   c) Duração da segunda Guerra Mundial (1939-1945)
   d) Descobrimento do Brasil (1500)
   e) Inconfidência Mineira (1789)
   f) Revolta de Beckman no Maranhão (1684)
   g) Construção das pirâmides de Gizé (aproximadamente 2250 a.C.)
   h) Ano do seu nascimento
   i) Ano em que você ingressou no Ensino Fundamental I
   j) Jogos Olímpicos do Rio de Janeiro (2016)
   k) Proclamação da Independência do Brasil (1822)

7. Com essas datas, faça uma linha do tempo em seu caderno.

8. Vamos construir nossos *tags*. Siga as instruções do *Pesquisando na internet*, na seção **Passo a passo** (p. 7), utilizando as palavras-chave abaixo:

   Jogos dos Povos Indígenas
   arremesso de **lanças**
   xikunahity
   corrida de **tora**
   Arremesso de dardos com **zarabatana**
   futebol indígena

LEITURA COMPLEMENTAR

[SOBRE A HISTÓRIA]

A História é:

A ciência dos fatos que se desenvolveram através dos tempos [...]

Não nos será possível, porém, falar com alguma certeza das coisas do passado, se a respeito delas não possuirmos textos escritos, isto é, documentos históricos [...]

Há ainda uma observação a fazer: nem todos os textos escritos devem ser considerados "documentos", mas apenas os que contribuem para esclarecer dúvidas, para resolver problemas sobre fatos e instituições que influíram na evolução da humanidade ou na vida dos povos.

LOBO, Haddock. *História Universal*. São Paulo: Egéria, 1979. v. 1. p. 7-9.

1. Como Haddock Lobo, o autor do texto ao lado, define a História?

2. Aponte a definição do autor para documentos históricos.

3. Retome a leitura do trecho deste capítulo sobre os documentos históricos. Resuma, em seu caderno, a definição oferecida à página 16.

4. Compare e discuta a explicação dos autores de seu livro didático sobre os documentos históricos e a definição apresentada no texto ao lado.

PONTO DE VISTA

OBSERVE AS IMAGENS

Trabalhos agrícolas

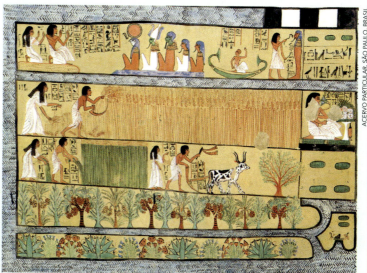

Atividade agrícola no Egito Antigo. Pintura mural, Tebas, XIXª dinastia. (detalhe)

Mês de junho (Colheita), Barthélemy van Eyck. Iluminura extraída do manuscrito *As mui ricas horas do Duque de Berry*, 1416-1440.

Irrigação mecanizada de alfafa. Fazenda Escalante. Utah (Estados Unidos), 11 jun. 2014.

1. Faça uma breve descrição de cada imagem.
2. Identifique o que as imagens têm em comum e a atividade praticada em cada uma delas.
3. Anote no seu caderno o que mudou com o passar do tempo e o que permanece semelhante na prática dessa atividade.
4. Essas imagens podem ser consideradas documentos históricos? Justifique sua resposta.
5. Agora você é o artista! Imagine que você está produzindo uma imagem sobre essa mesma atividade daqui a 30 anos. Faça um desenho de como você acredita que esse trabalho será feito no futuro. Considere os seguintes aspectos:
    a) Como será a paisagem?
    b) Que tipo de alimento será plantado?
    c) Quem fará o trabalho de plantio e colheita?
    d) Que instrumento será utilizado para esse trabalho?

PERMANÊNCIAS E RUPTURAS

Brincadeiras de criança

Nessa pintura, o artista flamengo (dos Países Baixos) Pieter Brueghel (1525/1530-1569) deixou registrados cerca de 80 jogos infantis de sua época. Na obra, observamos uma enorme praça na qual diversas crianças praticam uma infinidade de jogos e brincadeiras. Alguns deles aparecem em destaque na página seguinte.

Brincadeiras de criança, Pieter Brueghel. Óleo sobre madeira, 1560. (imagem e detalhes)

1. Em duplas, tentem identificar as brincadeiras destacadas na página seguinte. Caso não saibam os nomes, procurem descrever e registrar o que observam.

2. A pintura foi feita em 1560. Desde essa época, muita coisa mudou no universo das brincadeiras infantis. Porém, alguns desses divertimentos ainda são praticados nos dias atuais.
   a) Façam uma lista das brincadeiras que vocês identificaram que ainda permanecem.
   b) Em seguida, criem uma lista com jogos e brincadeiras que vocês praticam atualmente.
   c) Comparem as duas listas e registrem suas observações sobre elas. O que elas têm de semelhante? E de diferente?

TRÉPLICA

🎥 Filme

O feitiço do tempo/ O dia da marmota
EUA, 1993.
Direção de Harold Ramis.

Um repórter da previsão do tempo é enviado para uma pequena cidade para cobrir uma festa local. Isso acontece há anos, e ele não esconde sua frustração com tal serviço. Mas algo mágico acontece: os dias estão se repetindo, sempre que ele acorda no hotel é o mesmo dia da festa. Agora somente mudando seu caráter é que ele terá chance de seguir em frente na vida. Antes disso, claro, ele aproveita a situação a seu favor, mas logo descobre o amor com sua colega de trabalho, para quem sempre se mostrou mal-humorado.

📖 Livros

Deu a louca no tempo
DUARTE, M. São Paulo: Ática, 1999.

O menino que quebrou o tempo
MONTEIRO, J. M. São Paulo: Scipione, 2006.

🔗 Sites

(Acessos em: 28 jun. 2018)

<http://goo.gl/eMQDTx>
O portal e-Unicamp reúne videoaulas conduzidas por membros do corpo docente da universidade, além de ilustrações, animações e exercícios, separados por áreas de conhecimento, disponíveis para *download*. Em português.

<http://goo.gl/5pw7RT>
A Olimpíada de Jogos Digitais e Educação (OjE) consiste em um serviço educacional que estimula os processos de aprendizagem e o engajamento de alunos e professores com as atividades escolares, por meio de plataformas digitais que enfatizam o diálogo e a diversão. Em português.

A História, os seres humanos e o tempo | CAPÍTULO 1

1º Bimestre
CAPÍTULO 2
Origens da humanidade

PORTAS ABERTAS

OBSERVE AS IMAGENS

1. Compare a Pangeia (fig. ❸) com o Mapa-múndi (fig. ❻) e aponte as diferenças com relação à distribuição dos continentes.

2. Com base nas informações fornecidas nas legendas dos mapas, elabore uma crítica às imagens ❶ e ❷.

3. As imagens ❶ e ❷ podem ser consideradas documentos históricos? Justifique.

TÁ NA REDE!

ANCIENT EARTH GLOBE
<https://goo.gl/foJidT>
Acesso em: 12 mar. 2018.
Em inglês.

A plataforma mostra diferentes configurações da superfície do planeta no decorrer do tempo.

Os Flintstones, Hanna Barbera. Desenho animado, 1960.

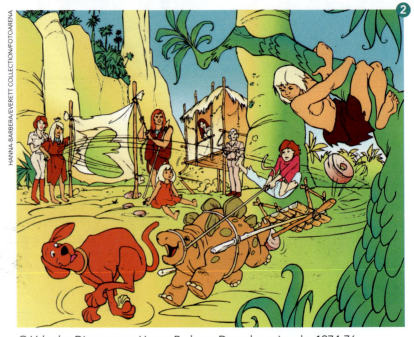

O Vale dos Dinossauros, Hanna Barbera. Desenho animado, 1974-76.

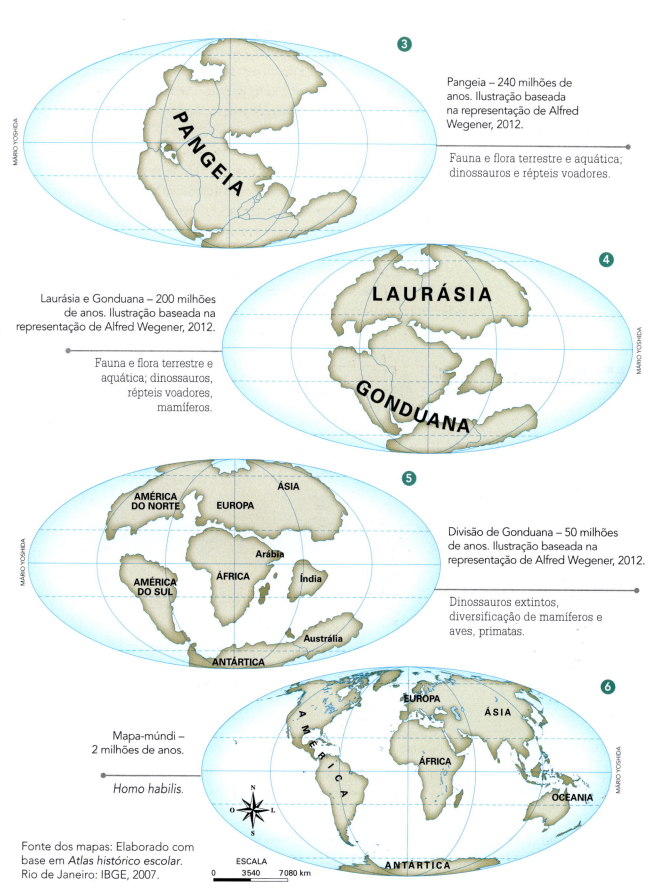

③ Pangeia – 240 milhões de anos. Ilustração baseada na representação de Alfred Wegener, 2012.

Fauna e flora terrestre e aquática; dinossauros e répteis voadores.

④ Laurásia e Gonduana – 200 milhões de anos. Ilustração baseada na representação de Alfred Wegener, 2012.

Fauna e flora terrestre e aquática; dinossauros, répteis voadores, mamíferos.

⑤ Divisão de Gonduana – 50 milhões de anos. Ilustração baseada na representação de Alfred Wegener, 2012.

Dinossauros extintos, diversificação de mamíferos e aves, primatas.

⑥ Mapa-múndi – 2 milhões de anos.

Homo habilis.

Fonte dos mapas: Elaborado com base em *Atlas histórico escolar*. Rio de Janeiro: IBGE, 2007.

Esqueleto do *Tyrannosaurus rex*. Ilustração 3D. EUA, 2011.

ORIGENS

Calcula-se que o planeta Terra tenha se formado há cerca de 5 bilhões de anos. Micróbios e bactérias teriam sido os primeiros organismos e surgiram há cerca de 3,5 bilhões de anos. Há cerca de 550 milhões de anos teria ocorrido um grande desenvolvimento biológico que deu origem a diversas formas de vida mais complexas.

Os dinossauros surgiram há cerca de 250 milhões de anos. Calcula-se que os dinossauros tenham se extinguido há cerca de 65 milhões de anos. Os motivos dessa extinção são objeto de muita discussão. Ela pode ter sido provocada por doenças ou pelo impacto de um grande meteorito que teria se chocado com o planeta Terra, causando uma grande mudança climática. Essa alteração teria afetado diversas espécies, que também desapareceram mais ou menos no mesmo período.

As cenas de filmes e animações em que dinossauros perseguem seres humanos não ocorreram na verdade. Os seres humanos desenvolveram-se há cerca de cem mil anos, muito tempo depois da extinção dos dinossauros.

Micróbios
Qualquer organismo de dimensões diminutas (microrganismos), como bactérias e fungos.

Bactérias
Microrganismos de uma célula, essenciais para a decomposição de materiais orgânicos.

Com 13 metros de comprimento e 7 toneladas, o *Tiranossaurus rex* é o mais ilustre dos dinossauros.

Evolução humana

Diversos grupos listados aqui coexistiram na Terra por milhares de anos durante diferentes períodos. Novas pesquisas continuam revelando detalhes desconhecidos de onde esses grupos viviam e da evolução de suas estratégias de sobrevivência.

Reconstituição artística baseada em crânio de Lucy.

Australopithecus afarensis, conhecida como Lucy, um dos primeiros hominídeos, viveu no leste da África, há cerca de **três e meio milhões** de anos.

Lascas de pedra usadas como ferramentas de corte, mas não de caça.

 Armas simples utilizadas na caça.

 Armas mais sofisticadas, planejadas antes de serem feitas.

Peso: 50 kg — Altura: 1,4 m
Peso: 58 kg — Altura: 1,6 m
Peso: 60 kg — Altura: 1,7 m

Homo habilis
As primeiras ferramentas, feitas de lascas de pedra, são atribuídas ao *Homo habilis*.

Homo erectus
Introduziram a caça como uma atividade regular.

Homo heidelbergensis
Acredita-se terem sido os primeiros a caçar animais de grande porte e a construir abrigos simples.

Linha do tempo

2 milhões de anos — 1,8 milhão de anos — 1,4 milhão de anos — 500 mil anos

O DESENVOLVIMENTO DOS SERES HUMANOS

As origens dos seres humanos são ainda bastante incertas. De acordo com pesquisas científicas, seríamos descendentes dos **hominídeos**, um grupo dentro da grande ordem dos primatas.

> **Primatas**
> Mamíferos como macacos, seres humanos e lêmures.

Muitas transformações entre os hominídeos teriam resultado nos seres humanos atuais. Isso é tema de discussões e hipóteses a serem comprovadas. Há quase 4 milhões de anos surgiu o ***Australopithecus***, que alguns cientistas apontam como nosso antepassado mais antigo.

O ***Homo habilis*** (Homem habilidoso) surgiu há cerca de 2 milhões de anos e possuía cerca de um metro e meio de altura e cinquenta quilos. Alimentava-se de carne, frutos e raízes. Aprendeu a lascar a pedra, utilizando-a como instrumento para cortar alimentos e como arma.

Há cerca de um milhão e oitocentos mil anos desenvolveu-se o ***Homo erectus*** (Homem ereto). Possuía até um metro e sessenta de altura e sessenta quilos. Já produzia machados e ferramentas para a caça.

O *Homo habilis* e o *Homo erectus* formaram-se paralelamente e conviveram com o *Australopithecus* durante cerca de 1 milhão de anos.

TÁ LIGADO?

1. Estabeleça a relação entre seres humanos, hominídeos e primatas.
2. Aponte o título do infográfico abaixo.
3. Liste todos os hominídeos mencionados na tabela.
4. Leia o quadro "Evolução do crânio e da massa cerebral". O que se pode deduzir ao comparar o tamanho do cérebro das espécies listadas?
5. Comente o fato de que os diferentes grupos listadas coexistiram por milhares de anos.

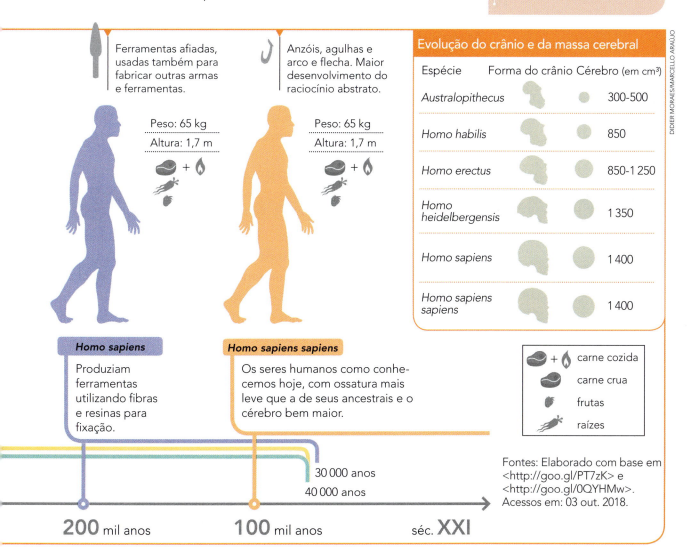

Origens da humanidade | CAPÍTULO 2

> **TÁ LIGADO?**
>
> 6. Descreva a vida dos primeiros *Homo sapiens sapiens*.
> 7. Ofereça uma definição para cultura humana.
> 8. Explique o processo de passagem dos hominídeos do estado de natureza para o estado de produtores de cultura.
> 9. Explique o que são nômades.

HOMO SAPIENS

Há cerca de 200 mil anos, teria surgido o **Homo sapiens** (Homem inteligente). Em altura e peso, assemelhava-se ao *Homo erectus*, mas já produzia ferramentas um pouco mais elaboradas, utilizando pedra, madeira, resinas e fibras para fixação e ajuste.

O **Homo sapiens sapiens** (Homem verdadeiramente inteligente) teria surgido há cerca de 100 mil anos. Os primeiros seres humanos propriamente ditos já desenvolviam utensílios como arpões, agulhas, arcos e flechas. Também revelavam preocupações em registrar seu cotidiano por meio de desenhos nas paredes de cavernas, em enfeitar o corpo com colares e pulseiras e até mesmo em sepultar seus mortos com seus objetos pessoais.

Para alguns estudiosos, esses sepultamentos revelam a crença em forças sobrenaturais ou divinas e a perspectiva de vida após a morte. Talvez esses nossos antepassados já tivessem também o desejo de compreender suas origens e seu destino. Como nós.

NATUREZA E CULTURA

As técnicas desenvolvidas pelos hominídeos, com a utilização de pedras lascadas como instrumentos, a elaboração de ferramentas, armas e enfeites e o sepultamento dos mortos, revelam o desenvolvimento da **cultura** humana.

Aos poucos, os hominídeos foram se diferenciando dos outros animais pela produção da cultura. Foram se distanciando do estado de **natureza** para se tornarem produtores de objetos, técnicas, conhecimentos, crenças e regras.

A VIDA DOS PRIMEIROS SERES HUMANOS

Os primeiros seres humanos viviam em pequenos grupos de vinte a trinta pessoas. Eram **nômades**, ou seja, não se fixavam permanentemente em uma região. Viviam da coleta de alimentos e da caça de animais. Quando os alimentos do local em que estavam acabavam ou os animais se afastavam, os grupos humanos abandonavam as cavernas ou os abrigos feitos de galhos e ramos e buscavam novos lugares para se instalar.

O desenvolvimento de lanças e arcos com flechas facilitou a caça de animais. Com essas armas era possível atingir seus alvos a grande distância.

Em geral, os homens saíam em busca da caça e da pesca enquanto as mulheres, que cuidavam dos filhos, permaneciam nos acampamentos. Coletavam alimentos e protegiam as crianças e os mais velhos de ataques de animais e de outros bandos humanos.

Nesta cena, vemos os primeiros seres humanos (à esquerda) organizados para o sucesso na caçada.

Caça de cervos. Pintura rupestre. Valltorta (Espanha), c. 7000 a.C.

A domesticação do fogo

De todos os conhecimentos e utensílios desenvolvidos pelos nossos antepassados, o controle do fogo representou o primeiro grande avanço tecnológico.

A produção e a preservação do fogo alteraram a vida das comunidades que conseguiram desenvolver essas técnicas.

Inicialmente, o fogo produzido por queimadas naturais ou pela descarga de um raio era mantido em pequenas fogueiras permanentes. Posteriormente, há cerca de 500 mil anos, desenvolveram-se técnicas para produzir o fogo. Esfregavam-se pedaços de madeira ou então se construíam pequenas engrenagens de madeira em forma de broca que, pelo atrito, também produziam o fogo.

Aquecidos pelas fogueiras, os grupos de hominídeos podiam suportar melhor as noites frias e, com isso, deslocar-se e adaptar-se a outras regiões, de temperaturas mais baixas que as do continente africano.

Graças ao fogo, as cavernas e os acampamentos ficavam aquecidos. Com isso, nossos antepassados podiam cozinhar alimentos, proteger-se do frio, defender-se de grupos rivais, utilizando o fogo como arma, e desenvolver a fundição de metais.

Arte rupestre: técnica, comunicação, diversão e arte

Uma das primeiras formas que o ser humano encontrou para se comunicar e registrar sua vida cotidiana e suas emoções foi a pintura. Por meio dessas imagens, ele pôde ilustrar seus sonhos, seu trabalho, sua família, a natureza, os acontecimentos importantes do grupo a que pertencia.

As pinturas e os desenhos feitos em paredes de cavernas e rochas pelos *Homo sapiens sapiens*, a partir de 40 mil anos atrás, são chamadas de arte rupestre.

Nossos antepassados representavam animais, cenas de caçadas, rituais e até mesmo cenas da vida familiar. Utilizavam, geralmente, os dedos como pincel.

A tinta era composta de ferro (vermelho, castanho e amarelo), carvão e ossos queimados (preto). Para ajudar na liga desses elementos, utilizavam gordura e sangue de animais.

TÁ LIGADO

10. Explique a importância do controle do fogo para os nossos antepassados.
11. Cite dois tipos de cenas pintadas em cavernas e rochas por nossos antepassados.
12. Elabore uma definição para arte rupestre.

Jogos. Pintura rupestre, sítio arqueológico Xiquexique. Sertão do Seridó, Carnaúba dos Dantas, Rio Grande do Norte (Brasil), c. 9400 a.C.

Mãos. Pintura rupestre, sítio arqueológico Caverna das Mãos. Província de Santa Cruz, Patagônia (Argentina), c. 9000 a.C.

Homo ludens

Há cerca de 70 anos, o historiador holandês Johan Huizinga defendeu que, além da denominação *Homo sapiens*, seria correto também definir os seres humanos como lúdicos, jogadores, brincalhões (*Homo ludens*).

A palavra *ludens* significa aquele que joga, aquele que brinca.

Para esse autor, além de fabricar objetos e desenvolver conhecimentos sobre a natureza, o que diferenciou os seres humanos dos animais foi a sua capacidade de criar jogos.

O jogo estaria presente em todas as atividades desenvolvidas pelos seres humanos desde as suas origens: linguagem oral, caça, luta, dança, pinturas rupestres, rituais, alianças e passatempos, como jogos com bolas de pedras, varetas feitas de ossos e bastões feitos com galhos de árvores.

Desde suas origens, os humanos sentiam-se atraídos pelos objetos esféricos que podiam simbolizar o Sol. Desenhos em paredes de cavernas mostram figuras esféricas carregadas em caçadas.

Esses bolões possivelmente serviam de utensílio, na caça ou na preparação de alimentos. A bola seria mais uma ferramenta.

Figuras a bordo de uma embarcação, aparentemente executando uma dança com machado cerimonial. Gravura na pedra (petroglifo), sítio arqueológico de Tanum. Província Bohuslän (Suécia), c. 1800 a.C.

Os povos escandinavos de c. 1800-600 a.C. gravaram na rocha representações de suas longas embarcações, cenas de rituais e de jogos. Entretanto, tal conjunto arqueológico, Patrimônio da Humanidade desde 1994, está ameaçado pela erosão e pela intervenção humana. Algumas gravuras tiveram seus traços reforçados com tinta vermelha para serem mais bem visualizadas pelos turistas.

Figuras carregando bolas. Pintura rupestre, sítio arqueológico Xiquexique. Sertão do Seridó, Carnaúba dos Dantas, Rio Grande do Norte (Brasil), c. 9400 a.C. (detalhe)

No abrigo Xiquexique, em Carnaúba dos Dantas, encontra-se uma grande quantidade de pinturas rupestres onde se veem milhares de figuras humanas representadas em cenas animadas do cotidiano (caça, carregando objetos e estacas).

A ARQUEOLOGIA E OS SÍTIOS ARQUEOLÓGICOS

A estudante de história Stephanie Vassou trabalha na escavação nas passarelas de Valongo. Região portuária do Rio de Janeiro, Rio de Janeiro (Brasil), 01 mar. 2012.

Muitos dos conhecimentos que temos sobre os povos que viveram há milhões de anos devem-se à **arqueologia**. Ela dedica-se ao estudo das sociedades antigas utilizando a cultura material deixada pelos grupos humanos. Ou seja: restos de esqueletos humanos, restos de fogueiras, ferramentas, armas, partes de antigas habitações e todo tipo de objeto encontrado.

Em geral, esse material encontra-se em lugares cobertos por camadas de terra, lava vulcânica, rochas ou submersos em rios, lagos e mares. Esses lugares são denominados **sítios arqueológicos**. O material é chamado de **vestígios arqueológicos**, porque são pistas para a compreensão desse passado distante.

Um sítio arqueológico pode ser comparado a uma torta com diferentes recheios, porque o solo é composto de diversas camadas. Em uma escavação, cada uma dessas camadas contém uma espécie de recheio a ser descoberto.

Geralmente, a datação de um objeto é feita dependendo da camada em que ele se encontra. Ou seja, os achados que estão na superfície do buraco são mais recentes, já os objetos em camadas mais profundas são, em geral, mais antigos.

TÁ LIGADO

13. Apresente uma definição para arqueologia.

14. Defina sítios arqueológicos.

15. Ofereça quatro exemplos de vestígios arqueológicos.

O ARQUEÓLOGO

O arqueólogo procura identificar e escavar os sítios arqueológicos e tem de lidar com materiais bastante frágeis e desgastados pelo tempo. É ele quem faz estudos em laboratórios, onde procura relacionar os diferentes objetos coletados.

Por meio da interpretação e análise desses objetos é possível entender uma parte da história de nossos antepassados. Esse trabalho permite que se conheçam os muitos aspectos do cotidiano que não estão registrados em documentos escritos.

É importante destacar que as pesquisas arqueológicas trazem a cada dia novas informações sobre as origens dos seres humanos. É como se, por meio da ação dos pesquisadores, esse passado revelasse, aos poucos, as partes de um gigantesco quebra-cabeça.

O cientista retratado na obra é considerado o fundador da Paleontologia no Brasil. Essa ciência estuda, por meios dos fósseis, as formas de vida que existiram em um passado remoto.

Estudos de Peter Lund em Lagoa Santa, Peter Andreas Brandt. Litografia colorida, século XIX.

VESTÍGIOS NA ÁFRICA

Fonte: Elaborado com base em BLACK, Jeremy (Dir.). *World History Atlas*. London: DK Book, 2008.

Com seu formato atual, a África teria surgido há cerca de 35 milhões de anos, quando movimentações geológicas internas provocaram rachaduras na superfície da Terra.

Nessa época se formaram o Mar Vermelho e a Península Arábica. No interior do continente africano abriram-se enormes desfiladeiros (*rifts*) e formaram-se também grandes lagos.

Na África foi encontrada a mais numerosa série de registros do processo de **hominização** (a longa trajetória que resultou na constituição dos seres humanos).

Os vestígios de diversos hominídeos foram preservados no continente africano em alguns importantes sítios arqueológicos, formados em razão de um conjunto de fatores biológicos, geológicos e químicos.

Até o momento, fósseis (restos petrificados de seres vivos) de *Australopithecus* e de *Homo habilis* só foram encontrados no continente africano. Provavelmente, utilizando-se da rota do Nilo, grupos de *Homo erectus* e de *Homo sapiens* teriam se distanciado dos seus locais de origem e se espalhado por outros continentes, adaptando-se a ambientes diversos.

Do continente africano, em um longo processo que levou milhares de anos, nossos antepassados teriam alcançado a Europa e a Ásia. Do continente asiático, grupos de seres humanos teriam chegado à Oceania e, posteriormente, à América (veja mapa da página seguinte). Possivelmente, perseguindo manadas de animais, fontes de água ou áreas que permitissem a coleta de alimentos.

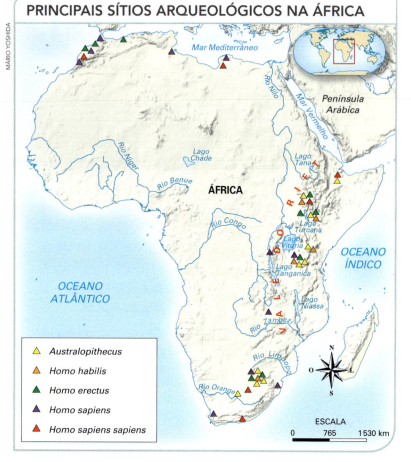

TÁ LIGADO

16. Com base na leitura do mapa desta página:
- escreva a localização do Mar Vermelho;
- escreva a localização do Rio Nilo;
- cite quatro lagos africanos;
- escreva a localização do Vale do Rift.

17. Relacione a formação do Vale do Rift à presença de vestígios arqueológicos no continente africano.

Formação do Vale do Rift, Mário Kanno. Ilustração, 2015.

No Triângulo de Afar (ou Depressão de Afar) foram encontrados vestígios arqueológicos de hominídeos, entre os quais a Lucy.

AMÉRICA

O povoamento da América é um dos grandes temas discutidos na arqueologia. Há quanto tempo teriam chegado os primeiros grupos humanos? De onde vieram e como teriam chegado ao continente?

As pesquisas mais conhecidas apontam que a presença humana na América teria se iniciado entre 35 e 30 mil anos atrás. Estudiosos consideraram duas hipóteses principais para as rotas de migração. A primeira, com grupos de caçadores partindo da Ásia pelo Estreito de Bering (entre o Alasca e a Sibéria), aproveitando uma ponte criada no trecho em que o mar estaria congelado, até 10 mil anos atrás, e que teria permitido a travessia. A segunda, hoje em dia bastante contestada, com grupos partindo da Polinésia pelo Oceano Pacífico em pequenas embarcações.

Descobertas mais recentes, realizadas no sítio arqueológico da **Pedra Furada**, localizado no **Parque Nacional Serra da Capivara** (Piauí), contradizem as explicações mais aceitas até então. Foram encontrados restos de carvão de fogueiras, que, segundo a datação feita pelo método do carbono 14, demonstram que a ocupação humana no local remonta a 50 mil anos atrás. Essa é a datação mais antiga para uma fogueira feita por seres humanos em todo o continente americano.

De qualquer modo, os vestígios arqueológicos demonstram que, entre 12 e 8 mil anos atrás, a América já se encontrava ocupada por grupos de caçadores-coletores, que utilizaram os vales dos grandes rios como rotas para o interior do continente. E desde 7000 a.C., nas regiões dos atuais Peru e México, pequenas comunidades começaram a domesticação de animais e a prática da agricultura.

TÁ LIGADO

18. Apresente uma definição para fósseis.

19. No mapa abaixo observe o local de passagem dos nossos antepassados da Ásia para a América. O controle do fogo pode ter facilitado o deslocamento de nossos antepassados para outro continente? Justifique sua resposta.

Carbono 14
As partículas de carbono estão presentes em toda matéria viva. Entre elas, existe uma partícula específica que nos possibilita datar a época em que tal matéria teve origem.

Fonte: Elaborado com base em BLACK, Jeremy (Dir.). *World History Atlas*. London: DK Book, 2008.

POSSÍVEIS ROTAS DE DESLOCAMENTO DOS HOMINÍDEOS (DESDE 200 MIL ANOS ATRÁS)

TÁ LIGADO?

20. Com base na leitura do mapa da página 39, desenhe o mapa do Brasil e refaça os caminhos que nossos antepassados percorreram no processo de ocupação do atual território brasileiro.

CAMINHOS E DESLOCAMENTOS DOS POVOS ORIGINÁRIOS DO BRASIL

As pesquisas arqueológicas revelam a existência de várias ondas de ocupação do nosso território. O período entre 12 mil e 8 mil anos foi marcado por três deslocamentos principais que teriam contribuído para o povoamento original do Brasil. Um primeiro refere-se à ocupação das atuais regiões Norte, Nordeste e Centro-Oeste, facilitada pelos seus rios. Um segundo passou a expandir-se pela atual região Sul do Brasil em direção ao norte e em direção à costa Atlântica. Um último deslocamento ocorreu em torno de 8 mil anos atrás e caracterizou-se pelo início da ocupação humana no litoral Atlântico (veja no mapa da página anterior).

VESTÍGIOS NO BRASIL

Levantamento do Iphan de 2010 registra 24.000 sítios cadastrados. Porém, desse total, apenas 17 bens arqueológicos foram tombados pelo Iphan: 11 sítios arqueológicos e 6 coleções museológicas. Os sítios são definidos e protegidos pela Lei nº 3.924/61 e pautados pelo Iphan.

O Brasil é um país rico em vestígios arqueológicos. São muitas as pistas deixadas, em todo o território brasileiro, pelos nossos antepassados. Os resultados das pesquisas e os esforços dos estudiosos têm ampliado o conhecimento sobre a ocupação e a vida coletiva no continente americano em geral e, principalmente, no Brasil.

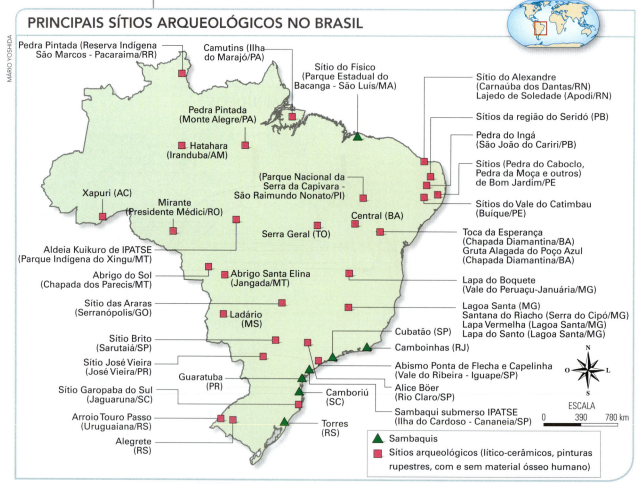

Fonte: Elaborado com base em Arquivo do Museu de História Natural da UFMG; IPHAN (Instituto do Patrimônio Histórico Nacional).

O sítio arqueológico **Santa Elina**, localizado na Serra das Araras, no Mato Grosso, é um exemplo interessante. Ele abriga arte rupestre e apresenta vestígios da ocupação humana e da presença de animais da megafauna (animais gigantes) datados de 27 mil anos atrás. É considerado o terceiro mais antigo das Américas. O primeiro é Boqueirão da Pedra Furada – com 50 mil anos – e o segundo, Monte Verde (Chile) – com 30 mil anos.

Em Minas Gerais, o sítio arqueológico **Lapa Vermelha**, na região da Lagoa Santa, a cerca de 40 quilômetros de Belo Horizonte, é uma área arqueológica muito significativa. Nessa região foi encontrado, em 1975, o fóssil humano mais antigo das Américas, com cerca de 11 mil anos, conhecido como Luzia.

Outro complexo arqueológico importante é a região de Monte Alegre, no Pará. No sítio arqueológico da **Caverna da Pedra Pintada**, na margem esquerda do Rio Amazonas, foram encontradas pontas de lança e fragmentos de ossos humanos e as mais antigas sepulturas na América, que remontam entre 10 e 9 mil anos atrás.

Luzia e o grupo de Lagoa Santa

A região de Lapa Vermelha, no município de Pedro Leopoldo, a cerca de 40 quilômetros de Belo Horizonte, é um importante sítio arqueológico do continente americano. Lá foi encontrado, em 1975, um dos mais antigos fósseis humanos das Américas, com cerca de 11 mil anos, conhecido como **Luzia**.

O grupo do qual Luzia fazia parte é conhecido como Homens de Lagoa Santa. Estudos indicam que eram nômades e viviam da coleta e da caça. Eles dominavam o fogo e possuíam técnicas rudimentares de construção de utensílios de pedra lascada, como pontas de lanças e lâminas.

Não viviam em cavernas, mas em locais abertos próximos de nascentes e riachos. Nesses locais a vegetação era abundante e a presença de animais garantia a alimentação. Os primeiros habitantes conhecidos da América, até agora, costumavam colocar o corpo dos mortos em abrigos de pedra, o que garantiu sua conservação ao longo do tempo. Isso indica que possuíam cerimônias e rituais fúnebres e algum tipo de crença religiosa.

No final de 2018, foi publicado o mais abrangente estudo já feito, a partir de dados genéticos extraídos do DNA fóssil, por meio da chamada arqueogenética. O resultado mais surpreendente diz respeito justamente ao grupo de Lagoa Santa e à Luzia.

As novas evidências sugerem que não há relação de parentesco entre o grupo de Lagoa Santa e populações antigas da África ou da Austrália. Ou seja, que a famosa reconstrução de Luzia, concebida na década de 1990, com rosto de lábios grossos e nariz alargado e com o qual ficou mundialmente famosa, provavelmente não representa a realidade.

Os resultados abalaram as pesquisas desenvolvidas há quase três décadas, com base principalmente em análises morfológicas do crânio de Luzia.

Na década de 1990, o bioantropólogo brasileiro Walter Neves, da Universidade de São Paulo, descreveu, pela primeira vez, o crânio de Luzia, como dotado de uma morfologia cuja aparência era semelhante à população africana ou aborígene. Com base na pesquisa de Walter Neves, em 1999, o britânico Richard Neave reconstruiu o que seria o rosto de Luzia com aparência mais africana que asiática.

Naquela época, ainda não havia a possibilidade de se analisar o DNA de fósseis humanos, como se faz agora, as conclusões eram baseadas apenas na morfologia dos ossos e nas informações arqueológicas associadas a eles.

Fúnebres
Relativo a sepultamento e a ritual de morte.

Arqueogenética
aplicação de técnicas da genética para estudo do passado humano.

Morfologia
estudo da forma, da aparência externa da matéria.

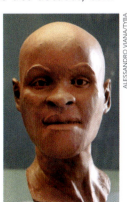 

Comparação entre a reconstrução facial de Luzia feita por Richard Neave (1999), e a feita por Caroline Wilkinson, com base nas novas evidências genéticas de ancestralidade do povo de Lagoa Santa. Modelagem 3D feita por André Strauss/MAE-USP.

EM DESTAQUE

Os primeiros seres humanos na América

Fonte: Elaborado com base em BLACK, Jeremy (Dir.). *World History Atlas*. London: DK Book, 2008; HAYWOOD, John. *Historical Atlas of ancient civilizations*. London: Penguin, 2005; SELLIER, Jean. *Atlas de los pueblos de América*. Barcelona: Paidós Ibérica, 2007.

1. Leia o mapa da página anterior com atenção.
2. Identifique o tema do mapa.
3. Em seu caderno, descreva as áreas com maior concentração de sítios arqueológicos.
4. Existem várias teorias sobre a origem dos primeiros habitantes americanos e o povoamento das Américas. Faça um levantamento sobre essas diferentes teorias. Para pesquisas na internet, utilize as instruções do *Pesquisando na internet* na seção **Passo a passo** (p. 7).
5. Com base nas informações sobre os *Homo sapiens sapiens*, elabore uma **história em quadrinhos** contando a chegada ou a vida deles na América. Para esse trabalho:
   a) Escolha uma região da América e um período de 50 anos, entre 12 mil e 8 mil a.C., para o desenvolvimento da sua história.
   b) Identifique o tipo de moradia, ferramentas, armas, vestimentas e práticas culturais dos nossos antepassados.
   c) Estabeleça o número de integrantes do grupo de antepassados e defina seus personagens principais.
   d) Elabore o enredo de sua história. Por exemplo:
      - Uma visão geral sobre o cotidiano do grupo em determinada região.
      - O deslocamento por uma das rotas de acesso à América.
      - O deslocamento provocado pela falta de alimentos ou caça em uma região.
      - Conflitos entre grupos em disputa por determinada região.
   e) Sua história pode ser contada em uma ou duas páginas de uma folha em branco. É importante que você planeje o número de quadrinhos (divisão que você fará nessas páginas) e o tamanho deles (veja exemplos abaixo).

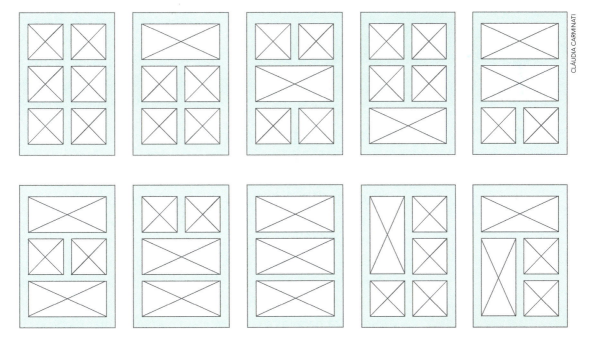

   f) Se você preferir elaborar a sua história no computador, pode utilizar uma série de aplicativos que auxiliam nessa tarefa. Veja, por exemplo: <http://goo.gl/wsYph0>. Acesso em: 02 out. 2018.

Os sambaquis

Os primeiros caçadores e coletores que habitavam o litoral brasileiro, principalmente a faixa que se estende do atual estado do Espírito Santo ao Rio Grande do Sul, acampavam perto do mangue, caçavam pequenos animais e coletavam frutos silvestres. Alimentavam-se, sobretudo, de moluscos (ostras, mariscos, mexilhões) e peixes.

Nas regiões em que esses alimentos eram abundantes, nossos antepassados permaneceram mais tempo e deixaram mais vestígios de sua presença.

Geralmente, as conchas abertas eram deixadas em um mesmo local. Aos poucos os restos de conchas e peixes acumulados acabavam por formar uma elevação que impedia a passagem do vento.

Como o local se tornava alto e seco, os grupos humanos do litoral brasileiro costumavam erguer suas cabanas sobre esses montes, pois assim se protegiam das inundações dos rios e do avanço do mar. Esses locais ficaram conhecidos como **sambaquis**. O nome tem origem tupi e quer dizer justamente *monte de mariscos* (do tupi *tamba'ki* = monte de conchas).

Os habitantes dos sambaquis fabricavam seus instrumentos de pedra lascada, que eram esfregadas até ficarem bem lisas. Mas a maioria dos instrumentos era feita de ossos.

Nesses sítios arqueológicos, nas suas várias camadas, são encontrados diversos vestígios de ocupação humana. Entre essas pistas estão: sepulturas, restos de fogueira, restos de habitações, pontas de lança, utensílios, adornos e lâminas de machados.

> **Mangue**
> Área lamacenta junto a praias, margens de rios ou lagoas que possibilita o desenvolvimento de vegetação e serve de criadouro para peixes e crustáceos.

Observe as dimensões dos sambaquis comparando-os com as casas localizadas na praia.

Sambaquis. Balneário de Camacho, Jaguaruna, Santa Catarina (Brasil), 2003.

Os sítios arqueológicos vivos

Áreas consideradas sagradas também podem ser definidas como sítios arqueológicos. É o caso da **Caverna Kamukuaká**, no Parque Nacional Alto do Xingu (Mato Grosso), local sagrado para os povos Waurá.

Com base nos relatos orais do grupo, que até hoje preserva suas tradições, a caverna teria grande importância religiosa, pois seria a moradia dos espíritos Waurá e onde ocorria o ritual de furação de orelhas, com grande significado para esse povo. Foram descobertas pinturas rupestres na caverna, com desenhos similares àqueles usados até hoje pelos Waurá para decorar suas cerâmicas ou para pintar o corpo.

Esse local foi o primeiro a receber, em 2003, a certificação etnocultural concedida pelo Iphan, pois serve como um ponto de encontro entre a cultura Waurá do passado e do presente.

É considerado um **sítio arqueológico vivo**, pois a preservação e transmissão da cultura Waurá é feita pela tradição oral.

TÁ LIGADO

21. Defina sambaquis.

22. Cite os vestígios de ocupação humana encontrados nos sambaquis.

A arte rupestre no Brasil

A arte rupestre está registrada em rochas, grutas e lajes de pedra, ao ar livre, em diversas regiões do Brasil. Feita com os dedos ou com a ajuda de ferramentas, a arte rupestre utilizava cores obtidas do carvão (preta), do óxido de ferro (vermelha e amarela) e, às vezes, da cera de abelha. Substâncias líquidas – água, clara de ovo, sangue etc. – também eram utilizadas nas pinturas.

No Piauí, na região de São Raimundo Nonato, encontram-se os registros rupestres mais antigos do Brasil. O grande complexo arqueológico do **Parque Nacional Serra da Capivara** abriga pinturas e gravuras de diferentes grupos registrados em um longo período de tempo. O sítio **Toca da Bastiana** é formado por representações das duas principais tradições pictóricas, a **Nordeste** e a **Agreste**. Além disso, essa área é considerada o foco de origem da tradição Nordeste, que há pelo menos 12 mil anos se espalhou pelas atuais regiões Nordeste, Centro-Oeste e Sudeste do Brasil. Esse sítio constitui um dos exemplos mais antigos de arte rupestre das Américas.

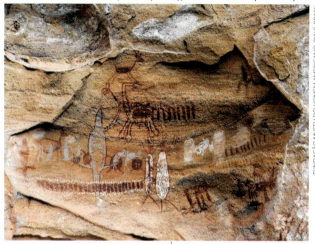

Homens e animais. Pintura rupestre (Nicho Policrômico), Toca do Boqueirão da Pedra Furada, Parque Nacional da Capivara. São Raimundo Nonato, Piauí (Brasil), c. 12000 a.C. (detalhe)

O estado do Piauí abriga a maior quantidade de pinturas e gravuras rupestres conhecidas na América. O Parque Nacional da Serra da Capivara foi criado em 1979 e, hoje, é Patrimônio Mundial da Unesco.

Outro grande complexo arqueológico é a região de **Monte Alegre**, no Pará. Os primeiros habitantes do Brasil e da América do Sul moraram nessa região, vivendo da coleta de frutos e raízes, da caça e da pesca.

No conjunto arqueológico da **Caverna da Pedra Pintada**, as pinturas rupestres são o aspecto mais marcante. Elas foram feitas nos paredões de arenito das cavernas e também nas encostas das montanhas.

Rio Grande do Norte e Paraíba abrigam a maior concentração de arte rupestre do mundo. O clima seco, a vegetação de difícil penetração e a dificuldade de ocupação em algumas áreas contribuíram para a conservação dos registros.

Carnaúba dos Dantas e **Lajedo de Soledade** são os mais importantes sítios do Rio Grande do Norte.

A **Pedra do Ingá**, na Paraíba, é o monumento arqueológico mais significativo do mundo com tradição Itacoatiara.

Também em Minas Gerais há importantes representações em arte rupestre. As mais antigas datam de cerca de 10 mil anos atrás.

No norte do estado, ganham destaque a região do **Vale do Peruaçu** e o **Complexo Montalvânia**, pelo conjunto de pinturas com mais de 6 mil gravuras. Na região de **Lagoa Santa**, há cenas de caça com uso de flechas, de armadilhas aprisionando veados e de grandes redes com peixes.

Pintura rupestre. Sítio arqueológico da Serra do Paytuna. Monte Alegre, Pará (Brasil), c. 11000-9000 a.C.

Tradições da arte rupestre no Brasil

De norte a sul, do Amazonas ao Rio Grande do Sul, existem registros elaborados nas mais diversas formas e técnicas. A arte rupestre, no Brasil, foi sistematizada em oito grandes tradições:

Tradição Amazônica: caracterizada por desenhos antropomorfos e geométricos. Há representações nas margens dos rios Cuminá, Puri e Negro.

Tradição Nordeste: apresenta grande variedade de figuras humanas e animais com movimento e diversidade de temas (caça, sexo, dança, luta, jogos/brincadeiras). A cor dominante é a vermelha, aparecendo em várias tonalidades; as cores branca, amarela, preta e cinza também aparecem. Acredita-se que essa tradição tem como centro o sudeste do Piauí e se propagou para o norte de Minas e o sul de Goiás e Mato Grosso. São Raimundo Nonato (Piauí) também serve de base para estabelecer a sequência do Nordeste. No Rio Grande do Norte e Paraíba, foi desenvolvida uma versão original conhecida como subtradição Seridó, na qual animais são raros e figuras humanas apresentam bico parecido com pássaros. O que faz crer que esses grupos deixaram aquele estado e vieram para a região Nordeste passando por outros locais.

Tradição Agreste: apresenta grande variedade de traços geométricos, grafismos ou figuras humanas e de animais, isolados e sem movimento, além de marcas de mãos (carimbos), e é encontrada nos estados do Piauí, Ceará, Paraíba, Pernambuco e Rio Grande do Norte.

Tradição Geométrica: presente no planalto sul, atravessa o Nordeste, passando por Mato Grosso, Goiás, São Paulo, Paraná até Santa Catarina. Devido a sua extensão, foi subdividida em Meridional e Setentrional. Dentro dessa tradição encontra-se a subtradição Itacoatiara. As inscrições gravadas nas pedras ou rochas são tipicamente nordestinas e se localizam, principalmente, nos córregos, cachoeiras, leitos de rios e possivelmente estão ligadas ao culto das águas, considerados lugares sagrados.

Tradição São Francisco: encontra-se em toda extensão do Vale do Rio São Francisco, nos estados de Minas Gerais, Bahia, Sergipe, Goiás e Mato Grosso. São comuns figuras de animais como peixes, pássaros, cobras, tartarugas. Também são encontradas marcas de pés humanos (carimbos), armas e instrumentos. A cor predominante é a amarela, com contorno vermelho.

Tradição Planalto: passa pelo planalto central, pelos estados de Minas Gerais, Bahia até Paraná. Caracteriza-se pelas inscrições de animais em vermelho, preto, amarelo e branco. Nessa tradição enquadram-se as inscrições do sítio arqueológico de Lagoa Santa (MG), local de origem do fóssil humano mais antigo do território nacional, conhecido como Luzia.

Tradição Litorânea: abrange o litoral do estado de Santa Catarina. Caracteriza-se por inscrições em rocha (granito) com temas antropomorfos e geométricos.

Tradição Meridional: localizada no Sul do país, feita com a técnica de incisão ou polimento. As cores principais são o preto, branco, marrom e roxo.

Fonte: Elaborado com base em BUCO, C. de A. *Sítios arqueológicos brasileiros*. Santos: Editora Brasileira de Arte e Cultura, 2014; IPHAN (Instituto do Patrimônio Histórico Nacional).

DIVISÕES E PERÍODOS DA HISTÓRIA HUMANA

Convencionou-se denominar Pré-História o longo período que se estende desde as remotas origens dos seres humanos até o desenvolvimento da linguagem escrita, em torno de 4000 a.C.

Essa denominação é, evidentemente, questionável. Como vimos no capítulo 1, os documentos históricos não são apenas os documentos escritos. Ferramentas, objetos de uso doméstico, desenhos, pinturas, esqueletos, restos de fogueiras e outros vestígios da vida humana são também documentos históricos.

Portanto, mesmo antes do desenvolvimento da escrita, os seres humanos produziram documentos e produziram História.

O fato de a invenção da escrita ser considerada o primeiro grande marco histórico da humanidade não significa que as sociedades com escrita sejam superiores às sociedades sem escrita ou que estas últimas não tenham História.

Assim, sociedades cujos conhecimentos são transmitidos pela fala não são melhores nem piores que as sociedades que criaram registros escritos. Elas são apenas diferentes.

A eventual utilização do termo Pré-História deve servir unicamente como uma espécie de ferramenta para facilitar a nossa compreensão, e jamais como uma forma de valorizar algumas sociedades e desvalorizar outras. A vida humana é múltipla e diversa, com ritmos e características variados, com histórias diferentes.

Alguns estudiosos preferem utilizar o termo Proto-História, para se referir a esse longo período. De qualquer modo, para ajudar em nossos estudos, podemos dividi-lo em duas grandes etapas: **Idade da Pedra** e **Idade dos Metais**.

TÁ LIGADO?

23. Explique: a denominação Pré-História pode ser questionada?
24. Comente a seguinte afirmação: "a vida humana é múltipla e diversa, com ritmos e características variadas, com histórias diferentes".
25. Apresente as características da vida dos hominídeos durante o Paleolítico.
26. Cite quatro espécies de hominídeos que viveram nesse período (retome a tabela das páginas 32 e 33).

A IDADE DA PEDRA

A Idade da Pedra estende-se desde o surgimento de nossos primeiros antepassados até 6000 a.C. Ou seja, desde o surgimento do *Homo habilis*, há cerca de 2 milhões de anos, até o desenvolvimento das primeiras técnicas de fundição de metais.

Esse longo período costuma ser dividido em pelo menos outros dois: **Paleolítico** (pedra antiga; pedra lascada) e **Neolítico** (pedra polida).

O Paleolítico se estende até 12000 a.C. Nessa época, a temperatura da Terra era muito baixa, obrigando homens e mulheres a viverem e, às vezes, permanecerem muito tempo em cavernas.

Esse período também ficou conhecido como **Idade da Pedra Lascada**, devido ao desenvolvimento de instrumentos cortantes, feitos de pedras raspadas.

Com essas pedras cortantes, os hominídeos conseguiam produzir armas para a caça de animais e objetos para cortar as suas peles, que poderiam ser utilizadas como cobertas, roupas rústicas e cabanas.

Exemplos de pedras lascadas e utensílios cortantes do Paleolítico.

> **TÁ LIGADO?**
>
> 27. Explique como as mudanças climáticas ocorridas há 12 mil anos favoreceram a agricultura.
> 28. Compare nomadismo e sedentarização.
> 29. As mudanças ocorridas no Neolítico provocaram aumento populacional? Justifique.

O PERÍODO NEOLÍTICO

Por volta de 12 mil anos atrás, os seres humanos passaram a praticar a agricultura e a domesticar animais, dando início a um novo período: o **Neolítico**, que se estende até cerca de 6000 a.C.

A agricultura

A temperatura da Terra começou a elevar-se em torno de 12 mil anos atrás. Houve um recuo na superfície coberta por camadas de gelo e, em muitas regiões, o clima favoreceu a fertilidade do solo.

Com a mudança climática, sementes de frutas e de cereais selvagens, como o trigo, puderam gerar brotos e mudas nas áreas onde nossos antepassados despejavam restos de alimentos e detritos em geral.

A observação do crescimento das plantas foi feita, provavelmente, pelas mulheres, pois ficavam mais tempo nos acampamentos, enquanto os homens dedicavam-se à caça. Da observação passou-se ao controle do cultivo, necessário em épocas de escassez de alimentos.

Provavelmente, a domesticação das plantas ocorreu primeiro entre os grupos que praticavam a coleta de trigo selvagem. Esses grupos humanos aprenderam a plantá-lo e se tornaram capazes de obter quantidades maiores do cereal.

> **Detritos**
> Restos e sobras de materiais orgânicos e inorgânicos.

Novas ferramentas

Com isso, grupos humanos passaram a desenvolver técnicas agrícolas e ferramentas mais elaboradas, feitas de pedras e de metais, para o preparo do solo.

Com a necessidade de armazenar os produtos colhidos e as sementes para o plantio, começaram a fazer cestos de palha e potes e vasilhas de barro, dando origem à cerâmica.

Algumas comunidades também aprenderam a converter as fibras vegetais em fios e estes em tecidos de linho e de lã, que substituiriam as peles de animais.

Até mesmo pequenas engrenagens para moer as sementes e fornos para assar e cozinhar os alimentos passaram a ser desenvolvidos nessa nova fase.

Sedentarização

Tais conquistas contribuíram para que os seres humanos fixassem suas moradias, já que não necessitavam sair à procura de alimentos em outras regiões para garantir sua sobrevivência. Esse processo é conhecido como **sedentarização**.

Os primeiros grupos humanos tornaram-se, também, criadores e pastores. Esses agrupamentos sedentários (com moradia fixa) passaram a combinar o cultivo da terra com o pastoreio. Agricultura e criação, juntas, significaram abundância de alimentos, como leite, carne e ovos.

Os grupos que desenvolveram técnicas de cultivo e de criação de animais passaram a ter melhores condições de sobrevivência. Com isso, puderam experimentar um significativo aumento populacional, o que permitiu o surgimento de sociedades mais numerosas. Por essa razão, alguns dos antigos agrupamentos tornaram-se aldeamentos permanentes.

A partir de 9000 a.C., começaram a surgir as primeiras vilas, como resultado do crescimento populacional e da concentração de grupos humanos em uma mesma região.

A cena, que retrata um grupo e seu rebanho, expressa a importância da domesticação de animais, que trouxe também novas possibilidades de alimentação.

Pastores. Pintura rupestre. Jabberen (Argélia), c. 5500-2000 a.C.

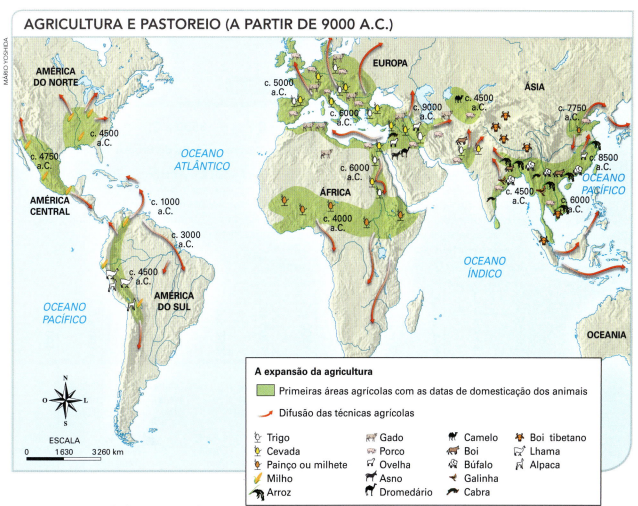

Fonte: Elaborado com base em BLACK, Jeremy (Dir.). *World History Atlas*. London: DK Book, 2008.

A IDADE DOS METAIS

O período que vai de 6000 a.C. até 4000 a.C. foi denominado **Idade dos Metais**.

O maior controle do fogo, em razão da construção de fornos, permitiu a alguns grupos humanos desenvolver o conhecimento das técnicas de fundição de metais.

Primeiro, fundiram o cobre e, mais tarde, o estanho. Posteriormente, em torno de 3500 a.C., passaram a misturar o cobre com estanho (um metal mole), dando origem ao bronze, metal mais duro e resistente.

Em torno de 2500 a.C., alguns povos começaram a desenvolver as técnicas da fundição do ferro, que oferecia ainda maior resistência às armas e ferramentas.

As novas técnicas possibilitaram a produção de ferramentas mais eficientes do que aquelas feitas de pedra. Além dos coletores, agricultores e pastores, surgia a figura do artesão, que fabricava lanças, espadas, escudos, capacetes e uma infinidade de objetos de metal.

Por volta de 3500 a.C. foi desenvolvida a roda, outra grande descoberta da humanidade. A roda permitiu o deslocamento de um número maior de materiais e pessoas em carroças e a montagem de engrenagens para a fabricação de tijolos e de objetos de cerâmica.

TÁ LIGADO

30. Relacione o domínio do fogo e o desenvolvimento de técnicas de fundição de metais.

31. Comente o impacto da invenção da roda para a vida humana.

32. Comente o impacto do desenvolvimento da escrita para a vida humana.

A divisão da História em períodos

Pré-História

Idade da Pedra

2500000 a.C.
Paleolítico

12000 a.C.
Neolítico

A Idade da Pedra é o período durante o qual os seres humanos desenvolveram utensílios de pedra, muitas vezes utilizando também ossos de animais e pedaços de madeira fixados com resinas e fibras vegetais.

Idade dos Metais

6000 a.C.
Idade do Cobre

3500 a.C.
Idade do Bronze

2500 a.C.
Idade do Ferro

A Idade dos Metais é o período a partir do qual os seres humanos começam a desenvolver utensílios de metais. A utilização dos metais inicia-se na Pré-História e estende-se para o período definido convencionalmente como História.

Caça de cervos. Pintura rupestre. Valltorta (Espanha), c. 7000 a.C. (detalhe)

América

50 mil a.C.	11 mil a.C.	5-4 mil a.C.	3 mil a.C.	1500 a.C.	1300 a.C.	1200 a.C.	850 a.C.	500 a.C.	200 a.C.	100 a.C.	400 d.C.
Vestígio mais antigo de presença humana na América (Boqueirão da Pedra Furada - PI)	Luzia (Lagoa Santa - MG)	Seleção de plantas e domesticação de animais no México, região Andina, Mesoamérica	Primeiros núcleos sedentários agrícolas	Ocupação da Ilha do Marajó	Aterro artificial mais antigo da América do Norte (Louisiana)	Cultura Olmeca (México)	Cultura Chavín (Peru)	Cultura Adena (EUA)	Cultura Moche (Peru)	Cultura Hopewell (EUA)	Cultura Marajoara (Brasil)

Beijo. Pintura rupestre, Toca do Boqueirão da Pedra Furada, Parque Nacional da Capivara. São Raimundo Nonato, Piauí (Brasil), c. 10000 a.C.-6000 a.C. (detalhe)

História

Idade Antiga

4000 a.C.

Estende-se de aproximadamente 4000 a.C., tendo como marco principal a invenção da escrita, até a queda do Império Romano do Ocidente, em 476. Esse período compreende a História do Oriente Próximo, dos gregos e dos romanos, e vai até as invasões germânicas do século V.

Idade Média

476 d.C.

Começa a partir do século V e se estende até o século XV, no ano de 1453, que corresponde à tomada de Constantinopla pelos turcos e ao fim da Guerra dos Cem Anos. Também se pode definir seu término em 1492, com a chegada dos europeus à América e o início da conquista colonial.

Idade Moderna

1453 d.C.

Tem início em 1453 (ou 1492) e termina em torno de 1789, com a Revolução Francesa. É o período das navegações marítimas europeias, que vão resultar na conquista da América e na montagem das sociedades coloniais.

Idade Contemporânea

1789 d.C.

Da Revolução Francesa, iniciada em 1789, até os dias de hoje. Nesse período estabelece-se a sociedade industrial e desenvolvem-se as instituições e os regimes políticos atuais.

Placa de argila com sinais contábeis em escrita cuneiforme. Mesopotâmia, c. 1980 a.C.

HISTÓRIA MUNDIAL OU EUROPEIA?

Apesar de úteis, é necessário observar que as divisões em períodos são imprecisas e questionáveis. Por exemplo, a chamada Idade dos Metais situa-se em uma transição entre a Pré-História e a História.

Na verdade, os diversos grupos humanos, espalhados pela Terra, experimentaram ritmos variados de desenvolvimento das técnicas de fabricação de instrumentos de pedra ou metal, das práticas agrícolas e pastoris e de desenvolvimento de linguagens visuais e escritas.

As subdivisões da História, em contrapartida, foram definidas principalmente com base em acontecimentos políticos. Podemos organizar a História da humanidade sob outros pontos de vista, como o econômico, o religioso ou o cultural.

Assim, poderíamos escolher outras datas significativas e outros marcos históricos.

É importante destacar que tal forma de organizar a História e subdividi-la está baseada na trajetória das sociedades europeias. Essa História se aplicaria, realmente, apenas ao Ocidente europeu. Isso tende a deixar o resto do mundo em segundo plano. Ou melhor, acaba fazendo com que a História do resto do mundo seja ordenada a partir de uma referência europeia.

A História apresentada dessa maneira é chamada de **eurocentrista**, pois só considera as outras partes do planeta em função de suas ligações com a Europa.

Apesar disso, tais divisões em geral são as mais utilizadas pelos historiadores. É uma demonstração de como o poderio econômico, político e cultural das sociedades ocidentais (sobretudo Europa e Estados Unidos da América) acaba sendo valorizado também na nossa maneira de pensar e dividir a História mundial.

Assim, tais divisões devem apenas servir como uma referência para os nossos estudos. Não são verdades inquestionáveis. Pelo contrário, são demarcações provisórias sobre as quais devemos refletir e analisar.

TÁ LIGADO?

33. Comente a seguinte frase: "Os diversos grupos humanos, espalhados pela Terra, experimentaram ritmos variados de desenvolvimento das técnicas de fabricação de instrumentos de pedra ou metal, das práticas agrícolas e pastoris e de desenvolvimento de linguagens visuais e escritas".

34. Explique por que a divisão tradicional da História pode ser considerada eurocentrista.

O início da aventura humana
Jogo

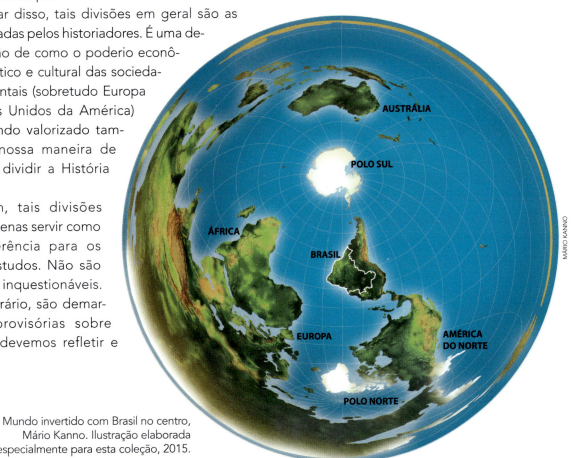

Mundo invertido com Brasil no centro, Mário Kanno. Ilustração elaborada especialmente para esta coleção, 2015.

QUEBRA-CABEÇA

1. Releia o quadro complementar "Homo ludens" (p. 36). Agora responda ao que se pede.
   a) Defina a palavra ludens.
   b) Comente a possibilidade de denominar os Homo sapiens como Homo ludens.
   c) Comente a atração humana por objetos esféricos.

2. Pesquisa sobre os jogos mais apreciados hoje em dia.
   a) Elabore uma lista de vinte pessoas conhecidas a serem entrevistadas. Sugestão: inclua pessoas da sua família, vizinhos e amigos.
   b) Para o questionário, elabore uma tabela (intitulada Pesquisa sobre Jogos/Esportes) de 21 linhas, dividida em 4 colunas: nome do entrevistado; idade; gênero; jogo ou esporte preferido.
   c) Ofereça ao seu entrevistado a seguinte lista de possibilidades e saliente que ele deve escolher apenas uma delas:
      - Esportes (ele indica o esporte preferido)
      - Jogos eletrônicos/digitais (ele indica o jogo preferido)
      - Jogos de tabuleiros/cartas/peças (ele indica o jogo preferido)
      - Reality shows (ele indica o jogo preferido)
      - Outros (ele indica algum jogo que não se encaixe nos anteriores)
   d) Aplique o questionário a cada entrevistado e complete a sua tabela.
   e) Em uma folha, elabore uma nova tabela intitulada Faixa Etária. Essa tabela deve ser dividida em 6 colunas: até 8 anos; de 9 a 12 anos; de 12 a 20 anos; de 20 a 35 anos; de 35 a 50 anos; mais de 50 anos.
   f) Distribua os jogos preferidos de acordo com a idade dos entrevistados.
   g) Em outra folha, elabore uma nova tabela intitulada Masculino/Feminino. Essa tabela deve ser dividida em 2 colunas.
   h) Distribua os jogos preferidos de acordo com o sexo dos entrevistados.
   i) Elabore um texto comentando os dados obtidos pela entrevista.

3. Uma das questões mais importantes do capítulo são as transformações que permitiram o desenvolvimento da cultura humana. Faça um texto dissertativo discutindo natureza e cultura.

4. No seu caderno, faça a conversão das seguintes datas para séculos em números romanos: 3500 a.C.; 2500 a.C.; 476 d.C.; 1453 d.C.; 1789 d.C.
   (Retome os quadros da página 23.)

5. Com as datas do exercício 4, faça uma linha do tempo em seu caderno.

6. Com base nas informações sobre as pinturas rupestres e sobre a vida dos Homens de Lagoa Santa, elabore desenhos que procurem representar as características da vida cotidiana desses grupos humanos.

7. Defina cada um dos conceitos abaixo e organize um pequeno dicionário conceitual em seu caderno:
   - hominização
   - nomadismo
   - sítio arqueológico
   - sedentarização
   - eurocentrista

8. Vamos construir nossos tags. Siga as instruções do Pesquisando na internet, na seção **Passo a passo** (p. 7), utilizando as palavras-chave abaixo:

   Hominídeos
   Australopithecus
   Cro-Magnon
   Homo habilis
   Neanderthalensis
   Homo sapiens
   Homo erectus

LEITURA COMPLEMENTAR

Leia com atenção o poema abaixo para fazer as atividades a seguir:

O ÚNICO ANIMAL

O homem é o único animal...
... que ri
... que chora
... que chora de rir
... que passa por outro e finge que não vê
... que fala mais que o papagaio
[...]
... que mata a distância
... que manda matar
... que esfola os outros e vende a pele
... que alimenta as crias, mas depois cobra com chantagem emocional
... que faz o que gosta escondido e o que não gosta em público
... que leva meses aprendendo a andar
... que toma aula de canto
... que desafina
... que paga para voar
... que pensa que é anfíbio e morre afogado
... que pensa que é bípede e tem problema de coluna
[...]
... que não suporta o próprio cheiro
... que se veste... que veste os outros
[...]
... que não tem linguagem comum para toda a espécie
... que se tosa porque quer
... que joga no bicho
... que aposta em galo e cavalo
... que tem gato e cachorro
[...]
... que planta e colhe

... que planta e colhe e mesmo assim morre de fome
... que foi à Lua
... que apara os bigodes
... que só come carne crua em restaurante alemão
... que gosta de *escargot* (fora o *escargot*)
... que faz dieta
... que usa o dedão
... que faz gargarejo
... que escraviza
... que tem horas
... que imita passarinho
... que poderia ter construído Veneza e destruído Hiroshima
... que faz fogo
... que se analisa
.... que faz ginástica rítmica
... que sabe que vai morrer
[...]
O homem não é o único animal
... que constrói casa, mas é o único que precisa de fechadura
... que foge dos outros, mas é o único que faz isto voluntariamente
... que se ajoelha, mas é o único que faz isso voluntariamente
... que trai, polui e aterroriza, mas é o único que se justifica
... que engole sapo, mas é o único que não faz isso pelo valor nutricional
... que faz sexo, mas é o único que precisa de manual de instrução

VERISSIMO, Luis Fernando. *Poesia numa hora dessas?* São Paulo: Objetiva, 2002. p. 15-19.

1. Identifique o tema do texto.
2. Encontre no poema dois trechos que destacam as semelhanças entre os seres humanos e os animais. Transcreva-o no seu caderno.
3. Selecione um trecho que evidencie uma diferença entre os seres humanos e os animais. Transcreva-o no seu caderno.
4. Comente as diferenças entre os seres humanos e os animais.

PONTO DE VISTA

Comida, diversão e arte

 OBSERVE AS IMAGENS

Capivara e seu filhote. Pintura rupestre, Parque Nacional da Serra da Capivara. São Raimundo Nonato, Piauí (Brasil), c. 10000 a.C.-6000 a.C. (detalhe)

Caça. Pintura rupestre, Parque Nacional da Serra da Capivara. São Raimundo Nonato, Piauí (Brasil), c. 10000 a.C.-6000 a.C. (detalhe)

Dança ritual. Pintura rupestre, Parque Nacional da Serra da Capivara. São Raimundo Nonato, Piauí (Brasil), c. 10000 a.C.-6000 a.C. (detalhe)

Beijo. Pintura rupestre, Toca do Boqueirão da Pedra Furada, Parque Nacional da Capivara. São Raimundo Nonato, Piauí (Brasil), c. 10000 a.C.-6000 a.C. (detalhe)

1. No seu caderno, descreva cada uma das imagens informando:
   a) os elementos representados;
   b) as pistas sobre o modo de vida dos seres humanos.

2. Leia a letra de "Comida", uma das canções do grupo paulista Titãs, e depois responda:
   a) Comente o que a música quer dizer com os versos: "A gente não quer só comida, / A gente quer comida, diversão e arte".
   b) Relacione a letra da música e as atividades descritas nas pinturas rupestres. Justifique sua resposta.

COMIDA

Arnaldo Antunes/Sérgio Brito/Marcelo Fromer

Bebida é água. / Comida é pasto. / Você tem sede de quê? / Você tem fome de quê? / A gente não quer só comida, / A gente quer comida, diversão e arte. / A gente não quer só comida, / A gente quer saída para qualquer parte. / A gente não quer só comida, / A gente quer bebida, diversão, balé. / A gente não quer só comida, / A gente quer a vida como a vida quer. / Bebida é água. / Comida é pasto. / Você tem sede de quê? / Você tem fome de quê? / A gente não quer só comer / A gente quer comer e quer fazer amor / A gente não quer só comer, / A gente quer prazer pra aliviar a dor / A gente não quer só dinheiro, / A gente quer dinheiro e felicidade. / A gente não quer só dinheiro, / A gente quer inteiro e não pela metade.

TITÃS. In: *Jesus não tem dentes no país dos banguelas*, 1987.
Disponível em: <http://bit.ly/2E0V1w7>. Acesso em: 06 out. 2018.

PERMANÊNCIAS E RUPTURAS

Nomadismo e telefonia celular

De certo modo, o nomadismo ainda sobrevive entre nós: os lapões do extremo norte da Europa acompanham os movimentos dos rebanhos de renas selvagens. Trata-se da chamada **transumância**, ou seja, o deslocamento de pessoas com seus rebanhos de uma região a outra.

Como os primeiros humanos, eles não controlam os rebanhos, simplesmente acompanham os movimentos das renas, sem domesticá-las completamente. Trinta mil lapões perseguem, por pastagens geladas, cerca de 300 mil renas. Sua sobrevivência depende delas. Alimentam-se da sua carne, utilizam seus tendões, chifres, ossos e pelos para produzir roupas e instrumentos.

Na década de 1970, os lapões ganharam uma nova ferramenta: o telefone celular. O parlamento sueco determinou que todos os cidadãos suecos tinham direito a um telefone. O governo sueco teve que encontrar uma solução para os lapões, que viviam em constante deslocamento. Intensificaram-se as pesquisas que, na Suécia, datavam da década de 1950. Uma empresa sueca de produtos eletrônicos conseguiu aperfeiçoar uma tecnologia adaptada ao nomadismo lapão. Era desenvolvido o telefone celular, que hoje serve a pessoas em trânsito no mundo inteiro.

Mulher lapã com renas e trenó no acampamento Tamoc. Lapônia (Noruega), 15 mar. 2014

Rapaz da etnia Pataxó com celular nos VIII Jogos Indígenas Pataxó - Arena Barra Velha. Palmas (TO), 2015.

1. Explique o que é transumância.
2. No texto acima há duas formulações interessantes:
   a. A ação do parlamento e do governo da Suécia para garantir que todos os seus cidadãos tenham os mesmos direitos.
   b. A relação entre tradição cultural e social e desenvolvimento tecnológico.

   Escolha uma dessas formulações e elabore um texto crítico com foco na situação dos povos indígenas no Brasil.

TRÉPLICA

Filmes

2001, uma odisseia no espaço
EUA, 1968.
Direção de Stanley Kubrick.

Filme complexo que aborda a trajetória da humanidade desde suas origens até a conquista do espaço.

A caverna dos sonhos esquecidos
Alemanha, França, EUA, 2010.
Direção de W. Herzog.

Em 3D, apresenta as pinturas rupestres de Chauvet-Pont-d'Arc, sul da França.

A guerra do fogo
França, 1981.
Direção de J.-J. Annaud.

Filme sobre a vida de ancestrais dos seres humanos.

Livros

A arte rupestre no Brasil
GASPAR, M. Rio de Janeiro: Jorge Zahar, 2003.

A Pré-História
OLIVIERI, A. C. São Paulo: Ática, 2004.

Sites

(Acessos em: 28 jun. 2018)
<http://goo.gl/WrJMHJ>

Site Museus do Rio (Museu de Arqueologia Sambaqui da Tarioba), com imagens e vídeos de sítios arqueológicos brasileiros.

<http://goo.gl/UKVuwF>

Portal do Museu do Homem Americano, localizado na cidade de Raimundo Nonato (PI), no qual estão expostos os resultados de pesquisas e as coleções de material arqueológico, paleontológico, zoológico e botânico.

2º Bimestre
CAPÍTULO 3
Mesopotâmios, semitas e povos americanos

PORTAS ABERTAS

OBSERVE AS IMAGENS

1. Identifique, para cada imagem: o suporte, ou seja, o tipo de material utilizado para sua confecção, a data e os elementos pertencentes a cada uma.

2. Identifique o que essas imagens têm em comum.

3. Identifique as diferenças entre elas.

4. Você sabe que região é mostrada nas imagens? Liste as informações que você possui sobre ela.

Peregrinos muçulmanos cruzam o Rio Tigre a caminho da Mesquita. Bagdá (Iraque), 07 jul. 2010.

Agricultores cultivam arroz em um campo ao longo do Rio Eufrates. Aldeia Mishkhab (Iraque), 2009.

Rio Eufrates na cidade de Halfeti. Província de Sanliurfa (Turquia), 2012.

Rio Tigre. Província de Diyarbakir (Turquia), 2009.

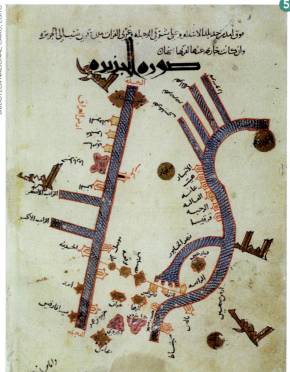
Os rios Tigre e Eufrates. Iluminura sobre velino extraída do Atlas *al-Masalik wa al-Mamalik*, Al-Istakhri, século X.

Mesopotâmios, semitas e povos americanos | capítulo 3

TÁ LIGADO

1. Explique o que é a divisão sexual do trabalho.

2. Com base na leitura do mapa abaixo, descreva a localização e identifique a sociedade que se desenvolveu no entorno:
   - do Rio Indo.
   - do Rio Amarelo.
   - do Rio Jordão.

3. Explique o conceito de sociedades fluviais.

A ORGANIZAÇÃO DA VIDA COLETIVA

Como vimos no capítulo anterior, a agricultura permitiu aos seres humanos fixarem suas moradias, passando da vida nômade para o sedentarismo. Fixados em um local, a organização em grupos facilitava a vida de todos, pois as tarefas passaram a ser divididas entre os membros da comunidade.

Aos homens cabia o trabalho da caça, o cuidado com os animais e o cultivo dos alimentos. Às mulheres eram destinadas tarefas como o preparo dos alimentos, o cuidado com as crianças, a produção do artesanato e a administração das tarefas do cotidiano nas aldeias.

A divisão de tarefas entre homens e mulheres foi uma das primeiras formas de diferenciação entre os seres humanos e é denominada **divisão sexual do trabalho**.

OS RIOS E O DESENVOLVIMENTO HUMANO

Vazante
Período de baixa do volume de água de um rio.

Várzea
Terreno plano à margem de um rio.

Em diversas partes do mundo, aldeias e cidades formaram-se ao lado de rios. Os seres humanos aproveitavam os movimentos de cheia e vazante dos rios e desenvolveram técnicas e conhecimentos para cultivar alimentos em suas várzeas.

Em torno de 9000 a.C., no Vale do Rio Jordão, pequenas construções de tijolos faziam parte de Jericó, uma das mais antigas povoações conhecidas. A cidade das palmeiras, como é descrita na Bíblia, possuía grandes muralhas e foi uma das mais importantes cidades da Palestina.

Por volta de 6000 a.C., em uma região montanhosa da atual Turquia, cortada por um pequeno rio hoje inexistente, formou-se a cidade de Çatal Hüyük. Protegidos por paredes altas, seus habitantes circulavam pelo telhado das casas e entravam nelas por portas localizadas no teto.

Em torno de 5000 a.C., formaram-se comunidades agrícolas no Vale do Nilo, como veremos no capítulo 4.

Sociedades fluviais

O desenvolvimento das povoações, aldeias e cidades que se utilizaram dos rios para a sua constituição gerou **sociedades mais complexas** em diversos continentes. Nessas sociedades a vida coletiva era marcada pelo **trabalho**, que modificava a natureza e estabelecia divisões de tarefas entre os seres humanos.

Para analisar essas primeiras sociedades surgidas das atividades agrícolas às margens dos rios, criou-se o conceito de sociedades fluviais ou sociedades hidráulicas. Nelas, o trabalho coletivo de irrigação era necessário para controlar as cheias dos rios e cultivar as terras de suas margens.

PRIMEIRAS POVOAÇÕES NA ÍNDIA E NA CHINA

Entre 4000 a.C. e 3000 a.C., desenvolveu-se um conjunto de povoações e cidades ao longo do Vale do Rio Indo que aproveitava a fertilidade do solo para o desenvolvimento da agricultura. Em torno de 2600 a.C., formou-se a cidade de Mohenjo-Daro, um dos mais antigos núcleos urbanos da Antiguidade.

No Vale do Rio Amarelo, na China, formaram-se povoações desde cerca de 6000 a.C. Uma das aldeias mais antigas é Banpo, que possuía cabanas feitas de madeira e argila semienterradas. Seu habitantes cultivavam arroz às margens do Rio Amarelo e de seus afluentes.

Fonte: Elaborado com base em BLACK, Jeremy (Dir.). *World History Atlas*. London: DK Book, 2008.

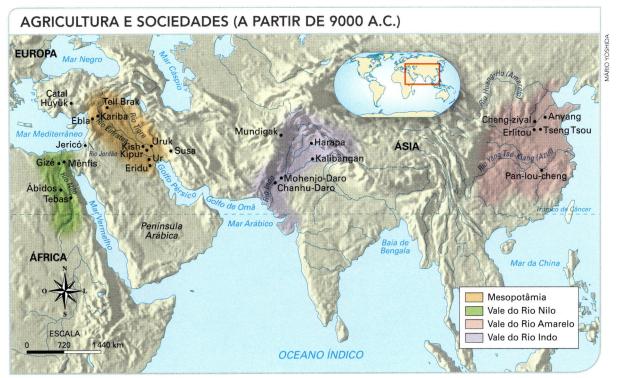

A MESOPOTÂMIA

Mesopotâmia é uma palavra de origem grega que significa "entre rios". A Mesopotâmia estava situada na região entre os rios Tigre e Eufrates, no sudoeste da Ásia. Era uma estreita faixa de terra fértil cercada por desertos. Atualmente, esse território é ocupado sobretudo pelo Iraque e pelo Kuwait.

Nos primeiros tempos, em torno de 6000 a.C., da formação das comunidades que se desenvolveram nessa região, a organização social estava baseada na **igualdade** entre as pessoas, ou seja, não havia governantes nem governados, todos ocupavam um mesmo lugar na sociedade e tinham suas tarefas e funções distribuídas de forma igualitária.

Mapa da Babilônia, anônimo. Placa de argila, Sippar (sul do Iraque), c. 700 a.C.-500 a.C.

Com inscrições cuneiformes, esse mapa mostra a região da Mesopotâmia, tendo a Babilônia ao centro. As demais regiões são representadas em forma de triângulos. O objetivo desse mapa era mostrar a maneira mitológica pela qual os babilônios viam o mundo.

Mesopotâmios, semitas e povos americanos | CAPÍTULO 3

> **TÁ LIGADO**
>
> 4. Com base na leitura dos mapas ao lado, descreva a localização dos rios Tigre e Eufrates, identifique as sociedades que lá se desenvolveram, os países atuais e o nome da região.

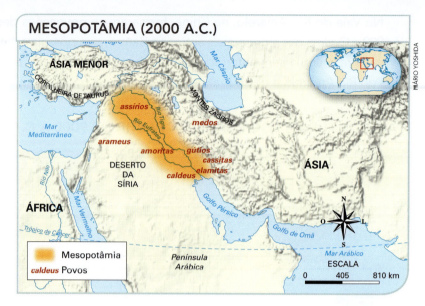

Fonte dos mapas: Elaborados com base em BLACK, Jeremy (Dir.). *World History Atlas*. London: DK Book, 2008.

Os trabalhos e os deuses

A fertilidade da terra era fundamental para a sobrevivência das comunidades. Na Mesopotâmia, os rios transbordavam com certa regularidade. Para armazenar a água e irrigar a terra em épocas de seca, foram criados tanques. Para levar a água até os lugares onde a terra era menos fértil, foram construídos canais.

Hoje sabemos que a fertilidade do solo era consequência das melhorias nas técnicas de cultivo de alimentos e de irrigação. Porém, para os antepassados que viviam nessas comunidades, a fecundidade da terra era fruto da vontade dos deuses.

Por causa do trabalho das pessoas e do desenvolvimento das técnicas, a terra passou a produzir cada vez mais, e as comunidades passaram a ter o que chamamos de **excedente de produção**.

Isso significa que a quantidade de alimentos produzidos passou a ser maior que aquela consumida pelos moradores. Uma parte da produção que sobrava ia para os estoques, a outra era destinada a rituais oferecidos aos deuses, pois se acreditava que essa era uma maneira de convencê-los de que o povo era fiel e merecia ser protegido.

Desigualdade social

Determinadas pessoas começaram a se diferenciar do restante da comunidade. Surgiram, assim, os primeiros **líderes religiosos** ou **sacerdotes**. Essas pessoas deixaram de trabalhar diretamente na produção de alimentos e dedicaram-se a oferecer sacrifícios aos deuses e a administrar os excedentes do que era produzido por todos. Em geral, esses sacerdotes dominavam a linguagem escrita e o sistema numérico, o que lhes permitia calcular os excedentes e organizar a produção na Mesopotâmia.

> **Coletivismo**
> Sistema social no qual os bens e as riquezas são distribuídos igualmente entre os membros da comunidade.

Passaram também a ter alguns privilégios sociais e desfrutavam de maior conforto. Eram respeitados como servidores dos deuses e administradores dos estoques agrícolas e das oferendas destinadas às divindades.

Esses privilégios eram **hereditários**, ou seja, eram herdados pelos filhos, tornando algumas famílias cada vez mais poderosas e influentes com o decorrer dos anos. Pouco a pouco, elas passaram a controlar as melhores terras e a possuir os maiores rebanhos.

As aldeias mais desenvolvidas começaram, então, a utilizar a força para dominar as menores e mais frágeis com o objetivo de tornarem-se ainda mais poderosas. Ganhava destaque a figura do **guerreiro**.

Responsáveis por combater os inimigos e defender as terras contra os invasores, esses guerreiros também se afastaram do trabalho na produção de alimentos e assumiram o papel de manter a ordem interna. Ou seja, sua função era garantir que os agricultores continuassem a trabalhar na terra e que dessem parte de sua produção para as obras públicas e a segurança contra invasores.

Dessa forma surgiram os tributos (impostos), que serviam para sustentar os sacerdotes e, também, os próprios guerreiros.

Os inimigos externos, quando derrotados, eram agregados à comunidade na condição de **escravizados**. Quanto maior o número de cativos, menor a quantidade de trabalho para os membros da aldeia ou para aquelas famílias mais poderosas do grupo.

Novas classes sociais

Com o tempo, as antigas comunidades passaram a formar classes sociais divididas em: **escravizados**, **camponeses**, **artesãos**, **comerciantes**, **guerreiros** e **sacerdotes**.

Nessa nova forma de dividir a sociedade, as decisões sobre como governar e administrar a comunidade também se modificaram. A igualdade e o coletivismo, que podiam ser observados na formação das comunidades primitivas, davam lugar ao indivíduo ou grupo de privilegiados que tomava decisões pelos demais, impondo-lhes sua autoridade.

> **TÁ LIGADO**
>
> 5. Explique o que é excedente de produção.
> 6. Explique por que parte da produção era destinada a rituais oferecidos aos deuses mesopotâmicos.
> 7. Explique como os sacerdotes tornaram-se poderosos na Mesopotâmia.
> 8. Explique quais eram as funções dos guerreiros nas formações sociais mesopotâmicas.
> 9. Liste as classes sociais das sociedades na Mesopotâmia.

ANÁLISE DE IMAGEM

Estandarte de Ur

Material: madeira com incrustações de madrepérola, calcário vermelho e lápis-lazúli

Dimensões: 49,53 cm de comprimento × 21,59 cm de altura

Datação: c. 2600 a.C.

Artista: anônimo

O Estado

Começava a se estabelecer uma organização política e social que denominamos **Estado**, forma de organização das funções de governar os membros da sociedade por meio da criação de regras e leis, da aplicação da justiça e da punição dos indivíduos.

O Estado fiscalizava a propriedade e a produção, garantia a segurança e mantinha sob controle um grande grupo de trabalhadores.

O Estado garantia também a exploração da mão de obra que sustentava e mantinha os privilégios de um pequeno grupo que controlava as melhores terras e as posições de poder nas suas comunidades.

OS PRIMEIROS ESTADOS

Surgiram na Mesopotâmia as primeiras sociedades organizadas em forma de Estados, os primeiros impérios e as primeiras cidades da Antiguidade, em torno de 4000 a.C.

"Estandarte de Ur" é uma pequena caixa trapezoidal composta de várias placas recobertas com mosaicos de temas figurativos e geométricos, feitos em madeira, calcário vermelho, lápis-lazúli e madrepérolas. É considerado o mosaico mais antigo de que se tem conhecimento.

Esse artefato arqueológico foi encontrado durante as escavações feitas na antiga cidade suméria de Ur (atual Iraque) pelo arqueólogo britânico Charles Leonard Wooley. A peça estava em uma câmara funerária acima do ombro direito de um homem. Por este motivo, o arqueólogo pensou que poderia se tratar de um estandarte ou bandeira. No entanto, essa versão nunca foi confirmada. Atualmente a peça pertence ao acervo do Museu Britânico (Inglaterra).

"A paz"

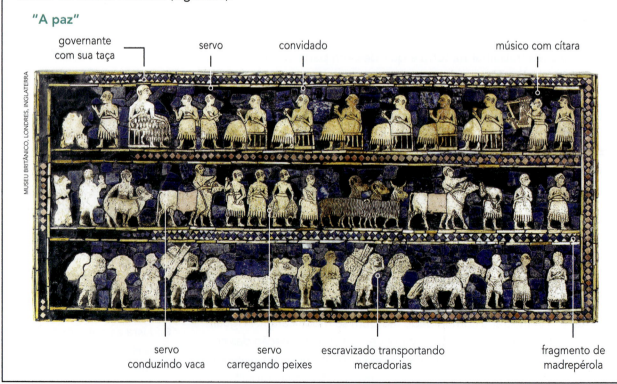

governante com sua taça — servo — convidado — músico com cítara

servo conduzindo vaca — servo carregando peixes — escravizado transportando mercadorias — fragmento de madrepérola

CAPÍTULO 3 | Mesopotâmios, semitas e povos americanos

Algumas importantes invenções da humanidade, como a escrita e o primeiro conjunto de leis, também são atribuídas aos mesopotâmios. A região foi habitada por diversos povos, de línguas e culturas diferentes: sumérios, babilônios, assírios, entre outros, que dominaram esse rico território em diferentes períodos.

As primeiras sociedades mesopotâmicas desapareceram há quase 2500 anos. A região foi dominada por outros povos e, pouco a pouco, traços de sua história foram desaparecendo. Suas cidades foram destruídas ou abandonadas. Além disso, as línguas que eram faladas desapareceram.

Os sumérios e a vida urbana

Com a agricultura e o surgimento do Estado, parte da vida humana concentrou-se nas cidades. As casas passaram a ser construídas dentro ou ao redor de grandes muralhas de proteção.

O comércio aumentava a oferta de produtos disponíveis. O grande número de pessoas circulando favorecia a produção de artistas e artesãos. A cultura floresceu e avançou nos limites das cidades.

> **TÁ LIGADO?**
>
> **10.** Aponte as funções do Estado nas formações sociais mesopotâmicas.

1 Primeiro olhar:
As duas placas principais apresentam, em cada um dos lados, cenas de guerra e paz. Cada placa está dividida em três faixas horizontais e, como uma espécie de história em quadrinhos, devem ser observadas de baixo para cima. No "Lado da Paz", há um desfile de pessoas que carregam animais e produtos agrícolas como presentes ou tributos para o monarca, que aparece sentado em seu trono, no topo do registro, juntamente a outros convidados, servos e músicos, em uma espécie de banquete.
No "Lado da Guerra", podemos observar soldados com seus carros de guerra pisoteando os prisioneiros (faixa inferior). Acima, a infantaria com lanças e escudos. No topo, os prisioneiros são apresentados ao rei como espólio de guerra. A figura do rei, no topo de cada registro, com estatura maior que o restante das figuras, é comum aos dois lados.

"A guerra" — fragmento de lápis-lazúli — governante recebe escravizados de guerra — soldado — escravizado — soldado da infantaria — fragmento calcário vermelho — soldado conduzindo o carro de guerra — soldado ferido

MUSEU BRITÂNICO, LONDRES, INGLATERRA

Placa de argila com sinais contábeis em escrita cuneiforme. Mesopotâmia, c. 1980 a.C.

Muitos dos objetos encontrados na Mesopotâmia continham uma escrita desconhecida, em forma de cunha, espécie de ferramenta pontiaguda. Por isso os pesquisadores chamaram essas inscrições de **cuneiformes**.

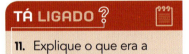

11. Explique o que era a escrita cuneiforme.

Os sumérios foram os primeiros a criar uma vida urbana na Mesopotâmia. De origem incerta, sua língua não se parece com qualquer outra já conhecida. Fixaram-se na região antes de 4000 a.C., e, nos mil anos seguintes, fundaram cidades e desenvolveram a sua escrita cuneiforme gravada em tabuletas de barro.

Cidades-Estado

Tais cidades são denominadas cidades-Estado (ou cidades-Reino) porque possuíam independência política e autonomia de governo. Suas aldeias compostas de cabanas transformaram-se gradualmente até formar cerca de 15 cidades independentes que disputavam o domínio da região.

Cada cidade era governada por um líder, denominado **patesi**, que desempenhava funções de chefe religioso e militar. Seu papel era organizar a construção de canais de irrigação, diques e templos. Ele também controlava a cobrança de impostos. Esse novo estilo de vida mais complexo passou a exigir formas de governo mais elaboradas, com funcionários públicos e códigos de leis.

Embora partilhassem de cultura semelhante, as cidades sumérias guerreavam com frequência, principalmente por causa de disputas sobre fronteiras e direitos sobre as águas. Enfraquecidos pelas guerras internas, os sumérios foram pouco a pouco dominados por outros povos.

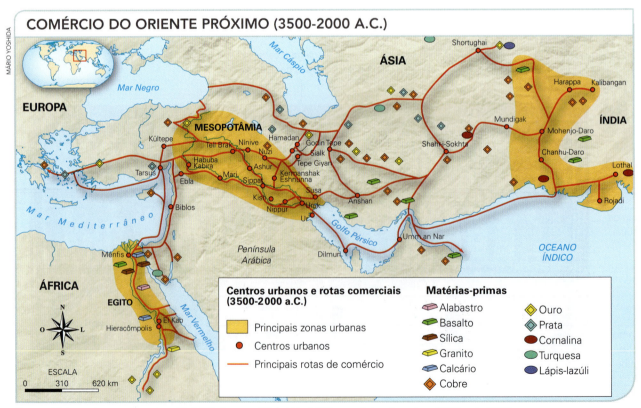

Fonte: Elaborado com base em BLACK, Jeremy (Dir.). *World History Atlas*. London: DK Book, 2008.

Comércio

O crescimento das cidades, o aumento da população, o surgimento de novas profissões e a necessidade de novos produtos levaram ao desenvolvimento do **comércio** com a utilização de **moedas** para facilitar as trocas.

A necessidade de firmar contratos comerciais estimulou o desenvolvimento da escrita. Porém, nem todos os produtos podiam ser encontrados no mercado da cidade, levando alguns comerciantes a buscá-los nas cidades vizinhas. Não demorou muito para que surgissem rotas comerciais, não apenas entre os sumérios, mas também envolvendo outros povos da região (veja mapa na página anterior).

A mais importante cidade suméria de que se tem notícia é Ur, situada onde hoje se encontra o sul do atual Iraque. Citada na Bíblia como o local onde teria nascido o patriarca Abraão, Ur foi capital do Império durante cerca de três séculos. Os principais vestígios do que restou dessa cidade foram encontrados por uma equipe de arqueólogos do Museu Britânico de Londres, que organizou uma expedição entre 1922 e 1934 em busca de objetos para serem expostos no museu.

Foi justamente em uma dessas escavações que encontraram um local que depois recebeu o nome de Cemitério Real. Lá foram encontrados tesouros que causariam inveja a qualquer Indiana Jones: armas, joias, utensílios diversos, instrumentos musicais e vários tabuleiros de jogos!

TÁ LIGADO?

12. Explique as funções desempenhadas pelos líderes de cada cidade suméria.
13. Explique o funcionamento das cidades-Estado na Mesopotâmia.
14. Com base na leitura do mapa da página 64:
    - aponte as regiões onde se desenvolveu o maior número de cidades;
    - identifique e descreva a localização da cidade de Ur;
    - identifique e descreva as rotas comerciais marítimas.
15. Esclareça a razão de os tabuleiros do jogo real de Ur terem sido encontrados no Cemitério Real.

O jogo real de Ur

Os tabuleiros encontrados no Cemitério Real de Ur são uma importante evidência da presença dos jogos na história dos seres humanos desde os tempos mais remotos. Pela quantidade de tabuleiros encontrados, podemos concluir, também, que se tratava de um jogo bastante apreciado pelos grupos mais privilegiados entre os sumérios. Era hábito desse grupo social enterrar junto ao cadáver seus objetos favoritos e, inclusive, seus servos pessoais. Aparentemente, os jogos eram deixados nas tumbas como uma forma de passatempo para depois da morte.

Por tratar-se de um jogo muito antigo, não se sabe ao certo como jogá-lo. Não foi localizada nenhuma indicação das regras nas tumbas onde foram encontrados. Arqueólogos e estudiosos do Museu Britânico recriaram algumas formas de jogar com base em outros jogos semelhantes, como o gamão.

O jogo era composto de um tabuleiro, sete peças redondas para cada jogador e seis dados em forma de pirâmide de duas cores diferentes, com marcas em dois de seus vértices. Acreditava-se que cada participante ficava com três dados. O jogo de Ur era de percurso, para ser jogado por duas pessoas ou dois grupos. Isso significa que os participantes deveriam percorrer todo o tabuleiro com suas peças até conseguir retirá-las. O vencedor era aquele que completasse primeiro o percurso com todas as suas peças.

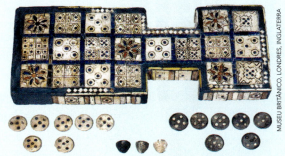

Jogo real de Ur, anônimo. Madeira, madrepérola, calcário vermelho e lápis-lazúli, Ur (sul do Iraque), c. 2600-2400 a.C.

A *Epopeia de Gilgamesh*

O mais famoso tablete de argila da Mesopotâmia é o 11º tablete da *Epopeia de Gilgamesh*, que descreve o encontro do lendário rei Gilgamesh com o sábio Uta-Napishtim-Ruqu.

Antigas tradições sumérias faziam menção a um grande dilúvio, após o qual os deuses foram substituídos pelos mortais no comando das cidades. Segundo as narrativas, um homem sábio e bom, Uta-Napishtim-Ruqu, foi alertado por um deus a construir um barco para se proteger do dilúvio. Assim o fez, reunindo na embarcação seus parentes, amigos, animais, bens preciosos e muitos artesãos, para preservar os conhecimentos técnicos.

A *Epopeia de Gilgamesh*, escrita por volta de 2000 a.C., narra o dilúvio e as aventuras de um dos mortais que sucederam os deuses.

Gilgamesh teria vivido em torno de 2700 a.C., reinado na cidade de Uruk e construído suas muralhas. De acordo com a lista dos reis, Gilgamesh foi o quinto soberano de Uruk depois do dilúvio. A narrativa exalta as virtudes e habilidades heroicas do soberano, justificando assim seu poder.

Placa do Dilúvio, relatando parte da *Epopeia de Gilgamesh*. Nínive (norte do Iraque), século VII a.C.

TÁ LIGADO?

16. Defina politeísmo.

Religião e arte na vida dos sumérios

A sofisticação do artesanato que observamos na imagem do tabuleiro em madeira do jogo de Ur, com detalhes em madrepérola e lápis-lazúli, também podia ser encontrada em outras obras construídas pelos sumérios.

Excelentes escultores e artesãos em metal, os sumérios se destacaram na construção de templos religiosos, como foi o caso dos zigurates, um dos maiores símbolos da sociedade sumeriana.

Os sumérios eram politeístas, ou seja, acreditavam em vários deuses, mas cada cidade tinha um deus que a protegia. O deus era uma espécie de defensor dos seus fiéis junto às outras divindades. Por isso o zigurate, que também era um templo religioso, ocupava lugar central na cidade. Mas para garantir essa proteção era preciso que homens e mulheres respeitassem e obedecessem a seu representante na terra: o governante da cidade.

Azuis

Pode-se notar que o Estandarte de Ur (p. 62-63), o Jogo real de Ur (p. 65) e a estátua do deus Tamuz foram compostos em madrepérola e lápis-lazúli. A madrepérola é produzida no interior das conchas dos moluscos e seu material é semelhante ao das pérolas. Mas ao contrário dessas, que se apresentam sob a forma esférica, a madrepérola é composta de camadas planas, como folhas duras. Esse material era encontrado em diversas partes litorâneas do Oriente Próximo.

O lápis-lazúli é uma rocha de cor azul utilizada em ornamentos até hoje. O termo lazúli origina-se do sânscrito, língua indiana, e significava "anel". Posteriormente, em razão de sua coloração, passou a significar azul.

Deus mesopotâmico Tamuz, anônimo. Estátua de madeira, ouro, cobre, madrepérola, calcário vermelho e lápis-lazúli, 2600 a.C.

Retorne ao mapa da página 64 e observe que a indicação da extração do lápis-lazúli está na região da Índia, próximo à cidade de Shortughai. As diversas rotas mercantis permitiam que essa rocha chegasse até a Mesopotâmia e o Egito e fosse utilizada como matéria-prima dos mais diferentes objetos.

Zigurates

O zigurate era um grande edifício religioso em forma de pirâmide, com diversos andares. Em sua parte mais alta, ficava um santuário para a divindade da cidade. Além de ser o lugar para o culto da divindade principal, o zigurate servia para a observação do céu e das estrelas e dos níveis das enchentes dos rios.

Além disso, funcionava como biblioteca e depósito para guardar cereais. Geralmente construídos de tijolos de argila e palha misturadas, esses templos sagrados resistiram pouco ao tempo.

Zigurate, Ur (Iraque), c. 2100 a.C. (foto de 2016).

O Zigurate de Ur foi restaurado, a partir de 1918, quando se iniciaram as atividades de escavações em uma missão conjunta do Museu Britânico e da Universidade da Pensilvânia.

Os acadianos

A partir do controle das suas cidades-Estado, diversos povos e domínios políticos sucederam-se no comando da Mesopotâmia até o século VI a.C.

Em torno de 2350 a.C., verificou-se uma expansão política iniciada em Acade, cidade situada ao centro da Mesopotâmia, junto à margem esquerda do Rio Eufrates.

Seu líder político, Sargão I, conseguiu conquistar cidades ao seu redor e constituiu um império, ou seja, o controle político, administrativo e econômico sobre um vasto território composto de várias cidades-Estado.

No entanto, as rivalidades entre as cidades e os ataques de outros povos levaram ao fim do Império Acadiano, em torno de 2100 a.C., favorecendo o fortalecimento de cidades sumérias.

Fonte: Elaborado com base em KINDER, H.; HILGEMANN, W. *Atlas histórico mundial*. Madri: Akal, 2006.

TÁ LIGADO

17. Explicite, com suas palavras, como as funções dos zigurates revelam características importantes da sociedade suméria.

18. Liste seis cidades, identificadas no mapa ao lado, como pertencentes ao principal núcleo urbano do Império Acadiano.

Os amoritas: o primeiro Império Babilônico

Localizada a noventa quilômetros da atual Bagdá, a Babilônia foi uma das mais prósperas cidades na Antiguidade, ocupando em seu auge as duas margens do Rio Eufrates com prédios, templos, palácios e majestosas muralhas.

Muito de sua riqueza foi conquistado graças a sua posição estratégica para o comércio entre o Golfo Pérsico e o Mar Mediterrâneo. Porém, foi a conquista das cidades vizinhas que possibilitou a criação de um Império Babilônico. Ou seja, um vasto território e diversos povos submetidos à autoridade de um imperador.

Para governar povos tão diferentes, foi elaborado pelo rei Hamurábi um conjunto de leis, em torno de 1750 a.C., que recebeu seu nome.

O ***Código de Hamurábi*** regulamentava os mais diversos assuntos da vida cotidiana no império. Dessa forma, ocupava-se de questões relativas à vida humana, às propriedades, aos direitos de herança, às atividades comerciais, à escravidão, à família e à honra.

As penas aplicadas variavam dependendo do grupo social ao qual pertenciam os culpados ou as vítimas e do crime praticado. De modo geral, obedeciam à chamada Lei de Talião: "Olho por olho, dente por dente". Ou seja, estabelecia-se uma espécie de punição equivalente ao crime cometido.

O *Código* previa castigos como afogamento, amputação de órgãos e outras punições violentas. Daí a origem do termo "retaliar", que significa revidar.

A prosperidade ajudou a transformar a cidade dos babilônios em um dos grandes centros da Antiguidade. Muitos monumentos foram erguidos. Apesar da riqueza desse período, novas invasões, revoltas internas e a morte do rei Hamurábi instalaram a crise no primeiro Império Babilônico, provocando sua fragmentação.

TÁ NA REDE!

CÓDIGO DE HAMURÁBI

Digite o endereço abaixo na barra do navegador de internet: ‹http://goo.gl/7Ag9Q9›. Você pode também tirar uma foto com um aplicativo de *QrCode* para saber mais sobre o assunto. Acesso em: 02 out. 2018. Em português.

O *site* apresenta trechos selecionados do Código de Hamurábi.

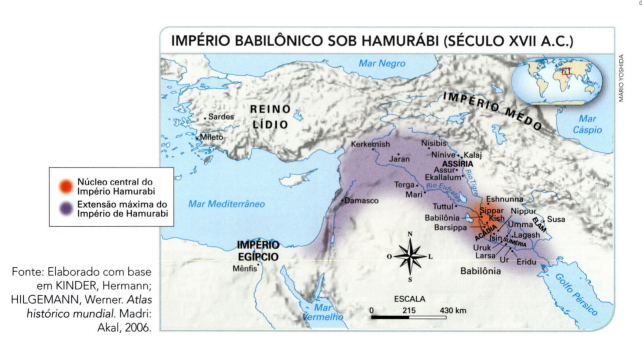

Fonte: Elaborado com base em KINDER, Hermann; HILGEMANN, Werner. *Atlas histórico mundial*. Madri: Akal, 2006.

Assírios: o jogo da guerra

Outro povo que fundou cidades e impôs fortemente seu poder na região da Mesopotâmia foram os assírios. Se os nobres sumérios tinham o Jogo real de Ur como forma de diversão, a nobreza assíria ficou conhecida por seu hábito de se divertir treinando para a guerra.

Famosos por seu talento guerreiro e pela crueldade com que tratavam os povos vencidos, os assírios desenvolveram uma importante sociedade. Criaram carros de guerra e unidades de cavalaria combinadas com uma bem treinada infantaria, na qual os soldados combatiam a pé. Essa organização do Exército foi fundamental em sua política de expansão e domínio de novos territórios. Entre os séculos IX e VII a.C., conquistaram a Mesopotâmia, a Palestina e o Egito.

Um pequeno grupo composto de sacerdotes e guerreiros governava a população, cobrando impostos na forma de trabalho e mercadorias. As populações derrotadas em suas guerras de conquista eram escravizadas e tinham sua cultura desprezada.

Para conter possíveis revoltas dos povos dominados, os assírios usavam a violência como forma de amedrontar os revoltosos. Destruição de templos, profanação de túmulos, massacres, mutilações e torturas eram práticas comuns durante o avanço das tropas assírias.

TÁ LIGADO?

19. Do ponto de vista político, diferencie império de cidade-Estado.

20. Explique por que a sua localização favoreceu o crescimento da cidade de Babilônia.

21. Explique as características do *Código de Hamurábi*.

22. Liste as cidades pertencentes ao núcleo central do Império de Hamurábi.

23. Relacione os jogos assírios e a sua expansão territorial.

24. Observe o mapa desta página e liste as áreas marítimas ligadas ao Império Assírio.

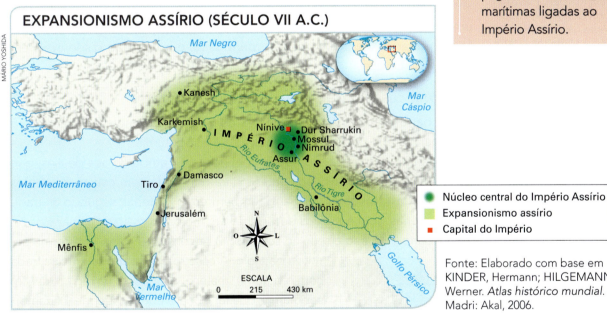

Fonte: Elaborado com base em KINDER, Hermann; HILGEMANN, Werner. *Atlas histórico mundial*. Madri: Akal, 2006.

Os caldeus: o segundo Império Babilônico

Aproveitando as desordens internas, os babilônios invadiram o território assírio. Com a derrota assíria, a Babilônia voltou a ser a cidade mais importante da Mesopotâmia. O Império seria reconstituído e viveria um novo período de prosperidade com o governo de Nabucodonosor (século VI a.C.).

As riquezas obtidas com a expansão territorial permitiram a realização de obras grandiosas, como templos e grandes palácios. A maior das construções desse período teriam sido os famosos Jardins Suspensos da Babilônia, uma das Sete Maravilhas do Mundo Antigo. Compostos de quatro terraços de tijolos que se erguiam sobre o Rio Eufrates, eram repletos de árvores e flores.

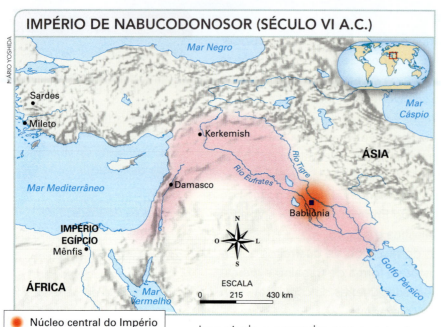

IMPÉRIO DE NABUCODONOSOR (SÉCULO VI A.C.)

Fonte: Elaborado com base em KINDER, Hermann; HILGEMANN, Werner. *Atlas histórico mundial*. Madri: Akal, 2006.

No entanto, as ruínas dessa grande obra nunca foram encontradas, sendo apenas citada em alguns textos antigos. Alguns arqueólogos defendem a ideia de que os Jardins, pelo menos como tradicionalmente se imagina, nunca existiram.

Em consequência da grande diversidade e das riquezas naturais e culturais dos povos da Mesopotâmia, a região sempre esteve vulnerável aos ataques inimigos, especialmente por causa da ausência de defesas naturais.

Isso ajuda a entender por que tantos povos puderam dominar a região, que sofreu sucessivos ataques ao longo de sua história. A principal consequência de tantos ataques e invasões foi o desaparecimento de importantes vestígios de sua cultura.

A partir do século XIX, porém, pesquisadores europeus encontraram uma infinidade de objetos e monumentos soterrados. Vários desses tesouros foram retirados, muitas vezes sem permissão, e hoje estão disponíveis em museus da Europa.

Tijolo: a casa, o palácio, o templo, a cidade

O barro formado às margens dos rios Tigre e Eufrates se constituiu na principal matéria-prima da arquitetura da Mesopotâmia.

Do barro preparava-se o tijolo, conhecimento atribuído aos deuses, que teriam ensinado a técnica aos patesis para que pudessem construir templos em honra das divindades. O barro também era o material, segundo as tradições sumérias, com o qual os deuses haviam moldado os seres humanos.

O barro moldado e seco ao sol (adobe) se constituiu como uma forma primitiva de tijolo. A construção de adobe era finalizada com o betume, material abundante na região da Mesopotâmia, que funcionava como impermeabilizante.

O tijolo cozido foi uma inovação tecnológica importante, pois permitia erguer edifícios mais resistentes à temperatura e umidade.

O desenvolvimento de fornos eficientes e o maior controle da temperatura possibilitaram a vitrificação dos tijolos, importante inovação tecnológica que impermeabilizava a construção.

A porta de Ishtar é uma das oito portas monumentais que compunha a muralha da Babilônia. Executada em forma de arco e circundada por torres, toda a superfície era revestida com tijolos esmaltados.

Porta de Ishtar. Tijolo vidrado, c. 575 a.C.

Invasão do Iraque pelo Exército dos EUA provoca prejuízos arqueológicos

No início de 2003, tropas do Exército dos Estados Unidos invadiram o Iraque. Além das vidas perdidas, a guerra trouxe outra vítima: a história. Grande parte da memória das sociedades mesopotâmicas foi saqueada ou danificada pelos bombardeios. Os prejuízos foram inestimáveis! No Museu Nacional do Iraque, em Bagdá, dezenas de milhares de artefatos perderam-se. Nem todos foram levados por saqueadores. Alguns deles provavelmente foram levados por ladrões especializados no roubo de obras de arte.

Entre as coleções do museu estavam não apenas estátuas de divindades, tesouros de reis e rainhas, tabletes de barro com escrita cuneiforme, codificações de leis e textos religiosos, mas também objetos da vida cotidiana. Uma das peças perdidas de grande valor foi o vaso Warka, de mais de 5 mil anos, com desenhos preciosos que retratavam cenas religiosas.

Deus guerreiro apunhala divindade solar. Baixo-relevo em argila, Mesopotâmia, c. 2000-1600 a.C.

EM DESTAQUE

Leia com atenção o texto a seguir e faça as atividades sugeridas.

Desvendando a escrita

As evidências encontradas até o momento apontam que os sumérios teriam sido os primeiros a desenvolver um sistema de escrita. Cada símbolo inicialmente significava uma palavra. O desenho de uma cabeça significava "cabeça"; um galho de cereal significava "cereal" ou "grão de cereal". Com o tempo essa forma de expressão foi se tornando mais complexa e sofisticada.

Quem desejasse ler e escrever teria de decorar centenas ou até mesmo milhares de símbolos diferentes. Isso significa que as pessoas que sabiam ler e escrever eram uma minoria, normalmente funcionários do rei. A escrita teve, assim, um importante papel como meio de exercer o controle e o poder.

Sinal Arcaico - 3500 a.C.			
montanha	vaca	cereal	cabeça
ir, andar a pé	peixe	barco, navio	água
mão	andorinha	Deus-Sol	olho
casa	cidade	homem	porco

1. Em nossa sociedade, a escrita continua sendo um meio de exercer o poder? Justifique sua resposta.

2. Que tal tentarmos nos comunicar usando a escrita cuneiforme em seu primeiro formato, criado por volta de 3500 a.C.? Observe acima algumas palavras e os sinais cuneiformes que as representavam. Escreva um bilhete a um de seus colegas usando apenas sinais disponíveis no quadro.

3. Troque de bilhete com o seu colega. Você receberá uma mensagem escrita apenas com sinais, que foi elaborado por outra pessoa da sua sala. Procure traduzi-lo e anote em seu caderno o que compreendeu.

OS SEMITAS

São considerados semitas diversos povos que habitaram o Oriente Próximo durante a Antiguidade: hebreus, fenícios, amoritas, cananeus, sírios, arameus e árabes. A origem dos semitas é bastante incerta. Segundo os relatos bíblicos, seriam descendentes de Sem, um dos filhos de Noé, e, após o Dilúvio Universal, teriam povoado o norte da Península Arábica, a Palestina e a Mesopotâmia.

Do ponto de vista histórico, há três hipóteses fundamentais.

A primeira sustenta que os semitas teriam se originado na Etiópia, na África, e depois se estabelecido na Arábia e no Oriente Médio.

A segunda formulação defende que os semitas seriam originários da região ao sul da Mesopotâmia.

A terceira, talvez a mais convincente, aponta a Arábia como a pátria original dos povos semitas, que, a partir de 3500 a.C., teriam migrado sucessivamente para outras regiões em busca de terras férteis.

Para essa última perspectiva, a Península Arábica teria sido, até cerca de 6000 a.C., uma região de terras férteis. A partir de então, teria ocorrido um processo de desertificação, com secas constantes, esgotamento de rios e alargamento progressivo das áreas desérticas.

Com a produtividade decrescente, os diversos povos semitas teriam partido em busca de terras mais férteis, dirigindo-se à Mesopotâmia e ao Egito.

Os fenícios e o comércio

O desenvolvimento das cidades e do comércio no Egito e na Mesopotâmia foi acompanhado por povos vizinhos. Porém, nem todos esses povos possuíam rios como o Nilo, o Tigre e o Eufrates em seus territórios. Assim, por causa da localização geográfica de suas cidades, seus caminhos para a expansão foram outros: o comércio e a navegação.

Esse foi o caso dos fenícios, povo composto, em sua maioria, de artesãos, navegadores e comerciantes. A antiga região da Fenícia estava localizada no território onde hoje se encontram o Líbano, parte da Síria e da Palestina.

Essa estreita região (observe o mapa da página ao lado) localizava-se entre as montanhas e o Mar Mediterrâneo. Entre suas cidades mais importantes, destacam-se Biblos, Sídon, Tiro, Bérito (Beirute) e Árado.

Os fenícios chegaram às costas dessa região por volta de 3000 a.C. No começo, estiveram divididos em pequenos Estados locais independentes entre si, dominados em determinados períodos pelos impérios da Mesopotâmia e do Egito.

Apesar de controlados por outros povos, os fenícios conseguiram desenvolver o comércio, atividade econômica que lhes permitiu transformarem-se em uma potência mercantil do mundo banhado pelo Mar Mediterrâneo.

Rotas comerciais fenícias
Vídeo

TÁ LIGADO

25. Elabore um mapa sobre a origem dos semitas.
   a) Nesse mapa devem constar:
   - a península Arábica;
   - a Palestina;
   - a Mesopotâmia;
   - o norte da África;
   - a Etiópia.
   b) Em seu mapa, aponte com setas coloridas as três hipóteses sobre a origem e o deslocamento dos semitas.

A cor púrpura

Foram os gregos que passaram a chamar o território fenício de *Phoiníke* (*phoenicia*), que significa "terra da púrpura", um dos produtos fenícios mais desejados no mundo antigo.

A púrpura, tinta vermelha usada à época para tingir tecidos, era extraída de um molusco chamado múrice, abundante na região da Fenícia.

Os tecidos vermelhos faziam muito sucesso naquela época, não somente entre os fenícios como também entre os povos vizinhos. As pessoas com mais privilégios na Antiguidade costumavam usar tecidos tingidos com o tom mais forte do corante púrpura, o violeta, como sinal de posição social elevada.

Durante muitos séculos, tingir um tecido era quase sinônimo de torná--lo vermelho. É por essa razão que a palavra **colorido** é tão semelhante ao termo **colorado**. Esse, por sua vez, é sinônimo de **vermelho**.

A cidade de Tiro (atual Sur, no Líbano) assumiu papel fundamental na região. Em pouco tempo, seus habitantes tiveram grande participação nas rotas comerciais do interior, comercializando principalmente madeira, azeite e perfumes.

Navegantes

As terras da Fenícia não eram boas para a agricultura nem para a criação de animais. Em compensação havia abundância de um tipo de madeira clara, chamada cedro, nas florestas do interior. Isso estimulou a construção de navios, favorecendo a pesca e a navegação. Assim, o que faltava em suas terras, como cereais e animais, os fenícios iam buscar em outras partes do Mediterrâneo.

Por essa razão, o comércio era feito principalmente pelo mar, o que contribuiu para desenvolver a habilidade dos fenícios como construtores de navios e os transformou em hábeis navegadores.

Mercadores fenícios negociavam produtos na Península Ibérica (atuais Portugal e Espanha), no sul da Palestina, em Cartago, no norte da África, assim como no Egito, principalmente no Delta do Nilo.

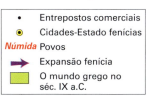

Fonte: Elaborado com base em DUBY, Georges. *Grand Atlas Historique*. Paris: Larousse, 2008.

TÁ LIGADO

26. Relacione as palavras colorido e colorado com base na história dos fenícios.

27. Aponte três produtos vendidos pelos fenícios no litoral do Mar Mediterrâneo.

Mesopotâmios, semitas e povos americanos | CAPÍTULO 3

TÁ LIGADO

28. Explique como se organizavam politicamente as cidades-Reino fenícias.

29. Do ponto de vista da sua autonomia política, compare as cidades-Estado mesopotâmicas com as cidades-Reino fenícias.

> **Colônia**
> Povoamento formado e organizado por pessoas originárias de outra região.

Colônias

Por meio de trocas comerciais, os fenícios estabeleceram colônias em diversas regiões às margens do Mar Mediterrâneo. Cartago e Cádiz, na Península Ibérica, foram suas colônias mais importantes. Exportavam navios, tecidos, cedro e objetos de vidro, entre outros produtos, para povos da Europa, da Ásia e da África.

Documentos encontrados em pirâmides revelaram que, por volta de 2600 a.C., os egípcios teriam comprado 40 embarcações fenícias.

Religião e sociedade

Politeístas, os fenícios cultuavam vários deuses, entre eles os elementos naturais como o Sol, a Lua e o mar. Sua religião foi influenciada pelos povos com os quais mantinham relações comerciais. Assim, grande parte das divindades que adoravam eram deuses de outros povos, especialmente dos egípcios, mesopotâmicos e gregos. Praticavam rituais de sacrifício humano e de animais, dedicados à deusa Tanit e seu marido, o deus Baal.

Cidades-Reino, cidades-Estado

Nas cidades fenícias, a organização social era marcada pelo domínio político dos comerciantes ricos. Cada cidade era independente e governada por um rei auxiliado por um conselho composto dos homens mais velhos escolhidos entre os mais ricos comerciantes e os grandes proprietários rurais.

A partir do século IX a.C., os assírios, necessitando de uma saída para o mar, iniciaram seu domínio sobre a região. O rei assírio Assurbanipal estendeu sua influência sobre as cidades fenícias de Tiro, Sídon e Biblos e impôs a elas a cobrança de pesados tributos.

Posteriormente, no século VI a.C., a Fenícia passou a ser subordinada ao Império Babilônico. No século IV a.C., a região foi integrada ao Império Macedônico. A colônia de Cartago, no norte da África, no entanto, permaneceu independente e manteve sua posição de destaque no comércio mediterrâneo até o século II a.C., quando foi destruída pelos romanos.

Legado fenício

A navegação, além de facilitar o comércio de longa distância, favoreceu o desenvolvimento da astronomia, sobretudo para orientar os marinheiros. Provavelmente, as embarcações fenícias foram as primeiras a conseguir navegar em alto-mar, passando dias sem avistar a costa e, mesmo assim, não saindo de sua rota. As necessidades comerciais impulsionaram a matemática, ciência importante para o controle dos estoques e a movimentação de moedas.

Entretanto, sua mais importante contribuição para a humanidade foi o desenvolvimento do primeiro alfabeto fonético simplificado, composto de 22 letras, cada uma delas representando um som.

Com base nesse novo sistema de escrita, todas as palavras passaram a ser representadas pela combinação dessas letras, evitando a necessidade de memorizar milhares de símbolos.

Assimilado por gregos e romanos, serviu de base para o alfabeto ocidental atual. A palavra alfabeto, inclusive, origina-se de *alef-bet*, as duas primeiras letras da escrita fenícia.

No topo podemos observar um disco representando o Sol e uma Lua em quarto crescente, símbolos da deusa Tanit.

Relevo em calcário da deusa Tanit. Cartago (Tunísia), séculos II-I a.C.

Os hebreus

As principais informações sobre os hebreus estão descritas nos livros religiosos que compõem o *Tanakh*: *Torá* (Os cinco livros), *Neviim* (Profetas) e *Ketuvim* (Os escritos). Novas pesquisas valorizaram também fontes não religiosas, como textos antigos e achados arqueológicos.

Os hebreus estão entre os povos monoteístas mais antigos. Isso significa que são um dos primeiros povos da Antiguidade a acreditar em um deus único. Suas crenças servem de base para as três mais importantes religiões monoteístas da atualidade: o judaísmo, o cristianismo e a religião muçulmana.

A influência da cultura hebraica no cristianismo pode ser observada no Antigo Testamento da Bíblia cristã. Trata-se praticamente do mesmo conjunto de textos do Tanakh, mas em outra sequência.

A origem do povo hebreu

De acordo com a Bíblia, o povo hebreu era composto por nômades que viviam do pastoreio na região de Ur, na Mesopotâmia. Por volta de 1750 a.C., tiveram de abandonar a região em busca de água e pastagens para seus rebanhos.

Tal migração teria sido liderada pelo pastor Abraão, o primeiro patriarca dos hebreus. Após uma longa jornada, instalaram-se em Canaã, na região da Palestina. Esse seria o local apontado pelo deus único, Iavé, como a Terra Prometida.

A história dos hebreus pode ser dividida em três períodos, de acordo com a forma de governo: **época dos patriarcas**, **época dos juízes** e **monarquia**. É importante notar que em todas as fases de sua história no passado os hebreus afirmavam que seus governantes eram escolhidos ou inspirados por Iavé – Deus – para guiar seu povo.

A época dos patriarcas

Trata-se do período em que os hebreus foram governados pelos patriarcas, por volta dos séculos XVIII a XIII a.C. O período foi marcado pela vida nômade e seminômade. Tem início com a partida de Abraão e seu povo da Mesopotâmia para **Canaã**.

Canaã possuía áreas férteis cercadas por regiões desérticas. O Rio Jordão permitia a prática da agricultura e o abastecimento de água. Desde 9000 a.C. começaram a se formar aldeamentos na região de Jericó. Entre 2300 e 2000 a.C., a região já era denominada Canaã.

Essa área tornou-se um local de passagem de rotas comerciais entre o Egito, as cidades da Mesopotâmia, a Arábia e a Fenícia.

Em Canaã, os hebreus dedicaram-se à agricultura e à criação de animais, organizados em comunidades familiares, lideradas por **patriarcas** que desempenhavam a função de chefe político, religioso e familiar.

Secas prolongadas e lutas por áreas férteis com povos da região provocaram seu deslocamento para o Delta do Rio Nilo, no Egito, em torno de 1600 a.C. Possivelmente, parte dos hebreus não seguiu para o Egito e permaneceu na região.

Por volta de 1300 a.C., os hebreus foram escravizados pelos egípcios. Quase cem anos depois, liderados pelo patriarca Moisés, conseguiram sair do Egito e retornar a Canaã.

TÁ LIGADO

30. Explique o que é monoteísmo.
31. Apresente as características geográficas de Canaã.
32. Aponte a importância econômica de Canaã.
33. Aponte as atividades desenvolvidas pelos hebreus em Canaã.
34. Quais eram as funções dos patriarcas?

A *Torá* é o principal conjunto de escritos da religião judaica. Composto dos cinco primeiros livros do Antigo Testamento da Bíblia, é o principal documento histórico sobre os primeiros tempos da história do povo hebreu.

Rabino lendo a *Torá*. Paris (França), 2014.

AS MIGRAÇÕES DE ABRAÃO, ISAAC E JACÓ (C. SÉCULO XVIII A.C.)

Fonte: Elaborado com base em *Grandes impérios e civilizações. A Bíblia.* Lisboa: Del Prado, 1984. v. I.

Na mesma época, o Egito dominava a região de Canaã, na qual outros povos, provavelmente de origem grega, os filisteus, haviam se estabelecido. A região passou a ser conhecida por Palestina (do grego *Philistia*, região dos filisteus).

Pesquisas indicam que, a partir de 1300 a.C., teriam ocorrido diversas revoltas em Canaã contra a dominação egípcia. Tal situação teria facilitado o retorno dos hebreus e a chegada dos filisteus.

A época dos juízes

O retorno dos hebreus à Palestina é conhecido como Êxodo. Segundo a Bíblia, foi durante essa peregrinação de 40 anos pelo deserto que Moisés, no alto do Monte Sinai, teria recebido de Iavé a **Tábua dos Dez Mandamentos**, conjunto de regras que deveria orientar o comportamento dos hebreus.

No entanto, muitos semitas e não semitas podem ter acompanhado os hebreus para Canaã, como aponta a própria Bíblia. Tal grupo diverso, liderado por Moisés, possuía crenças e culturas diversas que precisariam de regras e crenças em comum para que seus integrantes permanecessem unidos.

A partir de 1200 a.C., o declínio do poder egípcio e a chegada dos hebreus mudaram o panorama de Canaã. Os hebreus iniciaram seu processo de expansão, conquistando algumas cidades (Jericó, por exemplo) e disputando a região com diversos povos. É também o período da difusão do **monoteísmo hebraico**, em contraste com as inúmeras religiões politeístas cultuadas em Canaã.

O sistema político estava baseado na **Liga das Doze Tribos Hebraicas**, organizada em torno das tradições culturais e religiosas e das necessidades militares em comum. Não havia Estado centralizado, governo central, nem Exército permanente, mas alianças circunstanciais em razão das ameaças dos povos rivais.

As tribos hebraicas não se constituíam por um parentesco estritamente sanguíneo. Eram compostas de pessoas de várias origens que aceitavam a autoridade dos patriarcas e a aliança com Iavé.

Um santuário portátil (tabernáculo) construído após a saída do Egito abrigava objetos sagrados e a **Arca da Aliança**, o principal símbolo da religião hebraica. As tribos possuíam seus templos em diversas partes de Canaã e não havia um templo central para o culto religioso. A localidade de Silo, no entanto, parece ter abrigado o tabernáculo com maior frequência, tornando-se um dos principais pontos de encontro dos membros das tribos, representados pelos seus líderes.

Em tempos de guerra, um desses líderes assumia a posição de juiz (*shôphêt*), que convocava as demais tribos para enfrentar os inimigos. Sua autoridade dependia de seu prestígio, não era absoluta nem hereditária. Tal forma de organização política estendeu-se entre os séculos XIII e X a.C.

TÁ LIGADO?

35. Apresente a origem do termo "Palestina".

36. Aponte as diferenças religiosas entre os hebreus e os demais povos da região da Palestina à época dos juízes.

A monarquia

Com técnicas militares poderosas, como o uso de carros de combate e de armas de ferro, os filisteus derrotaram os hebreus em diversos confrontos, por volta do ano de 1050 a.C. A expansão filisteia provocou uma crise política na Liga das Doze Tribos Hebraicas.

A centralização do poder em torno de um rei ocorreu ao mesmo tempo em que aumentava a diferenciação social entre os hebreus. Durante o período dos reis (séculos X a VI a.C.) os chefes guerreiros assumiram posição de destaque, principalmente nos reinados de Saul e Davi. Uma camada de funcionários letrados e com função de sacerdotes, ligados ao Estado, também se diferenciava de camponeses e pastores.

A nova divisão social favoreceu o aparecimento de profetas, vistos pelos hebreus como mensageiros de Deus e conhecedores do futuro. Denunciavam o luxo dos reis, em oposição à pobreza do povo hebreu.

O novo modelo centralizado contribuiu para que os hebreus derrotassem os filisteus. Após a vitória, estabeleceram a cidade de Jerusalém como capital do reino, em torno de 970 a.C.

Por volta de 960 a.C., o rei Salomão mandou construir um enorme templo em homenagem a Iavé, definiu datas religiosas e decretou o trabalho obrigatório, prejudicando os camponeses. A criação de altos impostos ampliou a insatisfação popular, que piorou após sua morte. A crise levou à divisão das Doze Tribos em dois reinos: Judá, com capital em Jerusalém, e Israel, com capital em Samaria. Seus habitantes começaram a ser chamados de judeus e israelitas.

Com a divisão, os reinos sofreram diversos ataques e invasões. O Reino de Israel desapareceu em 722 a.C., dominado pelos assírios. Em 587 a.C., toda a região era incorporada ao Império de Nabucodonosor II e os hebreus foram dispersos pelo Império. Esse movimento foi denominado **primeira diáspora**.

TÁ LIGADO?

37. Liste as classes sociais da sociedade hebraica à época da monarquia.

38. Explique as razões que levaram à divisão da monarquia hebraica em torno de 900 a.C.

39. Observe atentamente o mapa sobre a divisão da Palestina abaixo. Identifique e descreva a localização:
    a) das capitais do Reino de Judá e de Israel.
    b) da Fenícia e da região controlada pelos filisteus.

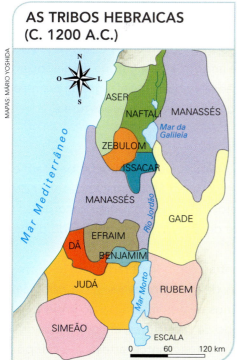

Fonte dos mapas: Elaborado com base em KINDER, Hermann; HILGEMANN, Werner. *Atlas histórico mundial*. Madri: Akal, 2006.

> **TÁ NA REDE!**
>
> **MUSEU NACIONAL DE ANTROPOLOGIA**
>
> Digite o endereço abaixo na barra do navegador de internet: <http://mna.inah.gob.mx/>. Você pode também tirar uma foto com um aplicativo de *QrCode* para saber mais sobre o assunto. Acesso em: 30 ago. 2018. Em espanhol.
>
>
>
> Vasto acervo arqueológico e etnográfico dos mexicas, maias, toltecas e outros povos da região.

SOCIEDADES AMERICANAS

Diversas aldeias agrícolas surgiram na região do México, a partir de 7000 a.C., devido à presença de solos férteis, pequenos rios e clima favorável à agricultura.

Na região da cordilheira dos Andes, o cultivo agrícola permitiu o aparecimento de pequenas aldeias, em torno de 4500 a.C., parte de um sistema que articulava a região costeira, as florestas e a serra.

A partir dessas primeiras aldeias da América, constituíram-se diversas sociedades, entre as quais olmecas, maias, astecas e incas. Nelas o poder político esteve associado ao controle das forças da natureza e ao armazenamento dos excedentes agrícolas.

Olmecas

Na região do México, em torno de 1200 a.C., constituiu-se a sociedade olmeca, que, além da agricultura, desenvolveu a arquitetura e um tipo de escrita que visava registrar conhecimentos astronômicos, religiosos e acontecimentos da história olmeca.

Maias

Por volta de 1000 a.C., algumas das aldeias do Vale do México deram origem a cidades que, em torno de 200 d.C., foram submetidas pelos maias, um dos povos fixados na região, cujas cidades estenderam-se pelo território que atualmente corresponde a México, Guatemala, Honduras e El Salvador.

As atividades econômicas estavam baseadas na agricultura e no comércio. As cidades eram a base de sua organização político-religiosa. Cada cidade era um centro político, independente das demais, com autonomia e com leis e governos próprios.

Nelas habitavam a família real, sacerdotes, governantes e servidores do estado, principalmente os cobradores de impostos. A seguir, na escala social, encontravam-se os comerciantes e artesãos. Na base social, encontravam-se os agricultores e trabalhadores braçais, que habitavam as áreas rurais.

Astecas

Por volta do início do século XIII, os mexicas, ou astecas, combateram e submeteram os maias, estabelecendo-se no Vale do México. No decorrer do século XV, os astecas reuniram um poderoso império na região, incorporando também as culturas que ali haviam se desenvolvido e controlando diversas cidades.

No topo da sociedade asteca encontrava-se o imperador, chefe supremo do exército e da sociedade. Abaixo dele encontrava-se uma nobreza, composta de guerreiros e altos funcionários da administração do império.

Ao lado dessa nobreza havia um grupo de sacerdotes, encarregados dos cultos religiosos. Havia ainda agricultores, comerciantes, artesãos e camponeses que prestavam serviços obrigatórios na construção de obras públicas e em campanhas militares.

Incas

Os incas constituíram-se em um império, por volta do século XII, que se estendia pela região do Peru, Colômbia, Equador, Bolívia e Chile.

Na sociedade inca o soberano (inca) e seus descendentes ocupavam o topo da escala social. A seguir havia uma aristocracia formada por sacerdotes e militares. Uma pequena nobreza era formada pelos chefes regionais (kuracas) e funcionários qualificados. A seguir, a massa da população, composta de comerciantes e artesãos, agricultores e, por último, os escravizados, obtidos nas guerras e conquistas.

> **TÁ LIGADO?**
>
> **40.** Identifique as características da posse da terra e da distribuição dos alimentos entre os povos originários do Brasil.
>
> **41.** Compare o papel dos xamãs indígenas ao dos sacerdotes nas sociedades mesopotâmicas.

Os povos originários do Brasil

O atual território brasileiro foi ocupado, principalmente, por quatro grandes grupos linguísticos: Tupi, Jê, Aruak e Caribe, subdivididos em várias famílias.

Esses povos viviam da coleta, da pesca e da caça e eram nômades ou seminômades. A posse da terra era coletiva e os alimentos, repartidos entre os seus integrantes.

Duas lideranças destacavam-se no interior dos povos originários no Brasil: o chefe guerreiro e o pajé. O primeiro era o responsável pela organização militar da aldeia, firmava acordos e alianças com os outros chefes guerreiros e liderava a comunidade em seus deslocamentos e refundações de aldeias. O pajé, também conhecido por xamã, aplicava saberes tradicionais para a cura de enfermidades, interpretava os sonhos e era visto como intermediário entre a vida cotidiana e o plano sobrenatural.

O prestígio e a responsabilidade dessas lideranças não conferiam a elas privilégios econômicos ou sociais. A propriedade privada era desconhecida por parte dos indígenas e as atividades compartilhadas entre os integrantes das aldeias.

A disputa por áreas ricas em alimentos e os deslocamentos constantes provocavam conflitos e rivalidades entre os vários povos indígenas.

Portadores de uma cultura transmitida oralmente, os indígenas elaboraram mitos associados a fenômenos da natureza e aos padrões morais e sociais que regiam a vida dos seus integrantes.

Fonte: Elaborado com base em SALMORAL, Manuel. *Atlas Histórico de Latinoamerica: de la prehistoria hasta el siglo XXI.* Madrid: Síntesis, 2003.

Indígenas do Brasil: a sociedade marajoara

Entre os muitos povos que se desenvolveram no atual território brasileiro, há indícios de ocupação humana na Ilha do Marajó, no Pará, em torno de 1000 a.C. As comunidades marajoaras se organizavam em torno da figura do cacique, cuja autoridade era garantida por meio de sua relação com os antepassados reais e míticos e seu poder, pela capacidade de garantir a produção agrícola.

Para se proteger das constantes inundações da ilha, os Marajoara construíram suas aldeias sobre imensas plataformas de terra, chamados de **tesos**, nas margens dos rios e lagos, formando aterros artificiais.

As diversas aldeias viviam da coleta de sementes e frutos, da pesca e do cultivo da mandioca. Além da agricultura, os marajoara destacaram-se pela produção de cerâmica.

Urna Antropomorfa Marajoara. Cerâmica com incisões sobre branco e vermelho. Ilha do Marajó, Pará (Brasil), 400 - 1350.

QUEBRA-CABEÇA

1. Releia o quadro complementar "A *Epopeia de Gilgamesh*" (p. 66). Agora responda ao que se pede:
   a) Você conhece outra narrativa religiosa sobre o dilúvio? Faça um breve resumo dela.
   b) Relacione o desenvolvimento das sociedades fluviais a essa narrativa.
   c) Gilgamesh pode ser considerado um patesi? Justifique sua resposta.

2. Defina cada um dos conceitos abaixo e organize um pequeno dicionário conceitual em seu caderno:
   - divisão sexual do trabalho
   - excedente de produção
   - Estado
   - Império
   - cidades-Estado
   - politeísmo
   - monoteísmo

3. Na narrativa sobre o dilúvio na *Epopeia de Gilgamesh*, indicam-se o tamanho e as características do barco que deveria ser construído por Uta-Napishtim-Ruqu: vinte côvados de cada lado, sete andares e nove compartimentos. Com essas informações:
   a) Pesquise quanto media um côvado e como essa medida era obtida.
   b) Pesquise outras medidas utilizadas com base em partes do corpo humano.
   c) Faça um desenho do barco de Uta-Napishtim-Ruqu.

4. Faça a conversão das seguintes datas para séculos em números romanos: 6000 a.C.; 4000 a.C.; 2100 a.C.; 1700 a.C.; 668 a.C.; 562 a.C. (Retome as tabelas da página 23).

5. Elabore uma linha de tempo com os seguintes eventos: Chegada dos sumérios à Mesopotâmia; Elaboração da *Epopeia de Gilgamesh*; Império de Hamurábi; Expansão do Império Assírio; Império de Nabucodonosor. Nessa linha de tempo, utilize algarismos romanos para identificar os séculos.

6. Escreva um parágrafo explicando a importância do Mar Mediterrâneo para os fenícios.

7. Com base no texto que você produziu para a questão anterior, explique por que os vestígios arqueológicos sobre os fenícios podem ser encontrados em diversas cidades localizadas às margens do Mar Mediterrâneo.

8. A Bíblia pode ser considerada um documento histórico? Justifique sua resposta.

9. A história dos hebreus foi marcada por três grandes deslocamentos coletivos: as migrações dos patriarcas, o Êxodo e a primeira diáspora. Explique as características de cada um desses deslocamentos.

10. Identifique os aspectos econômicos, sociais, culturais e científicos dos astecas, maias e incas.

11. Aponte as técnicas marajoaras para conter as inundações.

12. Vamos construir nossos *tags*. Siga as instruções do *Pesquisando na internet* na seção **Passo a passo** (p. 7) utilizando as palavras-chave abaixo:
    Zigurate
    Palácio de Nabucodonosor
    Jardins Suspensos da Babilônia
    Porta de Ishtar

LEITURA COMPLEMENTAR

O *CÓDIGO DE HAMURÁBI*

Leia com atenção o trecho abaixo e alguns artigos selecionados do *Código de Hamurábi*. Em seguida, responda às perguntas propostas.

Deus-sol Shamash ditando suas leis a Hamurábi, anônimo. Relevo em diorito, Mesopotâmia, c. 1700 a.C. (imagem e detalhe)

> [...] Para que o forte não prejudique o mais fraco, a fim de proteger as viúvas e os órfãos, ergui a Babilônia [...] para falar de justiça a toda a terra, para resolver todas as disputas e sanar todos os ferimentos, elaborei estas palavras preciosas [...]
>
> Epílogo do *Código de Hamurábi*.

21. Se alguém arrombar uma casa, ele deverá ser condenado à morte na frente do local do arrombamento e ser enterrado.

22. Se estiver cometendo um roubo e for pego em flagrante, então ele deverá ser condenado à morte. [...]

129. Se a esposa de alguém for surpreendida em flagrante com outro homem, ambos devem ser amarrados e jogados dentro d'água, mas o marido pode perdoar a sua esposa, assim como o rei perdoa a seus escravos. [...]

137. Se um homem quiser se separar de uma mulher ou esposa que lhe deu filhos, então ele deve dar de volta o dote de sua esposa e parte do usufruto do campo, jardim e casa, para que ela possa criar os filhos. Quando ela tiver criado os filhos, uma parte do que foi dado aos filhos deve ser dada a ela, e esta parte deve ser igual a de um filho. A esposa poderá então se casar com quem quiser.

138. Se um homem quiser se separar de sua esposa que lhe deu filhos, ele deve dar a ela a quantia do preço que pagou por ela e o dote que ela trouxe da casa de seu pai, e deixá-la partir. [...]

148. Se um homem tomar uma esposa, e ela adoecer, se ele então desejar tomar uma segunda esposa, ele não deverá abandonar sua primeira esposa que foi atacada por uma doença, devendo mantê-la em casa e sustentá-la na casa que construiu para ela enquanto esta mulher viver.

Disponível em: <http://goo.gl/7Ag9Q9>. Acesso em: 03 out. 2018.

1. Releia com atenção o epílogo do *Código de Hamurábi*. No seu caderno, esclareça os objetivos desse conjunto de leis.

2. Tendo por base a leitura dos artigos 137, 138 e 148, identifique o tipo de tratamento que as mulheres recebiam na Mesopotâmia.

3. Faça uma lista das punições e deveres mencionados nos artigos disponíveis.

A figura do rei como um representante dos deuses é muito forte na Mesopotâmia. Na parte superior da pedra em que está gravado o *Código de Hamurábi*, aparece o rei perante o deus-sol. O deus, com o braço direito erguido, parece estar apresentando as leis ao soberano.
A escrita cuneiforme era obtida por meio de objetos cortantes em forma de cunha que gravavam sinais em tabletes de argila ou monolitos de rocha.

Mesopotâmios, semitas e povos americanos | CAPÍTULO 3

PONTO DE VISTA

OBSERVE AS IMAGENS

O maior dos zigurates da Mesopotâmia

A Torre de Babel, construída pelo imperador Nabucodonosor no século VI a.C., era um zigurate, templo religioso em forma de pirâmide. Com 90 metros de altura e chamada pelos babilônios de Casa do Céu e da Terra, possuía oito torres empilhadas, e uma escada externa em espiral que levava ao topo da torre mais alta. Lá, havia um santuário representando o local onde os deuses dormiam. Muitos historiadores consideram a colossal torre uma das maiores construções feitas na Antiguidade. Para os autores bíblicos, a Torre de Babel seria um símbolo da arrogância humana tentando chegar ao céu.

Leia com atenção um trecho do mito que narra a história da construção desse monumento:

> Depois da morte do patriarca [Noé], com mais de novecentos e cinquenta anos, os filhos dos filhos de seus filhos partiram em busca de novas terras. Naquela época, todos ainda falavam a mesma língua. Chegando às terras de Senaar, entre os rios Tigre e Eufrates, resolveram construir com tijolos cozidos em vez de pedras. E um deles disse:
> — Vamos erguer para nós uma cidade. Faremos uma torre tão alta que chegará até o céu! Ela será vista por toda parte e nós ficaremos famosos na Terra inteira.

A história bíblica da Torre de Babel serviu de tema para inúmeros artistas das mais diferentes épocas, como se observa nesta página e na seguinte.

Torre de Babel, Pieter Brueghel. Óleo sobre tela, 1563.

Babel brasileira, Augusto Coruja. Fotomontagem, 2012.

A construção da torre foi iniciada. Quanto mais alta ficava, mais os homens se tornavam orgulhosos de sua altura e aplaudiam sua própria realização. Mas, Yahweh [Deus], ao ver o que acontecia, desceu entre eles, decidido a impedir o que faziam.

Confundidos pela ação de Yahweh, eles começaram a falar várias línguas, e não mais se entendiam. A construção teve de parar, pois nenhum trabalhador compreendia o que o outro dizia. [...] Quando a torre ficou em ruínas foi chamada de Babel, um lugar de confusão e falta de entendimento.

RIOS, Rosana. *Volta ao mundo em 80 mitos [Reconto de mitos]*. Porto Alegre: Artes e Ofícios, 2010. p. 27.

Torre de Babel, anônimo. Iluminura extraída do *Livro das horas de Bedford*, 1414-1423.

Torre de Babel, Marta Minujín. Estrutura feita com milhares de livros em línguas de todo o mundo. Buenos Aires (Argentina), 7 maio 2011.

1. Identifique, para cada imagem: o suporte, ou seja, o tipo de material utilizado para a sua confecção, a data em que foi feita e os elementos pertencentes a cada uma delas.

2. Identifique os tipos de pessoas e seres que aparecem em cada imagem.

3. Compare as quatro imagens e aponte suas semelhanças e diferenças.

4. Copie em seu caderno um trecho do mito da Torre de Babel e anote o número da imagem que melhor se relaciona com o trecho que você escolheu.

5. Na imagem ❷, a Torre de Babel aparece representada por edifícios contemporâneos de diversas cidades brasileiras. Entre eles, destaca-se um estádio de futebol. No seu caderno, escreva um pequeno texto, apontando: interesses envolvidos na construção, os motivos de desavenças entre os construtores e as consequências dessas desavenças.

PERMANÊNCIAS E RUPTURAS

Os rios mais poluídos do Brasil

> OBSERVE AS IMAGENS

Apesar da sua extrema importância para as cidades, muitos rios tiveram suas margens ocupadas pela urbanização descontrolada. O resultado é a poluição, a destruição das matas nas várzeas e a morte dos peixes e da flora fluvial.

De acordo com o levantamento "Indicadores de Desenvolvimento Sustentável" do IBGE, realizado em 2013, tem aumentado o nível de poluição dos rios brasileiros. As imagens a seguir apresentam os quatro rios mais poluídos do Brasil.

No seu caderno, utilizando seus conhecimentos após estudar sobre a importância dos rios Eufrates e Tigre para a história da Mesopotâmia, elabore uma campanha publicitária para convencer a população para a preservação ou recuperação de um rio importante em seu município ou estado.

Para elaborar a campanha, considere as seguintes questões:

a) Identifique a importância dos rios para o processo de sedentarização humana.
b) No seu município, bairro ou região, há algum rio poluído? Procure pesquisar as causas de sua poluição e medidas para mudar essa situação e a importância do rio para a formação do lugar.
c) Observe o uso da água em sua escola, na casa da sua família e de seus amigos e em espaços públicos. Elabore uma pequena lista de procedimentos positivos e negativos.
d) Escolha um suporte para sua campanha de conscientização (cartaz, desenhos, quadrinhos, vídeo, música, texto ou dramatização).
e) Faça a exposição dos trabalhos.

Lixo acumulado no Rio Tietê, na altura da Ponte Vila Guilherme, após fortes chuvas na cidade de São Paulo. São Paulo (Brasil), 10 jul. 2006.

Poluição no porto do rio Amazonas, durante a maré baixa. Tabatinga, Amazonas (Brasil), 12 set. 2017.

Distrito de Bento Rodrigues, atingido pelo rompimento de duas barragens de rejeitos da mineradora Samarco. Mariana, Minas Gerais (Brasil), 2015.

Vista aérea da cidade cortada pelo rio Mucuri. Nanuque, Minas Gerais (Brasil), maio 2018.

TRÉPLICA

Filme

Daniel na cova dos leões
EUA, 1978.
Direção de James L. Conway.

História de Daniel, jovem hebreu educado de acordo com a cultura babilônica. Tornou-se intérprete de sonhos e visões de reis e adquiriu prestígio na corte da Babilônia. Filme com muitas imprecisões históricas.

Livros

A Epopeia de Gilgamesh

COBAS, Miguel (Org.). São Paulo: Martins Fontes, 2001.

A Mesopotâmia

REDE, M. São Paulo: Saraiva, 1997.

A minas do rei Salomão

HAGGARD, H. R. São Paulo: Ática, 2002.

Sites

(Acessos em: 29 jun. 2018)

<http://goo.gl/qG9Gcl>

Site do Museu Virtual do Iraque com muitas imagens e informações sobre a Mesopotâmia, desde a Pré-História passando pelas diversas sociedades que se estabeleceram na região: sumérios, acadianos, babilônicos, assírios, persas e islâmicos. Permite uma interessantíssima visita virtual pelos principais objetos da cultura dos diferentes povos da Mesopotâmia. O *site* traz também vídeos e mapas interativos que permitem identificar os principais sítios arqueológicos do Iraque onde os objetos da exposição virtual foram localizados. Em inglês.

<http://goo.gl/ChgeRY>

Site do Museu Britânico de Londres com inúmeras imagens dos objetos coletados na Mesopotâmia. Na seção *World cultures* é possível conhecer artefatos dos diferentes povos que habitaram a região. Vale a pena dar uma olhada na seção *Learning*. Nela há um excelente material disponível para estudantes e professores sobre as diversas seções do museu. Em inglês.

2º Bimestre
CAPÍTULO 4
O Egito Antigo

PORTAS ABERTAS

OBSERVE AS IMAGENS

1. Classifique as imagens em dois grupos de acordo com as personagens representadas.

2. Descreva os deuses representados nas imagens.

3. Aponte as atividades culturais e econômicas representadas nas imagens.

Trabalhadores com rebanho, anônimo. Pintura mural, XVIIIª dinastia, c. 1350 a.C. (fragmento)

Deus Thot, anônimo. Pintura em papiro extraída do manuscrito *Os papiros de Ani* (Livro dos Mortos), XIXª dinastia, c. 1307-1196 a.C. (detalhe)

Controle de cereais, anônimo. Pintura mural, XVIIIª dinastia, c. 1353-1323 a.C. (detalhe)

Mulheres tocando harpa, alaúde e pandeiro, anônimo. Pintura mural, XVIIIª dinastia, c. 1425 a.C. Tumba de Rekhmire, Tebas (Egito). (detalhe)

O deus Anúbis no processo de mumificação, anônimo. Pintura mural, XIXª dinastia, c. 1279-1213 a.C. Tumba de Amennakht, Tebas (Egito). (detalhe)

O Egito Antigo | CAPÍTULO 4

A ÁFRICA DE MUITOS POVOS

No IV milênio a.C., o continente africano apresentava grande variedade de formações sociais. Na Bacia do Nilo havia núcleos urbanos e comunidades que praticavam uma agricultura irrigada; na região da Núbia encontravam-se pequenos grupos seminômades. Nos planaltos da Etiópia pequenos núcleos humanos praticavam agricultura e pastoreio, enquanto a região saariana se encontrava em um progressivo avanço de áreas desérticas, obrigando agricultores e pastores a deslocarem-se. Na ==região subsaariana== as comunidades ainda viviam da caça e da coleta, enquanto o norte era uma encruzilhada de rotas comerciais com o Mediterrâneo.

> **Região subsaariana**
> Localizada abaixo do Deserto do Saara, apresenta vegetação composta de áreas de savanas e florestas, além do Deserto do Kalahari, ao sul do continente.

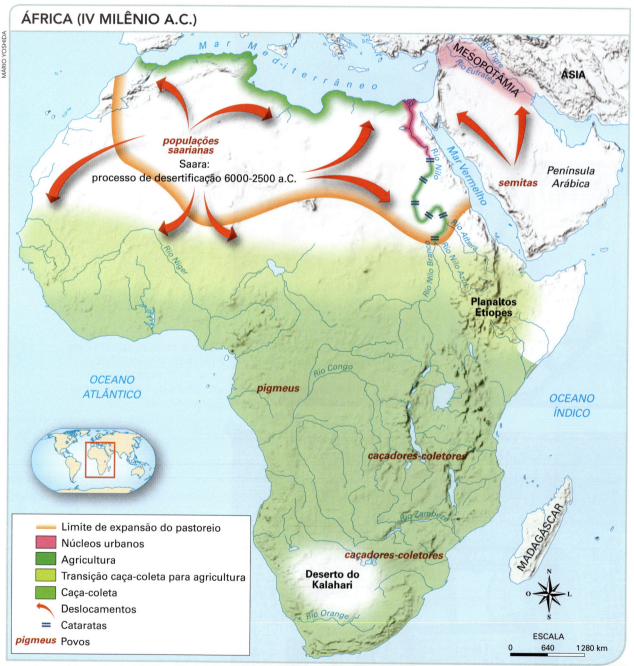

Fontes: Elaborado com base em ADE AYAJI, Jacob; CROWDER, Michael. *Historical Atlas of Africa*. London: Longman, 1985; JOLLY, Jean. *L'Afrique et son environnement européen et asiatique*. Paris: L'Armattan, 2008.

A FORMAÇÃO DO EGITO

Embarcações no Rio Nilo. Cairo (Egito), 24 set. 2017.

O Egito Antigo possui uma das culturas mais fascinantes de toda a história da humanidade. Foi a primeira das antigas sociedades a constituir um reino unificado, em um período em que as regiões do Oriente Próximo estavam organizadas em cidades independentes, em comunidades nômades e seminômades e em aldeias.

Tal formação social desenvolveu-se no fértil Vale do Rio Nilo, no nordeste da África, entre os desertos do Saara e da Núbia.

Os antigos egípcios dividiam a região em duas terras. A rica e estreita faixa de terra fértil que acompanhava o Nilo era chamada *Kmt* ou "Terra Negra", por oposição à *Dsrt*, a "Terra Vermelha" do deserto não fertilizado pelo Nilo.

Havia também uma divisão entre o norte e o sul. A "Terra do Norte" era o Delta do Rio Nilo, ou Baixo Egito, que se estendia em triângulo da cidade de Mênfis até o Mar Mediterrâneo. A "Terra do Sul", ou Alto Egito, era todo o Vale do Nilo, desde Mênfis até a primeira catarata do rio, na fronteira com a região da Núbia.

O Rio Nilo, suas margens férteis e o deserto caracterizam o Egito. Mas as terras cultivadas e habitadas cobrem apenas 4% da superfície total do país.

Fonte: Elaborado com base em ADE AYAJI, Jacob; CROWDER, Michael. *Historical Atlas of Africa*. London: Longman, 1985.

TÁ LIGADO

1. Com base na leitura do mapa desta página, identifique e descreva a localização:
   - do Delta do Nilo;
   - do Alto e do Baixo Egito;
   - do Nilo Azul e do Nilo Branco.

2. No mapa há registros de diversos oásis. Explique o que é um oásis.

3. Observe o mapa da página 88 e responda: com o processo de desertificação do Saara, quais as principais regiões de deslocamentos de suas populações? Explique.

4. Como os antigos egípcios dividiam suas terras?

Deus Hapi, anônimo. Pintura em papiro extraída do manuscrito *Os papiros de Ani* (Livro dos Mortos), XIXª dinastia, c. 1307-1196 a.C. (detalhe)

Na imagem podemos observar que o deus carrega na mão direita as nervuras de uma folha de palmeira, que significa "ano" e simboliza a cheia anual. O volume das colheitas e o bem-estar da população dependiam das cheias do Rio Nilo.

HAPI, O DEUS-RIO

Assim como os rios Tigre e Eufrates, na Mesopotâmia, o Nilo teve papel fundamental no desenvolvimento econômico, social e cultural do Antigo Egito. Seus habitantes veneravam o rio como um verdadeiro deus.

O deus-rio era chamado Hapi. Para os antigos egípcios, sem ele não haveria nenhum recurso, nenhuma vida, somente deserto, pedras e areia. O deus era, geralmente, representado como homem, porém com seios femininos e barriga saliente. Sua pele era azul ou verde, cores associadas à fertilidade.

Os antigos egípcios chamavam as cheias do rio de "a vinda de Hapi". Quando a cheia demorava, e o mês de junho, seco e quente, provocava a morte de animais e a queima da vegetação, os egípcios faziam suas preces ao deus e os sacerdotes faziam ofrendas.

Fertilização

Inundado anualmente na estação das cheias, o Nilo deposita uma camada de húmus, uma espécie de lodo escuro, rico em matéria orgânica, formado por restos de vegetais e animais.

O húmus fertiliza o solo às margens do rio. Quando as águas baixam, quilômetros de extensão de terras podem ser cultivados.

Com tais condições, por volta de 5000 a.C. o vale passou a atrair grupos humanos vindos das regiões do Saara. Desde 6000 a.C., ocorrera um progressivo ressecamento climático responsável pela formação do grande deserto.

OS TRABALHOS DE IRRIGAÇÃO

Para um melhor aproveitamento das terras fertilizadas, as águas do Nilo deveriam ser controladas. As populações estabelecidas transformaram gradualmente o Vale do Nilo, permitindo a organização de uma forma de vida sedentária, ou seja, com habitação fixa, dependente das cheias do rio.

Diante da necessidade de cooperação para o trabalho comum, os grupos passaram a formar pequenas comunidades agrícolas que se espalharam ao longo do Vale do Nilo.

Por volta de 4000 a.C., essas pequenas comunidades começaram a se agrupar, provavelmente em função da necessidade de organizar uma melhor defesa das terras, ou para realizar o difícil trabalho de domesticação do rio.

TÁ LIGADO?

5. Explique como se dava a fertilização natural das margens do Rio Nilo.

6. Relacione o processo de ampliação da área do Deserto do Saara com a concentração humana na região do Vale do Nilo.

7. Explique as técnicas utilizadas para o aproveitamento das águas do Nilo.

As cheias do rio eram provocadas por chuvas que caíam na região subsaariana, por onde corriam o Nilo Branco e o Nilo Azul. Para armazenar a água para os períodos de baixa foram criados reservatórios que eram abastecidos por canais de irrigação. Para represar a água foram construídos diques, de maneira a controlar a sua força e o seu volume.

A formação dos nomos ao longo do Nilo

A agricultura de irrigação, com o controle das cheias anuais do Nilo, teve papel muito importante na formação e no desenvolvimento de comunidades independentes, mais conhecidas como **nomos**.

A comunicação e o contato entre os nomos eram realizados pelo Nilo. Para ir ao norte, os barcos eram levados pela corrente do rio até a foz. Em sentido contrário, era possível aproveitar os ventos que sopram constantemente do Mar Mediterrâneo em direção ao sul e permitem subir o rio com embarcações à vela.

A autoridade do chefe dos nomos, o **nomarca**, estava relacionada à sua força militar e à sua capacidade de garantir a prosperidade da terra. Alguns arqueólogos levantam a hipótese de que tal elite teria assumido o poder por ter concentrado os conhecimentos de determinados fenômenos naturais relacionados às cheias do rio.

As federações do Baixo e Alto Egito

Possivelmente como resultado de guerras e alianças, ocorreu um processo de articulação dos nomos que acabou por formar duas grandes **federações**: uma que reunia os nomos no Norte e outra que reunia os nomos no Sul.

As duas grandes unidades territoriais e políticas elevaram seus chefes à dignidade real, cada qual com seu emblema. O rei do Baixo Egito usava a coroa vermelha, e o papiro era seu símbolo. O rei do Alto Egito usava a coroa branca e tinha por símbolo a flor de lótus.

> **TÁ LIGADO?**
> 8. Explique o que eram os nomos.
> 9. Explique quem eram os nomarcas.
> 10. Explique como se formaram as federações do Baixo e do Alto Egito?

Papiro
Planta aquática encontrada às margens do Nilo da qual era extraído o material para a escrita e acabou originando a palavra papel.

Cada nomo tinha sua capital, seu emblema, um número e uma divindade protetora à qual era dedicado um templo.

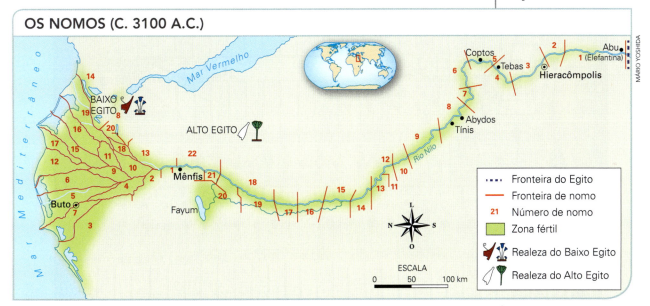

Fonte: Elaborado com base em MANLEY, B. *The Penguin Historical Atlas of Ancient Egypt*. London: Penguin, 1996; SMITH, S. *Atlas de l'Afrique*. Paris: Éditions Autrement, 2009.

O calendário dos egípcios

O dia a dia dos egípcios era marcado pelos ritmos da vida agrícola: semeadura, colheita, preparação de novas sementes. Tais ritmos estavam condicionados ao Rio Nilo e a suas mudanças.

Isso explica a elaboração de um calendário baseado na repetição do evento mais importante para a sobrevivência dos egípcios: as cheias do Nilo.

Nesse calendário, a primeira estação do ano começava com as inundações. Em julho (do nosso calendário) as águas do Nilo de esverdeadas se tornavam avermelhadas por causa do barro e começavam a aumentar de volume. O rio continuava a subir nos dois meses seguintes, atingindo o ponto máximo em setembro. A partir daí, começava a baixar.

Os campos ficavam encharcados durante quatro meses. Nesse período de inundação, os egípcios dedicavam-se às grandes construções, à arte e à guerra.

Em novembro começava a segunda estação, quando as águas baixavam e a terra estava pronta para a semeadura. Iniciavam-se, então, os trabalhos de plantio.

Nesse período, os egípcios plantavam diversos produtos, em especial o trigo (para preparação de pão), o linho (para confecção de roupas) e a cevada (para fabricação de cerveja).

Terminada a semeadura, os camponeses esperavam a germinação dos grãos. Nesse período, os antigos egípcios podiam também se dedicar à horticultura e à vinicultura. Assim, aos cereais se juntavam os legumes, as verduras, as frutas e o vinho.

A terceira e última estação (entre março e junho) era a época da colheita e do estoque da produção. Também era o tempo para a limpeza e o conserto dos canais de irrigação. Depois disso, esperava-se a nova enchente.

Os egípcios observaram que o início da enchente tinha uma recorrência de 365 dias. A partir daí, eles dividiram seu ano em 12 meses.

Cada mês era composto de três semanas com dez dias cada. Os cinco dias ao final do ano eram reservados para comemorar o aniversário dos deuses Osíris, Hórus, Ísis, Neftis e Set.

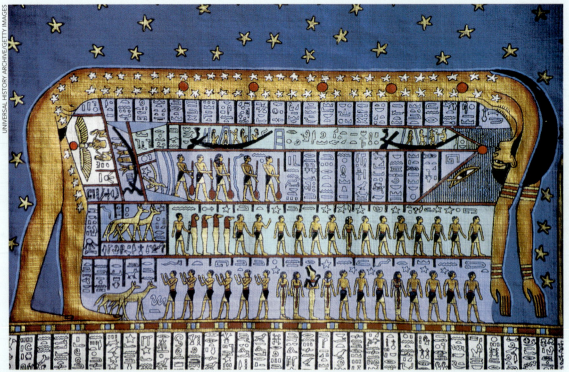

Cosmos do Egito antigo. Deusa Nut se dobra para formar o céu. Extraído de cópia de papiro de templo egípcio. Denderah (Egito), c. 1754.

A UNIFICAÇÃO DO EGITO

Segundo a tradição egípcia, a unificação das "Duas Terras", ou seja, a união do Baixo e do Alto Egito sob um único soberano foi feita por Menés, embora as fontes arqueológicas o chamem de Narmer.

Por volta de 3100 a.C., Menés, soberano do Alto Egito, conquistou o Baixo Egito, uniu as duas coroas (branca e vermelha) e estabeleceu sua capital em Tínis, no Alto Egito.

Posteriormente a capital foi transferida para a cidade de Mênfis, onde as duas terras se encontravam. Menés é considerado o fundador da primeira dinastia (série de soberanos de uma mesma família) e o primeiro rei a concentrar todos os poderes – político, econômico e religioso.

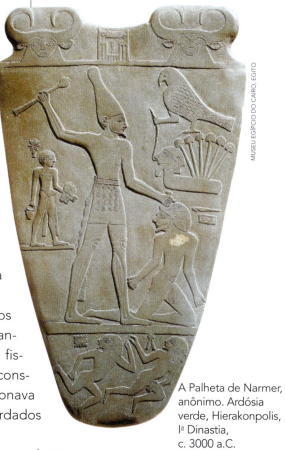

Na figura, podemos observar o Narmer com a coroa do Alto Egito. Ajoelhado a seus pés está uma figura agarrada pelos cabelos, simbolizando o inimigo. À sua frente e sobre a cabeça da vítima aparece um falcão representando o deus Hórus, do Alto Egito, pousado sobre um conjunto de papiros (símbolo do Baixo Egito), segurando uma cabeça presa pelas narinas por uma corda.

A Palheta de Narmer, anônimo. Ardósia verde, Hierakonpolis, Iª Dinastia, c. 3000 a.C.

FARAÓ

Os reis egípcios eram denominados faraós. O termo tem origem em uma palavra que significava "casa alta" ou "palácio".

O poder do faraó era absoluto: estendia-se a todos os setores da sociedade. Como senhor supremo, comandava um corpo de funcionários que recolhia impostos, fiscalizava obras de irrigação, administrava projetos de construção, controlava a terra, mantinha registros e supervisionava os armazéns governamentais, onde os cereais eram guardados para o caso de uma má colheita.

Diferente da Mesopotâmia, onde a acumulação de excedentes estava centralizada nos templos de uma divindade local, no Egito Antigo o excedente estava nas mãos de um soberano que se colocava acima da sociedade, não porque representava a vontade dos deuses, mas porque ele era tido como o próprio deus.

O armazenamento da produção

O excedente recolhido das comunidades locais era armazenado nos depósitos centrais e depois redistribuído em um eficiente sistema. A eficiência da administração centralizada dependia do conhecimento exato daquilo que acontecia em cada nomo.

As diversas operações de coleta, o armazenamento e a distribuição dos excedentes eram responsabilidade dos funcionários sob a autoridade do faraó. Eles cuidavam da organização dos trabalhos coletivos em toda a região, estocavam os produtos e, em caso de necessidade, racionalizavam ou os distribuíam às regiões necessitadas.

TÁ LIGADO ?

11. Liste as três estações do ano egípcio.

12. Descreva as atividades desenvolvidas durante a segunda estação do ano para os egípcios.

13. Aponte os poderes do faraó.

14. Explique como funcionava o armazenamento da produção agrícola no Egito Antigo.

15. Explique o que eram os hieróglifos.

A escrita dos egípcios

A unificação política do Egito fortaleceu ainda mais o desenvolvimento administrativo e, consequentemente, o da escrita.

O sistema hieroglífico é um dos mais antigos sistemas de escrita de que se tem conhecimento. Todos os objetos ou seres vivos que pudessem ser desenhados eram usados como sinais ou caracteres na escrita egípcia.

O termo hieróglifo tem origem grega e quer dizer **inscrição sagrada** (*hieros* = sagrada e *glyphein* = inscrição). Os antigos egípcios davam-lhe o nome de *medjunetjer*, que significa "a palavra do deus", e atribuíam a sua invenção a Thot, deus da sabedoria e da escrita.

Inicialmente escreviam na argila e na pedra. Posteriormente, passaram a escrever em uma espécie de papel feito com o talo de uma planta chamada papiro, espécie de junco que cresce nos rios e lagos de pouca profundidade no Egito. Utilizavam uma tinta feita da mistura de pigmentos e plantas, água e goma.

Os pincéis eram feitos de bambu umedecidos com água e eram guardados em bolsas de couro.

Os escribas

A escrita foi desenvolvida em razão da necessidade de controle e registro das diferentes transações. Com ela surgiu também uma nova profissão: a do escriba.

Os escribas tinham uma situação privilegiada, pois dominavam a escrita e eram responsáveis pela organização das leis e pela administração do Estado.

Entretanto, a escrita hieroglífica era uma arte difícil e especializada que tinha de ser aprendida por meio de longo estudo.

Na escola dos escribas, estudava-se do amanhecer ao pôr do sol, durante mais de 12 anos.

No programa de aprendizagem, o estudante, além dos estudos dos hieróglifos, deveria conhecer os nomes de todas as regiões, das plantas, das divindades, as datas de todas as festas. Tinha ainda aulas de Aritmética e boas maneiras.

Um escriba deveria ter os mesmos conhecimentos que um funcionário do faraó, pois também poderia exercer a função de administrador, fiscal e cobrador de impostos.

Deus Thot, anônimo. Pintura em papiro extraída do manuscrito *Os papiros de Ani* (Livro dos Mortos), XIXª dinastia, c. 1307-1196 a.C. (detalhe)

Deus Thot segura a paleta dos escribas.

Controle de cereais, anônimo. Pintura mural, XVIIIª dinastia, c. 1353-1323 a.C. (detalhe)

MULHERES PODEROSAS

Apesar de ser uma sociedade controlada pelos homens, em algumas situações as mulheres assumiam um papel de destaque no Egito Antigo. Isso é especialmente válido quando se observa a questão da sucessão de alguns faraós.

As mulheres da realeza no Egito Antigo exercem papéis de importância, como mães, esposas e filhas dos faraós. Algumas esposas desfrutavam de uma posição de força dentro da sociedade egípcia, como a rainha Nefertári, esposa do faraó Ramsés II.

Ao faraó era permitido ter várias esposas, mas a mais importante tinha o título de "nobre esposa", cujos filhos eram os únicos herdeiros.

Como regentes em nome de um filho ou irmão ou como rainhas, algumas mulheres assumiram o comando da sociedade egípcia. Mesmo que isso ocorresse de maneira ocasional, essa é uma característica particular do Egito, raramente encontrada em outras sociedades da Antiguidade.

Ao final da XIIª dinastia, Sebekneferu tornou-se a primeira mulher a utilizar todos os títulos de faraó. Sucedeu o faraó Amenemhat IV, seu irmão, que morreu sem deixar herdeiros, e governou por três anos.

Hatshepsut foi esposa, rainha regente e governou o Egito como um faraó. Filha de Tutmósis I, terceiro faraó da XVIIIª dinastia, foi casada com seu meio-irmão, Tutmósis II. Com a morte de seu marido, proclamou-se faraó. Para simbolizar sua nova posição, Hatshepsut tomou o título de Hórus fêmea e usava a coroa dupla, símbolo de poder sobre o Baixo e o Alto Egito.

Seu reinado destacou-se pelas expedições comerciais. O registro de suas expedições está gravado nas paredes de seu templo, ainda existente na atual localidade Deir El-Bahri, no Egito.

Além de Hatshepsut, há outros exemplos de mulheres que governaram o Egito como faraós, por exemplo, Nefertiti e a famosa Cleópatra.

Nefertiti foi a principal esposa de Amenófis IV, mais conhecido como Akhenaton, décimo faraó da XVIIIª dinastia. Mais do que qualquer outra rainha, Nefertiti desempenhou um papel de importância ao lado de Akhenaton. Por ela, o faraó desafiou a tradição e fez representar sua esposa como outros reis, conduzindo carros de guerra ou abatendo os inimigos.

Cleópatra VII foi a última governante do Egito Antigo e ficou conhecida principalmente pelos seus relacionamentos conturbados. Governou entre 51 e 30 a.C., em um período no qual o Egito estava sob o domínio dos gregos.

Cleópatra pertenceu a uma dinastia conhecida como ptolomaica, fundada por um general chamado Ptolomeu. Nasceu em 69 a.C. e subiu ao trono aos 17 anos. Teve relacionamentos amorosos com os imperadores romanos Júlio César e Marco Antônio, e um fim trágico: suicidou-se. Depois de sua morte, o Egito Antigo passou a ser governado pelos romanos.

Hatshepsut, anônimo. Pedra calcária. XVIIIª dinastia, c. 1353-1323 a.C. (fragmento)

Observe que a rainha aparece representada com a falsa barba, que enfatiza a natureza divina do "rei" e é característica das imagens masculinas.

TÁ LIGADO

16. As mulheres no Egito Antigo possuíam os mesmos direitos dos homens? Justifique sua resposta.

Nefertári, anônimo. Pintura mural, séc. XVI a.C. Vale das Rainhas, Tebas (Egito). (fragmento)

Observe que a rainha Nefertári aparece representada com a cor negra, que é característica das divindades.

A DIVISÃO SOCIAL NO EGITO ANTIGO

Várias classes sociais formavam a sociedade hierarquizada do Egito Antigo. Acima de todos estava o **faraó**, abaixo dele encontrava-se a **família real**, seguida pelos **altos funcionários** e o grupo dos **sacerdotes** que compunham a **nobreza**.

Os sacerdotes detinham muito poder, administravam todos os bens que os fiéis e o próprio Estado ofereciam aos deuses e tinham grande influência junto ao faraó.

Na nobreza, as funções eram hereditárias, ou seja, passadas de pai para filho. Abaixo da nobreza, estavam os numerosos **escribas**, os **funcionários modestos**, os **sacerdotes de pequenos templos**, os **oficiais militares**, os **artistas**, os **comerciantes** e os **artesãos** a serviço do faraó ou de sua corte.

Abaixo de todos os grupos sociais, estavam os **trabalhadores**. Eram eles que faziam os serviços nas pedreiras, nas minas, nas construções de pirâmides e em outras obras empreendidas pelo Estado, nas oficinas artesanais, nas cidades e nos campos.

Trabalho e divisão social

Observe a cena ao lado. Parece uma história em quadrinhos. Deve ser lida da direita para a esquerda. Acima, no canto direito, pode-se identificar a colheita da uva sendo realizada por duas pessoas. A seguir, outra pessoa encurvada recolhe o caldo das uvas que são pisadas por outras cinco pessoas dentro de um tanque.

No quadro seguinte, em tamanho maior, aparecem duas pessoas carregando aves, feixes de papiro e uvas que são depositados em frente a um casal, de tamanho ainda maior e ricamente vestido. Abaixo, peixes são pescados por quatro pessoas e aves depenadas por outras duas. Por último, duas pessoas entregam peixes, aves e frutos ao casal mencionado.

O tamanho dos indivíduos na pintura corresponde ao seu lugar na sociedade egípcia. O escriba real Nakht e sua esposa foram representados em maior proporção que os funcionários. Estes, por sua vez, estão pintados em tamanho maior que os trabalhadores, provavelmente escravizados.

O escriba Nakht, um alto funcionário egípcio, era um dos muitos responsáveis pela administração dos produtos em nome do faraó.

produtos

sua esposa Tawy   escriba Nakht

Os trabalhadores compunham a grande maioria da população. Viviam quase sempre na pobreza. Eram frequentemente analfabetos, pagavam tributos ao Estado em forma de cereais, linho, gado ou outros produtos. Além disso, eram forçados a trabalhar em obras públicas na época da inundação do Nilo. Moravam em cabanas e vestiam-se com roupas simples.

A maior parte dos trabalhadores era composta de **camponeses**, que também eram chamados *felás*. Obrigados a trabalhar, sem nenhuma remuneração, nas obras públicas do Estado, os camponeses viviam em péssimas condições, alimentando-se basicamente de pão, peixe e legumes.

Os **escravizados**, geralmente estrangeiros e prisioneiros de guerra, também compunham a base da sociedade. Trabalhavam, principalmente, nas minas e pedreiras do Estado, nas terras reais e nos templos. Muitas vezes faziam parte do Exército em época de guerra e eram utilizados como cativos domésticos.

> **TÁ LIGADO?**
>
> **17.** Liste as classes sociais do Egito Antigo.
>
> **18.** Desenhe um esquema, em forma de pirâmide, dessa divisão social, apontando as funções e características de cada uma das classes que formavam a sociedade egípcia.

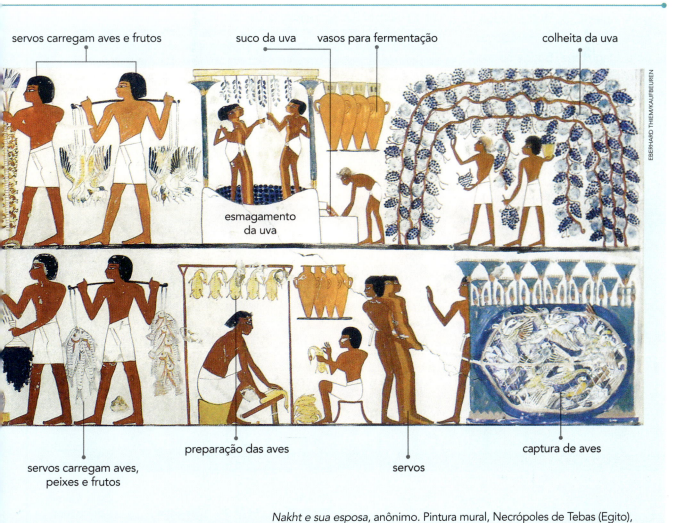

Nakht e sua esposa, anônimo. Pintura mural, Necrópoles de Tebas (Egito), XVIIIª dinastia, c. 1400-1390 a.C. (fragmento)

O Egito Antigo | CAPÍTULO 4

| ANÁLISE DE IMAGEM |

A RELIGIÃO EGÍPCIA

Ani e a pesagem do coração

Material: Pintura em papiro

Dimensões: 44,5 cm de comprimento × 30,7 cm de largura

Datação: Tebas (Egito). XIXª dinastia c. 1307-1196 a.C.

A religião estava presente em todos os atos da vida cotidiana dos antigos egípcios: na família, na sociedade, na política. Os antigos egípcios acreditavam que os deuses eram senhores das decisões humanas e dos acontecimentos, podendo interferir em todos os aspectos da vida cotidiana.

O grande poder do faraó estava baseado na crença de que ele era um ser divino. Filho de Rá (deus-Sol, criador de tudo) e a encarnação do deus-falcão Hórus. Por essa razão, o Egito Antigo é considerado um **Estado teocrático** ou uma teocracia, isto é, um sistema de governo no qual o poder político está ligado e subordinado ao poder religioso.

O Papiro de Ani é a versão do *Livro dos Mortos* que possui o maior número de capítulos, todos decorados com ilustrações que representam cada passo do Julgamento de Osíris.

Integra o acervo do Museu Britânico desde 1888, quando foi descoberto pelo egiptologista inglês E. A. Wallis Budge. Antes de enviar o manuscrito para a Inglaterra, Budge cortou os cerca de 24 metros do rolo em 37 folhas de tamanho aproximadamente igual, prejudicando a integridade do rolo.

① Primeiro olhar:
A cena deve ser lida da esquerda para a direita. À esquerda, Ani e sua esposa na sala do julgamento. No centro estão as escalas usadas para a pesagem do coração, com a presença de Anúbis, o deus da mumificação. O processo também é observado pelo espírito de Ani, Ba (o pássaro com cabeça humana), duas deusas do nascimento e de uma figura masculina que representa o seu destino.
O coração de Ani está no prato esquerdo da balança. No prato direito, uma pena, o símbolo de Maat, o princípio da ordem. Os antigos egípcios acreditavam que o coração era a sede das emoções e do caráter e portanto ele representava os bons ou maus aspectos da vida de uma pessoa. Se o coração não equilibrar com a pena, o falecido será condenado e devorado por Ammit, deus com cabeça de crocodilo, parte dianteira de leão e parte traseira de hipopótamo, representado na parte direita da cena.
Todo o processo é registrado pela divindade com cabeça de íbis, Thoth. No topo, as doze divindades supervisionam o julgamento.

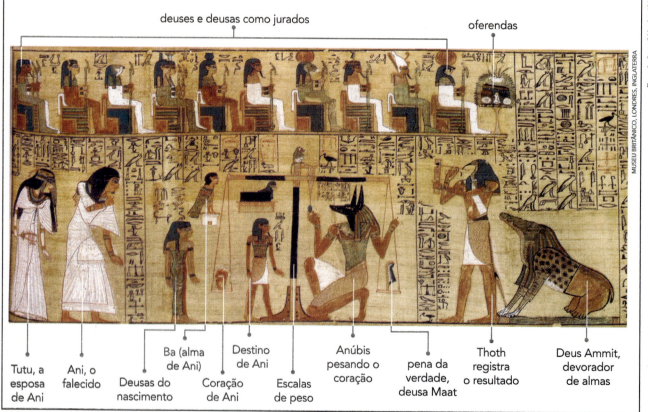

Tutu, a esposa de Ani | Ani, o falecido | Deusas do nascimento | Ba (alma de Ani) | Coração de Ani | Escalas de peso | Destino de Ani | Anúbis pesando o coração | pena da verdade, deusa Maat | Thoth registra o resultado | Deus Ammit, devorador de almas

deuses e deusas como jurados | oferendas

A CRENÇA NA VIDA APÓS A MORTE

Uma parte essencial da religião egípcia era a crença na vida após a morte e o julgamento final da alma do indivíduo, que seria conduzida pelo deus Anúbis até Osíris, o deus protetor dos mortos.

Nessa viagem a pessoa levaria consigo o **Livro dos Mortos**, redigido pelos escribas em um papiro. O livro testemunhava as virtudes da alma, que seria julgada por Osíris na presença de outros 42 deuses.

Seu coração seria colocado em um dos pratos de uma balança e deveria pesar menos que a pena que se encontrava no outro prato. Se fosse absolvida, a alma retornaria para encontrar o corpo. Mas, se fosse condenada, a alma seria devorada pelo deus Ammit, com cabeça de crocodilo.

Os antigos egípcios atribuíam muita importância à cerimônia do funeral. Era uma festa, um acontecimento para o qual os egípcios se preparavam e faziam economias.

O túmulo era considerado a morada da vida eterna. Podia ser simplesmente uma cova ou uma grande pirâmide. Dependia da condição social do morto. As pirâmides, por exemplo, eram verdadeiros templos funerários, principalmente para os faraós e sua família.

Para conseguir obter uma vida melhor após a morte, os egípcios costumavam levar objetos do cotidiano para dentro dos túmulos. Além disso, pintavam cenas da vida diária nas paredes internas das pirâmides.

É nesse sentido que as pirâmides ganham tanta importância. Elas podem nos contar histórias; podem nos falar sobre a organização, as técnicas, os conhecimentos e o trabalho de um povo que acreditava que a morte era apenas um acontecimento, um estágio.

A pirâmide era a morada para se viver eternamente. E como viver para sempre significava a alma encontrar sua morada, tornava-se indispensável conservar o corpo após a morte. Para isso os egípcios desenvolveram técnicas denominadas mumificação. Assim, o corpo permaneceria intacto até que a alma pudesse encontrá-lo novamente.

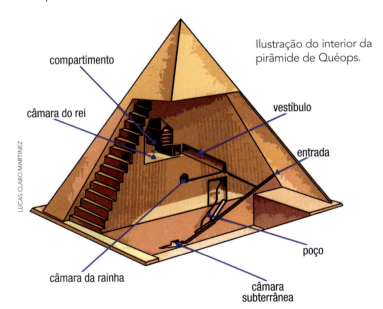

Ilustração do interior da pirâmide de Quéops.

TÁ NA REDE!

O *SENET* E O LIVRO DOS MORTOS

Digite o endereço abaixo na barra do navegador de internet: <https://bit.ly/2Ib5lQT>. Você pode também tirar uma foto com um aplicativo de QrCode para saber mais sobre o assunto. Acesso em: 24 set. 2018. Em português.

 informações sobre o uso religioso do jogo de *Senet*

TÁ LIGADO

19. Explique por que o Egito Antigo pode ser considerado um Estado teocrático.

20. Relacione a construção das pirâmides à ideia de vida eterna entre os egípcios.

> **TÁ LIGADO?**
>
> 21. Compare politeísmo e monoteísmo.
> 22. Explique o que eram os deuses antropozoomórficos.

POLITEÍSMO

Os egípcios antigos eram politeístas, adoravam muitos deuses, de diferentes origens. Desde os primeiros tempos, cada nomo cultuava suas próprias divindades, que, geralmente, representavam as forças da natureza ou estavam ligadas a animais que muitas vezes se combinavam com formas humanas. Eram os deuses antropozoomórficos.

O deus Osíris era o mais popular entre todas as camadas sociais, isso porque, como humano, tinha experimentado a morte e renascido, podendo, assim, assegurar aos seus seguidores uma vida eterna. Acreditava-se que todo faraó se tornaria Osíris depois de morrer.

Osíris era também o deus da vegetação, pois encarnava o ciclo anual de renovação da terra após as inundações do Nilo.

MONOTEÍSMO

O Sol teve papel central nas crenças religiosas dos antigos egípcios, que o chamavam Rá. Ele era o deus criador de todos os deuses, e navegava com sua barca sagrada pelo céu.

Mas o prestígio milenar de Rá, ou Amon-Rá, foi abalado pelo jovem faraó Amenófis IV, casado com a rainha Nefertiti. Amenófis IV substituiu o culto ao deus tradicional, geralmente representado com forma humana, pelo culto ao deus Aton, simbolizado pelo disco solar.

O faraó Amenófis IV posteriormente mudou seu nome para Akhenaton (que significa "o deus está satisfeito"). Além disso, promoveu uma reforma religiosa que sacudiu todo o Império.

Decretou que, a partir daquele momento, todos os egípcios, incluindo os povos que estavam sob o domínio do Egito, adorariam somente o deus Aton. E nomeou-se como o único que poderia interpretar a vontade divina.

Essa medida excluiu o culto de todos os outros deuses, inclusive o culto a Osíris, cujas tradições eram milenares. O jovem Akhenaton impôs a todos os súditos o mais severo monoteísmo, ou seja, a crença na existência de um único deus. Seu reinado durou 17 anos e, após sua morte, ocorrida em torno de 1327 a.C., sua religião foi aparentemente abandonada.

Akhenaton e sua família, anônimo. Relevo em placa de calcário, XVIIIª dinastia. (fragmento)

MUSEU BRITÂNICO, LONDRES, INGLATERRA

Com Akhenaton as artes também se alteraram. Um novo ideal de beleza parecia ganhar espaço com a representação da vida familiar. Na imagem, as pequenas princesas brincam com seus pais. O disco solar irradia sua luz sobre toda a cena. Todos os raios terminam em pequenas mãos que abençoam tudo.

EM DESTAQUE — OBSERVE A IMAGEM

A técnica de embalsamar corpos

A mumificação desenvolvida pelos egípcios tinha como objetivo conservar o corpo intacto até que a alma pudesse encontrá-lo novamente.

Havia técnicos especializados para o trabalho de mumificação. Primeiro, os embalsamadores extraíam cuidadosamente as vísceras do corpo e as guardavam em vasos. O coração, os olhos e os pulmões também eram retirados.

Depois mergulhavam o corpo em uma mistura de água e carbonato de sódio e lá o deixavam por setenta dias. Em seguida, colocavam substâncias aromáticas, como a mirra e a canela, no interior do corpo a fim de evitar a sua deterioração.

O corpo então secava e estava pronto para ser envolvido com faixas de tecido. Na etapa seguinte, os embalsamadores passavam uma cola especial sobre ele, impedindo assim o seu contato com o ar.

Finalmente, era colocado dentro de um sarcófago que tinha as feições do morto para que a alma pudesse reconhecer o seu corpo.

A múmia era então levada para o seu túmulo.

Ramsés II viveu até os 80 anos, idade incomum para sua época. A análise da sua múmia permitiu saber que sofreu de artrite e dores de dente.

Múmia de Ramsés II. Deir el-Bahari, c. 1213 a.C.

1. Com base no texto que você acabou de ler, identifique quais eram as áreas do conhecimento utilizadas pelos egípcios para embalsamar corpos.
2. Os antigos egípcios mumificavam seus mortos porque possuíam crenças que os levavam a isso. Qual era a concepção de morte para os egípcios?

A PERIODIZAÇÃO DA HISTÓRIA EGÍPCIA

A importância dos faraós pode ser medida pela maneira como geralmente é apresentada a cronologia da história do Egito Antigo. As principais dinastias de soberanos ainda são o marco divisor e a referência para a organização desse período.

Nos quase três mil anos de sua história, o Egito alternou períodos de unidade e centralização do poder dos faraós com períodos de descentralização, enfraquecimento e domínio estrangeiro.

Da unificação até o fim do Império, trinta dinastias exerceram o poder no Egito. Esse longo período geralmente é dividido pelos estudiosos em: Antigo, Médio e Novo.

Entretanto, apesar dos avanços e do volume de informações de que dispomos hoje sobre o Egito Antigo, os estudiosos ainda têm muita dificuldade em estabelecer uma cronologia exata para organizar a história egípcia.

Períodos do Império

Período Dinástico Inicial (3100-2686 a.C.)

- Da unificação entre o Alto e o Baixo Egito ao início do Império.
- Organização política e fiscal.
- Fixação da escrita hieroglífica.
- Capital Tínis.
- Fundação da cidade de Mênfis.

Fonte dos mapas: Elaborado com base em ADE AYAJI, Jacob; CROWDER, Michael. *Historical Atlas of Africa*. London: Longman, 1985; JOLLY, Jean. *L'Afrique et son environnement européen et asiatique*. Paris: L'Armattan, 2008.

Antigo Império (2686-2040 a.C.)

- Fortalecimento do sistema administrativo.
- Construção das três famosas pirâmides próximo à cidade de Mênfis: Quéops, Quéfren e Miquerinos.
- Expansão territorial ao longo do Vale do Nilo.
- Região da Núbia (ou Kush) sob influência egípcia.
- Atividades mercantis no Mediterrâneo e no Mar Vermelho.
- Crise política e social em torno de 2200 a.C. leva à fragmentação do Egito.

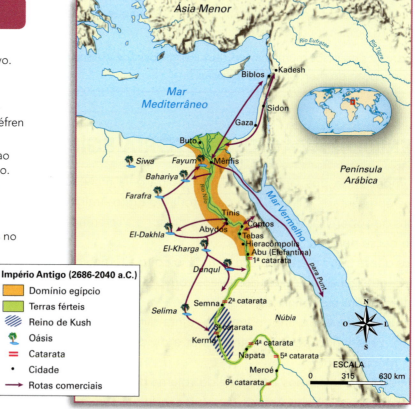

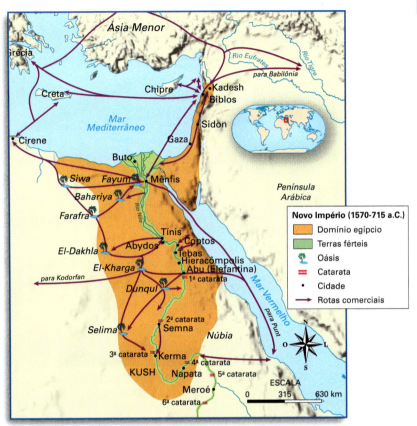

Novo Império (1570-715 a.C.)

- A reorganização política do Egito permite que seus domínios territoriais se estendam da Núbia até a Mesopotâmia.
- Forte influência dos sacerdotes de Tebas.
- Reforma religiosa de Amenófis IV (Akhenaton), com pequena duração de vinte anos, no século XIV a.C.
- Em torno de 110 a.C., divisões internas e governos rivais estabelecidos no Baixo e no Alto Egito.
- Entre 715 e 656, dominação Kushita sobre o Egito.
- A partir de então, com breves períodos de independência, o Egito torna-se sucessivamente província assíria, persa, macedônica e romana.

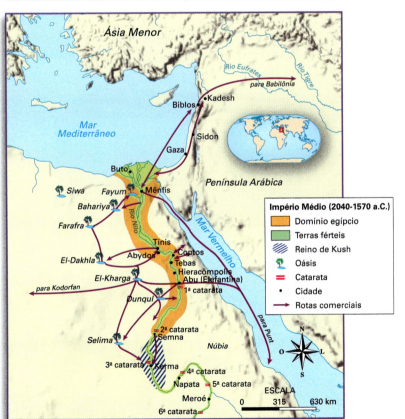

Médio Império (2040-1570 a.C.)

- Reunificação do Egito pelos reis de Tebas.
- Expansão territorial até a segunda catarata do Nilo.
- Entre 1872 e 1570 a.C., período de instabilidade política permite que os kushitas se libertem do poderio egípcio.
- Fixação dos hebreus na região do Delta do Nilo.
- Os hicsos, vindos da Ásia e armados com cavalos, carros de guerras e armas mais resistentes, tomam o poder no Baixo Egito.
- Uma nova dinastia egípcia forma-se em Tebas e expulsa os hicsos do Egito.

O Egito Antigo | CAPÍTULO 4

Senet: o jogo da alma

Na riquíssima tumba do faraó Tutankamon foi descoberto um tabuleiro de madeira e marfim. Dentro do tabuleiro havia uma gaveta com 14 peças em ouro maciço. *Senet*, como é denominado esse jogo egípcio, era praticado desde os tempos pré-dinásticos.

Seu tabuleiro é dividido em três colunas, cada qual com dez casas. Há símbolos e hieróglifos em algumas dessas casas. Era jogado por duas pessoas que movimentavam suas peças de acordo com o número tirado nos dados egípcios, pequenas varetas que acompanhavam o tabuleiro.

Inscrições em outros túmulos egípcios e uma passagem no *Livro dos Mortos* em que um homem aparece junto a uma mesa de *Senet* permitiram entender alguns dos significados do jogo.

O percurso das casas é uma referência à trajetória que a alma (*Ba*) tem que fazer até alcançar a vida eterna. Por isso, em alguns tabuleiros, na 27ª casa aparece a imagem de Osíris, deus da morte, com a expressão *Bela Casa*.

Rainha Nefertári, esposa de Ramsés II, jogando *Senet* na vida eterna, anônimo. Pintura mural, XIXª dinastia, c. 1250 a.C. (detalhe)

O nome do lugar onde se preparavam os corpos para a mumificação era também *Bela Casa*. Assim, a partir da 27ª casa, o jogo simbolizava a transição da alma para a vida eterna.

Diversas variações desse jogo são praticadas ainda hoje em regiões da África e do Oriente Próximo.

Senet. Caixa de jogos em ébano, marfim e ouro, XVIIIª dinastia, c. 1333 a.C.

QUEBRA-CABEÇA

1. Releia o quadro complementar "*Senet*: o jogo da alma" (p. 104). Agora responda ao que se pede:
   a) No seu caderno, descreva o tabuleiro do jogo de *Senet*.
   b) Estabeleça as relações entre as casas do jogo de *Senet* e as crenças egípcias.
   c) Monte um tabuleiro para o jogo de *Senet* utilizando cartolina ou papel-cartão. As imagens apresentadas no capítulo podem servir de base para as ilustrações das casas do jogo.

2. Defina cada um dos conceitos abaixo e organize um pequeno dicionário conceitual em seu caderno:
   - nomos
   - hieróglifo
   - teocracia
   - antropozoomórfico

3. Esclareça a importância da escrita para a sociedade egípcia.

4. Na escrita hieroglífica do Egito Antigo, havia sinais de descida para o norte, indicado por um barco a remo, e de ida para o sul, indicado por um barco a vela. Com base no texto do capítulo, o que explicaria esses sinais?

5. Escreva um pequeno parágrafo relacionando entre si os seguintes conceitos: faraó – governo teocrático – deus. Procure explicar, em seu parágrafo, o significado dos faraós para a sociedade e a economia egípcias.

6. Faça a conversão das seguintes datas para séculos, em números romanos: 5000 a.C.; 3100 a.C.; 2686 a.C.; 2040 a.C.; 1570 a.C.; 1327 a.C.; 715 a.C.; 51 a.C. (Retome as tabelas da página 23).

7. Vamos construir nossos *tags*. Siga as instruções do *Pesquisando na internet*, na seção **Passo a passo** (p. 7), utilizando as palavras-chave abaixo:

   Flor-de-Lótus
   Fênix
   Olho de Hórus
   Cruz de Ansata
   Nó de Ísis
   Escaravelho

LEITURA COMPLEMENTAR

[EGITO E MESOPOTÂMIA]

O Egito apresenta toda uma série de contrastes com a Mesopotâmia, que se verifica em cada aspecto de sua vida e pensamento: até os principais rios diferem em caráter e correm em direções opostas. Dentro das condições mais suaves do Egito, com céus sem nuvens e uma enchente anual previsível e uniforme, uma regularidade moderada contrasta com o ambiente tempestuoso e turbulento, os relâmpagos, as catastróficas torrentes e inundações das regiões mais orientais, onde as violências da natureza eram refletidas nas violências dos homens.

Tão logo os novos cereais e a cultura do arado foram introduzidos no Egito, houve semelhante superabundância de alimentos, e por causa dela, sem dúvida, uma superabundância de bebês. Mas todos os feitos de domesticação do Egito foram realizados sob um céu [...] sem nuvens de tempestade, intocado por sombrias incertezas, não amargurado nem atormentado por repetidas derrotas. A vida era boa.

MUMFORD, Lewis. *A cidade na história*. São Paulo: Martins Fontes, 1998. p. 71.

1. Identifique os contrastes apontados pelo autor entre a natureza do Egito e da Mesopotâmia.

2. Explique por que, segundo o texto, a vida era boa no Egito Antigo.

3. Heródoto, importante historiador grego da Antiguidade, criou uma frase bastante famosa: "O Egito é uma dádiva do Nilo". Você concorda com essa interpretação? Justifique sua resposta.

PONTO DE VISTA

Egípcios 👁 OBSERVE AS IMAGENS

Três jovens instrumentistas, anônimo. Pintura mural, XVIIIª dinastia, c. 1400 a.C. (detalhe)

Carpinteiros, anônimo. Pintura mural, XVIIIª dinastia, c. 1307-1196 a.C. (detalhe)

PERMANÊNCIAS E RUPTURAS

Cleópatra 👁 OBSERVE AS IMAGENS

Olhos cor de violeta, cabelos negros e uma pele branca como a neve. Assim era a Cleópatra fabricada nos estúdios de Hollywood, por quem todos suspiravam no início da década de 1960. A atriz estadunidense Elizabeth Taylor fixou no imaginário o mito de Cleópatra como mulher fatal, calculista e principalmente com feições ocidentais.

A rainha Cleópatra, como já vimos, nasceu em 69 a.C. em Alexandria, porto mais importante da época, e tornou-se rainha, a principal governante do Egito Antigo, aos 17 anos. Não se sabe sua aparência ao certo. Sabe-se, entretanto, que gostava de se vestir como a deusa Ísis, de quem dizia ser a encarnação.

Apesar de a sociedade egípcia ter se desenvolvido no continente africano e de evidências apontarem que os egípcios antigos eram negros, durante muito tempo acreditou-se que a região tivesse sido povoada por povos vindos da Ásia. Ainda hoje esse tema desperta grandes discussões entre os estudiosos.

Filmes como *Cleópatra* e *A múmia*, entre outros com a mesma temática, contribuem muito para criar uma ideia questionável a respeito do Egito Antigo, seus habitantes e seu modo de vida.

Elizabeth Taylor em *Cleópatra*. Filme dirigido por Joseph L. Mankiewicz, EUA, 1963.

Nefertári, anônimo. Pintura mural, séc. XVI a.C. Vale das Rainhas, Tebas, Egito. (fragmento)

1. No seu caderno, descreva cada uma das imagens.
2. Identifique as classes sociais das figuras representadas.
3. Apesar das diferenças sociais, quais semelhanças podem ser apontadas nessas imagens?
4. Essas imagens podem ser consideradas documentos históricos? Justifique sua resposta.

A morte de Cleópatra, Luca Ferrari. Óleo sobre tela, 1530-1540.

1. Compare as representações sobre Cleópatra e as imagens da seção **Ponto de vista**. Quais são as semelhanças e diferenças?
2. Discuta os motivos para que as representações ocidentais apresentem os egípcios com feições brancas.
3. Faça uma pesquisa sobre filmes a respeito do Egito Antigo. Escolha um e analise a maneira como os egípcios são representados.
4. Em seu caderno, elabore um desenho de Cleópatra levando em consideração esses elementos apresentados.

TRÉPLICA

Filmes

Cleópatra
EUA, 1963.
Direção de Joseph Mankiewicz.
Com Elizabeth Taylor como protagonista, esse clássico do cinema trata da ascensão e queda da rainha do Egito.

A múmia
EUA, 1999.
Direção de Stephen Sommers.
Filme de aventura altamente fantasioso no qual o herói busca salvar o mundo do ataque de um exército comandado por um maléfico egípcio da Antiguidade.

Livros

O Egito dos faraós e sacerdotes
FUNARI, Raquel dos Santos. São Paulo: Atual, 2008.

Egípcios antigos
MACDONALD, Fiona. São Paulo: Moderna, 1996.

No tempo dos faraós
SETHUS, Michel. São Paulo: Scipione, 2008.

Sites

(Acessos em: 29 jun. 2018)

<http://goo.gl/3WzAJs>

O Museu Egípcio de Turim, Itália, oferece uma interessante coleção de peças do Egito Antigo com explicações detalhadas. No seu acervo encontra-se um manuscrito com desenho de um tabuleiro do jogo de *Senet*. Em italiano e inglês.

<http://goo.gl/ek9IJK>

O portal do Museu Britânico oferece milhares de imagens sobre o Egito Antigo. Possui uma das maiores coleções de peças e manuscritos egípcios. Em francês, inglês e espanhol.

<http://goo.gl/38qeXx>

O Museu do Louvre possui um dos mais valiosos acervos sobre a cultura egípcia. Em francês e inglês.

O Egito Antigo | CAPÍTULO 4

3º Bimestre

CAPÍTULO 5 — A Grécia Antiga

PORTAS ABERTAS

OBSERVE AS IMAGENS

1. Identifique: o suporte, ou seja, o tipo de material utilizado para sua confecção, a data e os elementos pertencentes a cada imagem.

2. Cite outras três modalidades disputadas nos Jogos Olímpicos atuais, além das apresentadas nesta seção.

3. Que diferenças você consegue apontar entre os Jogos Olímpicos da Grécia Antiga e os atuais?

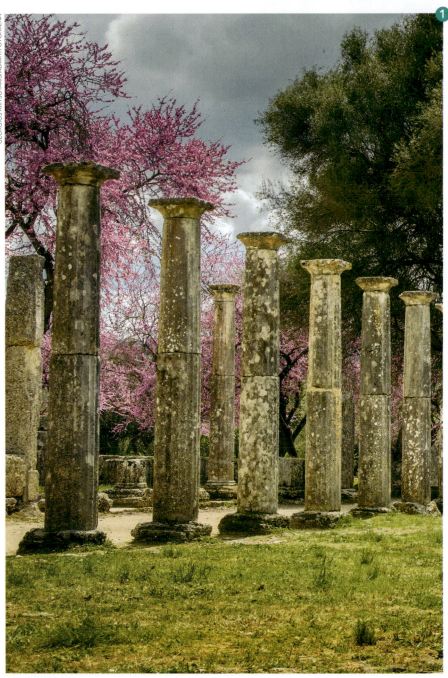

Ruínas da cidade de Olímpia, local do nascimento dos Jogos Olímpicos da Antiguidade. Grécia, 2017.

Shemaiah James compete no evento de salto em distância masculino durante o Campeonato de Atletismo no Estádio Carrara. Costa Dourada (Austrália), 17 fev. 2018.

Salto em distância com pesos, anônimo. Ânfora, cerâmica em estilo figuras negras, c. 540 a.C. (detalhe)

Corredores competem durante a corrida masculina de 3000 m com obstáculos, Torneio Asiático. Jacarta (Indonésia), 27 ago. 2018.

Corrida a distância, atribuída ao pintor Euphiletos. Ânfora panatenaica, cerâmica estilo figuras negras, c. 530 a.C. (detalhe)

Lindon Victor competem no lançamento de disco Decatlo masculino, Campeonato Mundial de Atletismo, Estádio de Londres (Inglaterra), 11 ago. 2017.

Discóbolo, atribuída a Myron. Escultura em mármore, c. 470-440 a.C.

A Grécia Antiga | CAPÍTULO 5 — 109

O MUNDO GREGO NA ANTIGUIDADE

GRÉCIA ANTIGA (SÉCULO VI A.C.)

Fonte: Elaborado com base em DUBY, Georges. *Grand atlas historique*. Paris: Larousse, 2008.

Diversos aspectos do que se costuma chamar de cultura ocidental (ou clássica) têm origem no mundo grego. A filosofia, a medicina, a primeira referência à democracia, o teatro, as olimpíadas e até mesmo diversas palavras de nosso vocabulário cotidiano foram criados pelos gregos. Evidentemente, muito dessa cultura e da chamada Antiguidade Clássica desenvolveu-se por meio de contribuições e influências de diversos outros povos.

Os gregos denominavam-se **helenos** e a sua sociedade, **Hélade**. O nome Grécia foi dado pelos romanos, que estenderam a todos os habitantes desse território o nome da primeira tribo de helenos que encontraram na região.

A Grécia Antiga era formada pelo conjunto das sociedades que se desenvolveram nas regiões em torno do Mar Egeu (veja mapa acima), cujo litoral é pontilhado por ilhas. Ali se estabeleceram grupos de origem indo-europeia que contribuíram para a formação das sociedades gregas a partir de 2000 a.C.

Para facilitar a compreensão, a história da Grécia costuma ser dividida nos seguintes períodos:

Periodização da História da Grécia

❶ Pré-Homérico

Do século XX a.C. a XII a.C., é o período de formação da Grécia. Marcado pela história das sociedades **minoica** e **micênica**.

❷ Homérico

Do século XII a.C. ao séc. VIII a.C., é a fase da história grega cujas principais fontes são as epopeias escritas pelo poeta **Homero**.

❸ Arcaico

Do século VIII a.C. ao século V a.C., corresponde à formação das *póleis* gregas, com destaque para as cidades-Estado **Atenas** e **Esparta**.

❹ Clássico

Do século V a.C. ao século IV a.C., é considerado o auge do domínio grego no Mar Mediterrâneo e marca a consolidação da **democracia** ateniense.

PERÍODO PRÉ-HOMÉRICO

Muitas histórias sobre a origem dos gregos são contadas por meio de lendas e mitos. Uma delas refere-se ao Minotauro, uma criatura com corpo humano e cabeça de touro. De acordo com a lenda, a Ilha de Creta serviu de cenário para a história do herói Teseu, que teria matado esse terrível monstro que assombrava os atenienses.

Segundo a mitologia grega, Poseidon, deus do mar, enviou a Minos, rei de Creta, um touro branco que deveria ser sacrificado em sua honra. Deslumbrado com a beleza do animal, o monarca o guardou para si. Como vingança, Poseidon fez com que a rainha Pasífae se apaixonasse perdidamente pelo animal. Dessa paixão nasceu o Minotauro.

O LABIRINTO DO MINOTAURO

Para não magoar sua esposa, o rei Minos decidiu poupar o Minotauro e mandou construir um labirinto nos subterrâneos de seu palácio, Cnossos, para aprisioná-lo. Anos mais tarde, Minos derrotou Atenas e, como punição, exigiu que os vencidos enviassem, a cada nove anos, sete rapazes e moças virgens para serem devorados pelo Minotauro.

Quando os atenienses se preparavam para pagar o tributo pela terceira vez, o jovem Teseu, filho do rei Egeu, de Atenas, se ofereceu como voluntário para o sacrifício. Ao chegar à Ilha de Creta, Teseu apaixonou-se pela jovem Ariadne, filha do rei Minos. Para ajudar seu amado, a princesa lhe deu um novelo de lã para que o herói pudesse marcar seu caminho de volta à saída do labirinto. Teseu matou o Minotauro e escapou da Ilha de Creta, na companhia de Ariadne e de seus companheiros atenienses.

A SOCIEDADE MINOICA

No mapa da página 110, é possível observar que a Ilha de Creta está situada no Mar Mediterrâneo. Os arqueólogos nomearam essa sociedade **minoica**, em homenagem ao lendário rei Minos, um de seus principais governantes. O dia a dia da cidade girava em torno de seu imenso palácio, com mais de 1500 cômodos repletos de esculturas e pinturas. O palácio real tinha capacidade para abrigar milhares de pessoas.

Os vestígios indicam que a principal cidade cretense, Cnossos, era o centro de um império comercial. Em escavações feitas nesse local, os arqueólogos descobriram que os cretenses estavam acostumados a viagens por mar e, inclusive, tinham contatos comerciais com a sociedade egípcia. Produtos cretenses foram descobertos no Egito e produtos egípcios, em Creta, onde a religião tinha papel central na vida de seus habitantes. A arte representava temas religiosos. Símbolos sagrados eram colocados nos palácios e nas casas. O rei controlava a política e a religião. Como chefe religioso, suas leis eram um símbolo da força dos deuses.

Não se sabe ao certo as causas, mas as cidades minoicas desapareceram por volta de 1450 a.C. Alguns historiadores acreditam que a destruição foi provocada por uma poderosa erupção vulcânica seguida por um *tsunami*. A maioria deles, porém, afirma que a causa da destruição foram a invasão e os saques feitos pelos micênicos.

TÁ LIGADO?

1. Aponte como os gregos denominavam-se a si mesmos.
2. Apresente as características da região na qual se desenvolveram as sociedades gregas na Antiguidade.
3. Apresente a origem mítica da denominação "minoica".
4. Aponte o centro político da sociedade minoica.

Reconstituição artística do palácio de Cnossos.

Observe o tamanho do palácio real de Cnossos. A planta era tão complicada e havia tantos cômodos e corredores que alguns historiadores acreditam que sua construção inspirou a lenda do Labirinto do Minotauro.

Ruínas do palácio de Cnossos. Creta (Grécia), c. 1500 a.C.

A SOCIEDADE MICÊNICA

Continental
Referente a continente. Região ou área situada no continente, para se diferenciar das ilhas localizadas nos mares.

Clã
Grupo de pessoas unidas por laços de parentesco ou identificadas pelo reconhecimento de um antepassado em comum.

Vindos da Europa oriental, os micênicos se formaram pelo encontro de grupos nômades oriundos daquela região com sociedades que se localizavam na região da atual Grécia. Entre esses grupos estavam os aqueus, os primeiros a invadir a Ilha de Creta.

A cidade de Micenas, na parte continental da atual Grécia, fundada pelos aqueus, foi descoberta após escavações arqueológicas. Era um local extremamente fortificado. Em diversas sepulturas, foram encontradas máscaras de ouro, joias e armas de bronze pertencentes a essa sociedade.

Os micênicos mesclaram sua cultura às atividades agrícolas, comerciais e às técnicas de navegação que aprenderam dos minoicos em Creta. Construíram palácios de onde seus reis dirigiam os negócios. Guerras constantes, lutas internas pelo poder e, provavelmente, mudanças climáticas prejudiciais à agricultura levaram à destruição da sociedade micênica por volta de 1150 a.C.

PERÍODO HOMÉRICO

Homero, Philippe-Laurent Roland. Escultura em mármore, 1812.

MUSEU DO LOUVRE, PARIS, FRANÇA

Entre os anos de 1200 e 800 a.C., o mundo grego, ainda em formação, passou por um processo de ruralização. Como vimos, a organização dos micênicos desapareceu.

Muitas pessoas deixaram suas casas nas cidades e se dirigiram às áreas rurais, onde se reorganizaram em clãs e tribos, unidas por laços de parentesco. O comércio do Mar Egeu com regiões distantes praticamente deixou de existir e a escrita foi abandonada.

Nessas grandes comunidades havia outros grupos menores que se reuniam em *oikos*, unidades familiares que se dedicavam às atividades agrícolas e pastoris.

Os *oikos* eram extensões de terras onde a produção era coletiva e o trabalho era realizado por seus integrantes e/ou por escravizados obtidos por meio de saques e pilhagens. Da palavra grega *oikos* derivou, posteriormente, o termo **economia**.

ORGANIZAÇÃO POLÍTICA

A organização política grega nesse período baseava-se nas relações familiares. Cada *oikos* possuía um chefe político e religioso chamado de **pater familias**. Questões que diziam respeito a diversos *oikos* eram resolvidas em assembleias de guerreiros e/ou por monarcas que se estabeleceram à frente das famílias, dos clãs e das tribos.

A preservação do passado se fazia pela tradição oral, em que os poetas contavam uma história por meio da poesia. Durante o século VIII a.C., um indivíduo chamado **Homero** teria reunido essas histórias em dois livros: *Ilíada* e *Odisseia*.

Não se sabe ao certo se esses textos foram mesmo escritos por Homero. Por trás dessas obras havia séculos a fio de uma poesia até então oral, composta, recitada e transmitida por poetas sem o uso da escrita.

TÁ LIGADO?

5. Apresente as atividades econômicas praticadas pelos micênicos.

6. Explique o que eram os *oikos*.

7. Explique o papel do *pater familias* na Grécia durante o Período Homérico.

A GUERRA DE TROIA

A *Ilíada* conta a história do rapto de Helena, esposa do rei Menelau de Esparta, pelo príncipe Páris, filho do rei de Troia (cidade fundada pelos cretenses). Agamenon, o poderoso rei de Micenas e irmão de Menelau, organizou um exército com homens de toda a Grécia para atacar Troia.

Mas o herói dessa guerra não é Menelau nem Agamenon, e sim Aquiles, considerado o mais importante guerreiro pela *Ilíada*. Aquiles era filho do rei Peleu e de Tétis, uma nereida (espécie de ninfa ou sereia) que habitava o mar. Como outros tantos heróis gregos, era filho descendente de humanos e seres divinos.

Conta a lenda que os gregos, mesmo depois de muito tempo de guerra, não conseguiam invadir a cidade de Troia. Construíram, então, um enorme cavalo de madeira e, no seu interior, esconderam diversos soldados gregos. Os troianos acreditaram que aquele grande cavalo era um presente que representava a rendição dos gregos e o levaram para dentro de suas muralhas. À noite, os gregos saíram de dentro do cavalo e derrotaram os desprevenidos troianos. É desse episódio que vem o ditado popular "presente de grego".

Já a *Odisseia* narra as aventuras de Odisseu ou Ulisses, em seu retorno para casa, depois de ter lutado na Guerra de Troia. Sua viagem de volta teria durado dez anos e no caminho teve de enfrentar monstros horríveis e vários obstáculos. Conseguiu vencer todos eles com sua força e principalmente com sua inteligência.

TÁ NA REDE!

CAVALO DE TROIA

Digite o endereço abaixo na barra do navegador de internet: <http://bit.ly/2y4ao1H>. Você pode também tirar uma foto com um aplicativo de *QrCode* para saber mais sobre o assunto. Acesso em: 12 mar. 2018. Em português.

O *site* apresenta o uso da expressão "Cavalo de Troia" ao longo do tempo.

PERÍODO ARCAICO

Lentamente as comunidades familiares foram se desagregando. O aumento da população e a falta de terras férteis são considerados os principais elementos que modificaram a vida dos gregos antigos.

Para enfrentar as disputas pelas melhores terras, alguns *oikos* mais próximos estabeleceram alianças. Essas uniões produziram modificações políticas e econômicas que enfraqueceram o poder dos *pater famílias* e fortaleceram os poderosos chefes militares denominados **basileus**. As terras e a produção deixaram de ser coletivas. As melhores porções de terras foram controladas por um pequeno grupo de **eupátridas** (bem nascidos). Surgia, assim, a **aristocracia** grega.

Essa palavra vem da língua grega e significa "governo dos melhores". O grupo que exerce o poder construía também uma imagem positiva a seu respeito. Consideravam-se "os melhores" da sociedade, os aristocratas. Eles transmitiam seus poderes para os filhos, netos, bisnetos. Enfim, o poder era hereditário.

Fonte: Elaborado com base em *Atlas histórico*. São Paulo: Encyclopaedia Britannica do Brasil, 1989.

AS CIDADES-ESTADO GREGAS

Ao longo do século VIII a.C., com a crescente concentração de terras férteis pelos eupátridas, ressurgia a vida urbana. Aos poucos vão se desenvolvendo as chamadas **cidades-Estado** (*pólis* no singular).

As *póleis* eram pequenas unidades políticas separadas por montanhas difíceis de atravessar. Por isso, o principal contato entre elas se estabelecia pelo mar.

As principais cidades-Estado gregas foram Atenas, Esparta, Argos, Corinto e Tebas (veja mapa na página anterior). Para resolver o problema da escassez de terras férteis, as *póleis* se organizaram e seus habitantes partiram pelo Mar Mediterrâneo em busca de novos territórios, onde fundaram diversas colônias.

Cada *pólis* era independente e tinha suas próprias instituições. Os conflitos entre as *póleis* eram frequentes.

A cena representa o nascimento da deusa Atena. Ela surge vestida e armada com elmo, lança e escudo da cabeça de Zeus. O nascimento é testemunhado pelas Ilítias, divindades do parto, por Poseidon, que segura um tridente (extrema direita), e Hefestos (extrema esquerda) empunhando o machado duplo com o qual abriu com um golpe o crânio de Zeus, para que a deusa pudesse sair.

A VIDA EM ATENAS

Conta a lenda que Zeus, o deus supremo, teria criado uma cidade e desafiado os deuses Atena e Poseidon para que um deles se tornasse seu padrinho. Cada um dos deuses teria de oferecer um presente à cidade. Aquele que agradasse mais seus habitantes seria o vencedor.

A deusa Atena teria ganho a disputa porque ofereceu à população a oliveira, cujo fruto, a azeitona, é a base para a fabricação do azeite, alimento que se tornou um dos principais produtos de exportação da Grécia, até os dias atuais.

O nascimento de Atena, anônimo. *Exaleiptron* (pote para cosméticos), cerâmica estilo figuras negras, c. 570-560 a.C.

Atenas foi a mais importante cidade-Estado grega. Chegou a possuir cerca de 350 mil habitantes, dos quais 35 mil eram homens, os únicos considerados cidadãos com direitos políticos. A maior parte da população era composta de mulheres, crianças, estrangeiros (chamados de **metecos**) e escravizados. Nenhum desses grupos possuía direitos políticos.

Crise e reformas

Por volta do século VII a.C., Atenas enfrentava uma crise social. Por não pagarem suas dívidas, muitos camponeses perdiam suas propriedades e tornavam-se cativos, o que gerava revoltas.

Depois de muitas lutas e pressão sobre os governantes, os camponeses conseguiram uma importante vitória. No ano de 621 a.C. foi criado o primeiro **código de leis escritas**. Até aquele momento as leis eram baseadas nos costumes e só os aristocratas tinham domínio sobre elas.

Os eupátridas, que mantinham o controle sobre a maior parte das terras, escolheram **Drácon** para redigir as leis. Mas o Código de Drácon, apesar de permitir aos pobres o conhecimento da lei, mantinha sentenças rigorosíssimas. Até hoje, quando alguém considera uma lei excessivamente severa, costuma dizer que ela é "draconiana".

Os problemas dos camponeses continuaram, mesmo com as primeiras leis escritas, e Atenas caminhava para uma guerra civil, ou seja, uma guerra interna entre os grupos da mesma sociedade. Os camponeses organizavam-se cada vez mais, exigindo o perdão de suas dívidas e a redistribuição das terras.

> **TÁ LIGADO**
>
> 8. Liste as classes sociais da cidade de Atenas.
> 9. Quais eram os principais problemas que levaram às insatisfações populares e às crises sociais em Atenas?

Reformas de Sólon

Em **594 a.C.**, os aristocratas nomearam **Sólon** para tentar resolver a crise. Em seu governo, os escravizados foram libertos e suas dívidas, canceladas. As leis foram revisadas e foi criado um tribunal popular, no qual os juízes eram escolhidos por sorteio.

Apesar de todas essas conquistas, Atenas tinha outro problema: o aumento do número de comerciantes que mantinham as riquezas da cidade, por meio do pagamento de impostos, mas não possuíam nenhum direito político. As pressões desse grupo eram cada vez maiores. Sólon, então, permitiu o acesso dos ricos negociantes aos cargos administrativos.

Ao abrir a Assembleia a todos os cidadãos (atenienses homens) e tirar os cargos do controle exclusivo dos grandes proprietários de terras, Sólon enfraqueceu os poderes da aristocracia. Assim, deu início à transformação de Atenas em uma democracia, como veremos logo a seguir. Ao completar suas reformas, ele renunciou ao cargo e saiu de cena.

As reformas de Sólon não foram suficientes para eliminar as disputas. Os eupátridas ficaram insatisfeitos com a perda de parte de seu poder nas decisões políticas. Os mais pobres ainda não viam seus pedidos por melhores condições de vida serem atendidos. Os conflitos continuaram.

Dionísio em seu barco, Exékias. *Kylix* (cálice), cerâmica estilo figuras negras, Grécia, c. 550 a.C.

Na pintura, é possível ver Dionísio repousando, enquanto leva aos homens o segredo do vinho. Vinhas enrolam-se no mastro, cobrindo o barco com cachos de uva. O barco desliza sobre o mar, e golfinhos brincam ao redor.

Tirania de Psístrato

Foi, então, que **Psístrato**, outro aristocrata, aproveitou-se da instabilidade geral e tomou o poder à força, em **546 a.C.** Deu início a uma **tirania**, governo no qual o poder é conseguido de maneira ilegal. Psístrato exilou os eupátridas que se opuseram a ele e, para agradar e conseguir o apoio da maioria da população, mandou instalar canais para aumentar o abastecimento de água em Atenas e distribuiu as terras dos aristocratas exilados aos camponeses pobres.

Seu governo durou trinta anos e foi marcado por um forte incentivo à vida cultural. Realizou grandes obras de embelezamento na cidade de Atenas e popularizou os festivais de teatro.

O teatro

Em meio às disputas sociais, o teatro nasceu como um jogo, um concurso, nos festivais religiosos em honra a Dionísio, deus do vinho, da vegetação, do crescimento e da procriação. Dionísio seria a encarnação da embriaguez, do espírito selvagem, fonte da sensualidade e da crueldade. Todos os anos, o deus chegaria à Grécia, junto dos primeiros raios de sol da primavera, acompanhado por seu séquito de sátiros e ninfas e era saudado pelos fiéis com música, danças e vinho. Os gregos comemoravam o fim do inverno e celebravam o que lhes parecia um bem, a entrada da primavera.

Teatro de Éfeso, século VI-V a.C. Selcuk, Izmir (Turquia). 20 ago. 2017.

Este é um teatro grego em Éfeso (atual Turquia). Observe a forma de bacia, onde mais de 20 mil pessoas podem sentar para assistir às peças de teatro.

Em homenagem a Dionísio, organizava-se a Grande Dionisíaca: um concurso de peças teatrais.

Em 534 a.C., um grego chamado Téspis chegou a Atenas para participar da Grande Dionisíaca e teve uma ideia que faria história. Ele se colocou à parte do coro como solista, e assim criou o papel do ator, que apresentava o espetáculo e se envolvia em um diálogo com o coro.

Para agilizar a ação dramática, introduziu-se posteriormente um segundo ator e, mais adiante, um terceiro. Desse modo, tornou-se possível o diálogo entre pessoas. Mascarados, os atores gregos podiam desempenhar vários papéis na mesma representação. Assim o ator exercia a magia que fascinava a humanidade desde os primórdios: transformava-se em outra pessoa, transportando-se para outra realidade.

O nascimento da democracia

Em 527 a.C., Psístrato faleceu, deixando o poder para seus filhos, que, posteriormente, foram destituídos por **Clístenes**, apoiado pela aristocracia. O novo governante procurou realizar mudanças na política de Atenas, com o objetivo de conter as revoltas populares e evitar novas tiranias. Ampliou as reformas de Sólon, construindo uma **democracia**.

O conceito de democracia variou bastante ao longo da História. Teoricamente, democracia seria um regime de governo em que todos os cidadãos teriam uma parcela igual de poder. Apesar da importância da ideia de igualdade, várias sociedades que adotaram o regime democrático excluíram parcelas da população. No caso dos gregos de Atenas, não eram considerados cidadãos e, portanto, não tinham direitos políticos, as mulheres, os escravizados e os estrangeiros.

A democracia em Atenas era direta, ou seja, todos os cidadãos atenienses deveriam participar pessoalmente das assembleias em que se discutiam as leis. Ali os homens aprenderam a convencer uns aos outros por meio do debate, da polêmica, da capacidade de usar as palavras.

Arte na Grécia Antiga
Vídeo

TÁ LIGADO

10. Aponte os grupos sociais que estavam excluídos da participação política na democracia ateniense.

11. Explique o funcionamento da democracia ateniense.

ESPARTA: UM ESTADO FORTIFICADO

Enquanto Atenas ficou famosa por sua democracia, outra cidade-Estado grega destacou-se por seu caráter militar. Esparta localizava-se no interior, na parte continental da Grécia, na Península do Peloponeso (retome o mapa da página 113). Sua posição geográfica dificultava a prática do comércio marítimo. Assim, para resolver o problema da falta de terras, os espartanos conquistavam povos vizinhos por meio de guerras.

Os inimigos capturados nas batalhas, transformados em "servos do Estado", eram chamados de **hilotas**. Para conter a fúria de seus inúmeros escravizados, que, frequentemente, se revoltavam, os espartanos, com determinação e disciplina, transformaram sua sociedade em um acampamento militar.

Os hilotas eram os responsáveis pelo trabalho agrícola e o cuidado com os animais. O comércio era responsabilidade dos estrangeiros livres que pagavam impostos, mas não tinham direitos políticos, os chamados **periecos**.

Estado militar

Os espartanos eram treinados nas artes da guerra e ensinados a servir o Estado a partir dos sete anos de idade. As crianças eram separadas de sua família e passavam a viver em uma espécie de acampamento militar. Lá elas se exercitavam, competiam e suportavam desafios de resistência física, como a sobrevivência em um clima muito frio utilizando apenas uma túnica de tecido leve.

Por volta de 500 a.C., Esparta assumiu a liderança da **Liga do Peloponeso**, uma aliança das cidades-Estado gregas da Península do Peloponeso que comandava um exército terrestre superior a qualquer outra força militar grega. O medo constante de uma rebelião dos hilotas fazia os espartanos considerarem a Liga do Peloponeso um instrumento de defesa, e não de agressão.

Organização política

Em Esparta, ao contrário de Atenas, a política não era discutida pelos cidadãos. A criação das leis espartanas era atribuída a um legislador mítico chamado **Licurgo**, que teria vivido entre IX e VIII a.C.

Após a elaboração das leis, ele teria abandonado a cidade e, a partir daí, elas teriam se tornado inquestionáveis. As versões lendárias sustentam que vez por outra Licurgo aparecia para participar do Conselho de anciãos, que reunia os homens com mais de trinta anos escolhidos em uma assembleia militar. Caso fosse necessário, Licurgo modificava as leis, tornando-as novamente inquestionáveis.

A cidade era governada por dois reis. Um deles permanecia na cidade enquanto o outro lutava nas guerras.

Mulheres de Esparta

Desde a legislação atribuída a Licurgo, as mulheres possuíam papel de destaque em Esparta. Até os sete anos recebiam a mesma educação que os homens. Após essa idade, ocorria uma distribuição das funções.

Os homens dedicavam-se aos cuidados com a guerra e à política interna. As mulheres deviam dedicar-se a exercícios físicos para darem à luz filhos saudáveis e robustos e recebiam treinamento de guerra, caso fosse necessário defender a cidade. Elas podiam possuir propriedades e administravam os bens da família enquanto seus maridos participavam das atividades guerreiras.

A corredora, anônimo. Bronze, período arcaico, 520-500 a.C.

TÁ LIGADO?

12. Explique quem compunha os grupos de hilotas e periecos na sociedade espartana.

TÁ LIGADO?

13. Defina laconismo.
14. Relacione a pouca importância do comércio em Esparta ao laconismo.

Laconismo

Até os dias atuais, o adjetivo "espartano" é usado como sinônimo de simplicidade, pois assim era a vida dessas pessoas. O luxo, a riqueza e a ostentação eram proibidos. Todos os cidadãos que serviam o Exército possuíam uma pequena propriedade, doada pelo Estado. Nela produziam apenas o necessário para a sobrevivência de sua família. O comércio tinha pouca importância nessa sociedade e, ao contrário de outros gregos, utilizavam barras de ferro como dinheiro no lugar de moedas de ouro.

Desde pequenos, os espartanos eram treinados para falar pouco e respeitar os mais velhos. Também eram proibidos de se posicionar sobre assuntos políticos ou de criticar seus superiores. Em função do rigor das leis e da ausência de debates públicos em assembleias, os espartanos eram considerados lacônicos, ou seja, pessoas de "vocabulário curto". O laconismo tornou-se uma marca dessa sociedade.

A caça também era considerada um bom exercício de preparo para a guerra.

Espartanos perseguindo monstros mitológicos, anônimo. Kylix (cálice), cerâmica estilo figuras negras, c. 550-540 a.C.

Cavaleiro espartano, anônimo. Kylix (cálice), cerâmica estilo figuras negras, Grécia, c. 550-540 a.C.

EM DESTAQUE

Falando grego

Leia o texto a seguir e depois faça as atividades propostas.

Misterioso, estratégico, elétrico, heroico, crítico, bíblico, automático, patriótico, cristão e tropical. Todas essas palavras têm origem na língua grega. Essa talvez seja uma das provas mais vivas do quanto os gregos, que tanto valorizavam a palavra, estão presentes em nosso cotidiano.

Na conversa entre pessoas, quando uma fala algo incompreensível, é comum ouvir: "Acho que você está falando grego!" A expressão pode ter relação com o alfabeto grego, que, em um primeiro olhar, parece difícil de entender. Mas, de certa forma, todos falamos grego.

1. Tente identificar palavras de origem grega que foram utilizadas neste livro em outros capítulos. Procure pelo menos duas palavras em cada capítulo e elabore uma lista em seu caderno. Você pode consultar um dicionário para auxiliá-lo.

Veja exemplos de termos gregos e seus significados:
- *antropos*: homem
- *áristos*: excelente
- *arque*: antigo
- *biblio*: livro
- *hélios*: sol
- *hierós*: sagrado
- *litós*: pedra
- *logos*: razão, estudo
- *néos*: novo
- *pólis*: cidade
- *theos*: deus
- *meso*: meio
- *poli*: muitos
- *monos*: um

2. Pesquise imagens sobre o alfabeto grego em livros e na internet. No caderno, reproduza as letras.

PERÍODO CLÁSSICO

Durante o **Período Clássico** (séculos V e IV a.C.), a história grega alcançou o seu esplendor político e cultural. Esse período foi marcado pelo intenso contato entre as cidades gregas e pelos violentos conflitos entre elas.

Atenas tornou-se uma democracia em que as leis eram feitas e discutidas pelos próprios cidadãos. Esparta consolidou-se como uma das principais *póleis* gregas.

Além disso, os Jogos Olímpicos alcançaram maior importância. E isso aconteceu também com a Filosofia e com as Artes, especialmente em Atenas.

A FILOSOFIA GREGA

Ângulos, polígonos, poliedros, segmentos de retas, circunferências, retas paralelas, congruências e proporções. Boa parte da Geometria foi desenvolvida pelos gregos a partir da observação de construções da Antiguidade (as pirâmides, por exemplo) e de elementos da natureza.

Tais conhecimentos foram elaborados por filósofos. A palavra **filosofia** significa "amor pela sabedoria". Os filósofos gregos eram "buscadores e amantes da sabedoria". Eles observaram e analisaram o mundo usando a lógica e a razão. Muitos se dedicaram à Matemática, à Geometria e à Física.

Atenas tornou-se o principal centro filosófico da Grécia. A maioria dos filósofos nasceu ou viveu boa parte de sua vida na *pólis* ateniense, onde se desenvolveu fortemente o pensamento racional.

Amantes da sabedoria

Na história da Filosofia grega destacam-se três pensadores: Sócrates, Platão e Aristóteles. Os três viveram em Atenas durante a maior parte de suas vidas.

Sócrates (469?-399 a.C.) foi um dos primeiros grandes filósofos gregos. Criador do chamado método socrático, privilegiava a investigação e acreditava que o ser humano deveria buscar sempre aquilo que desconhecia.

Platão (427? a.C.-347? a.C.) foi aluno de Sócrates e o principal responsável por registrar a obra de seu mestre. Escreveu grande parte de suas ideias em forma de conversas, os chamados *Diálogos*. Sua obra mais famosa é a *República*. Nela discutiu o significado de justiça e a forma como as cidades deveriam ser governadas. Ele descreveu como deveria ser uma sociedade ideal. Essa obra teve grande impacto sobre a Filosofia e a teoria política ao longo da História.

Em outra obra, *Timeu*, procurou explicar a origem do Universo por meio de cinco poliedros: tetraedro (4 faces), cubo (6 faces), octaedro (8 faces), dodecaedro (12 faces) e icosaedro (20 faces).

Aristóteles (384 a.C.-322 a.C.) foi aluno de Platão. Dedicou-se a áreas mais práticas da Filosofia, como o funcionamento da natureza, e a questões relacionadas à ética e à política. Ele fundou sua própria escola, chamada Liceu. Acreditava que a razão era o atributo humano mais elevado e que era importante ter autocontrole. Aristóteles foi tutor de Alexandre, o Grande, imperador da Macedônia, de quem trataremos mais à frente.

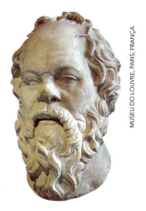

Busto de Sócrates. Mármore, cópia romana, século I.

Polígonos
Figuras planas formadas pelo mesmo número de ângulos e lados.

Poliedros
Sólidos geométricos compostos de número variável de faces.

Atributo
Qualidade, característica.

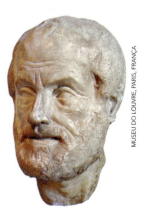

Busto de Aristóteles. Mármore, cópia romana, século I.

TÁ LIGADO

15. Relacione o desenvolvimento da Filosofia grega ao ambiente democrático de Atenas.

16. Desenhe um polígono e identifique os seus ângulos e lados.

17. Desenhe duas retas paralelas e uma circunferência.

A Escola de Atenas, Rafael Sanzio. Afresco, Palácio Apostólico, Vaticano, c. 1510.

Feita durante o Renascimento, um dos períodos da História mundial, a obra de Rafael Sanzio mostra como a Filosofia e seus estudiosos foram vistos pelos renascentistas. Nela, foram representados diversos filósofos gregos reunidos: **1** Epicuro; **2** Pitágoras; **3** Sócrates; **4** Heráclito; **5** Platão; **6** Aristóteles; **7** Euclides; **8** Hipátia.

OS JOGOS OLÍMPICOS E A INTEGRAÇÃO GREGA

Por mais de mil anos, os Jogos Olímpicos foram realizados a cada quatro anos durante o verão grego. Os jogos duravam sete dias. A Olimpíada (espaço de tempo) era o intervalo entre uma edição e outra dos jogos.

O objetivo desse evento era homenagear os deuses. Essas competições aconteciam na cidade de Olímpia, pois os gregos acreditavam que lá estariam mais próximos da morada dos deuses, localizada no alto de uma montanha sagrada, o Monte Olimpo.

O herói Átlios, um dos muitos filhos humanos de Zeus, teria instituído os jogos em memória de seu pai. Em suas origens, as competições denominavam-se **atlas**, e seus participantes, **atletas**.

Os primeiros Jogos Olímpicos da Antiguidade de que se tem registro ocorreram em 776 a.C. Na ocasião, apenas duas cidades enviaram representantes para participar dos jogos. A partir de então, cada vez mais cidades-Estado da Grécia Antiga passaram a fazer parte das competições.

Principais modalidades olímpicas

No início, disputavam-se apenas provas de corridas simples. Posteriormente, foram incluídas a corrida com armas, a luta (pugilato), o pentatlo (corrida, luta, arremesso de dardo, lançamento de disco e salto em extensão), o salto em altura e as corridas de cavalo, biga e quadriga.

As corridas eram muito apreciadas. A mais antiga e popular era o **dromo**, com percurso de 192,27 metros (praticamente os atuais 200 metros rasos).

Biga
Carro de duas rodas puxado por dois cavalos emparelhados.

Quadriga
Carro de duas rodas puxado por quatro cavalos emparelhados.

Era conhecida também pelo nome de **estádio**, porque correspondia à extensão da pista do estádio, a praça esportiva onde eram praticadas as corridas.

O **diaulo** ou duplo estádio tinha 384,50 metros de extensão e correspondia a duas pistas do estádio (400 metros rasos atuais). Entre as diversas corridas havia ainda a corrida hípica, em que o atleta percorria quatro vezes o percurso do dromo (800 metros rasos atuais).

Trégua e celebrações

Na semana dos jogos estabelecia-se uma trégua sagrada na Grécia Antiga. Seria um momento mágico de aproximação com os deuses e, com isso, garantia-se segurança aos competidores e aos espectadores. As diversas *póleis* deviam restringir as suas rivalidades às competições olímpicas.

Os jogos simbolizavam a força humana, o desenvolvimento do corpo com os valores do espírito e a integração das cidades do mundo grego. Visitantes e participantes vinham de longe. Competidores das colônias gregas espalhadas ao redor do Mediterrâneo também eram aceitos.

O estádio era uma arena esportiva construída em forma de ferradura. No estádio de Olímpia cabiam cerca de 50 mil pessoas. Longe da arena, a maioria dos espectadores tinha de encontrar um lugar para armar suas tendas ou dormir no chão áspero. Porém, os visitantes mais importantes e os atletas tinham quartos em pousadas e aposentos requintados.

Os vencedores eram premiados com uma coroa de folhas e, ao retornarem às suas cidades de origem, eram recebidos como heróis. Eram escolhidos para casar-se com mulheres ricas, desfrutavam de refeições gratuitas, convites para festas e os melhores lugares nos teatros.

Os jogos terminavam com uma grande festa. Vários animais eram assados. Comerciantes vinham de diversas partes para fazer negócios. Malabaristas e acrobatas realizavam apresentações e políticos discursavam para as multidões.

> **TÁ LIGADO?**
>
> **18.** Identifique as origens míticas dos termos "olímpico" e "atletas".
>
> **19.** Explique o significado da trégua entre as cidades-Estado durante os Jogos Olímpicos.

Os homens usavam tiras de couro enroladas em suas mãos e punhos.

Pugilistas, anônimo. Ânfora panatenaica, cerâmica estilo figuras negras, 336 a.C. (detalhe)

Lutadores, anônimo. Ânfora panatenaica, cerâmica estilo figuras negras, século VI a.C. (detalhe)

Premiação, anônimo. Cerâmica estilo figuras vermelhas, c. século V a.C. (detalhe)

Os persas

Por volta de 1500 a.C., alguns povos nômades de origem indo-europeia deslocaram-se para o oeste da Ásia, vindos, provavelmente, da Europa central.

Esses povos eram chamados de medos e de persas. Aos poucos se tornaram sedentários e fixaram-se na Ásia ocidental, na Cordilheira de Zagros, atualmente no Irã.

Por volta do ano 600 a.C., persas e medos se unificaram e passaram a ser governados por um único rei. A partir desse período, iniciaram sua expansão sob o governo do rei persa Ciro. Seu neto, que também se chamava Ciro, conquistou babilônios, assírios, hebreus, fenícios, sírios, lídios e gregos, localizados na região da atual Turquia.

Ciro II é lembrado como um grande rei. Ele unificou um grupo muito variado de culturas, com diferentes línguas e religiões. Seu governo foi marcado pela tolerância religiosa.

Após sua morte, em 530 a.C., seu filho Cambises assumiu o trono. Derrotou o poderoso exército egípcio e anexou o Egito ao Império Persa.

Seu primo e sucessor, Dario I, assumiu o trono e fundou uma capital para o Império, a cidade de Persépolis, construída com o auxílio de trabalhadores de todo o Império e embelezada por escultores gregos. Em 490 a.C., iniciou sua tentativa de conquistar a Grécia, no episódio conhecido como Guerras Médicas.

Os persas eram conhecidos apenas como medos pelos gregos, daí vem o nome Guerras Médicas ou Guerras Greco-Persas.

O território persa era dividido em províncias denominadas **satrapias**. Cada província era administrada por um governador denominado **sátrapa**.

A expansão persa é um importante capítulo da história dos hebreus. Segundo o livro de Esdras, da Bíblia, após conquistar a Babilônia, o imperador Ciro permitiu o restabelecimento das comunidades hebraicas na Palestina. Por volta de 515 a.C., durante o reinado de Dario I, o templo de Jerusalém foi reconstruído com o apoio da coroa persa.

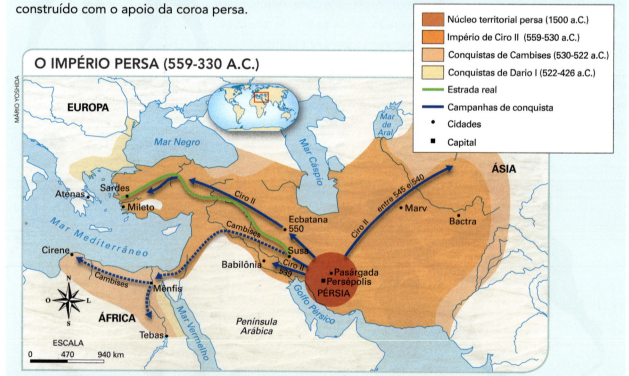

Fonte: Elaborado com base em KINDER, Hermann; HILGEMANN, Werner. *Atlas histórico mundial*. Madri: Akal, 2006.

AS GUERRAS GRECO-PERSAS

Houve outro momento em que os gregos precisaram se unir. Dessa vez, não por causa das Olimpíadas, mas por outra razão: enfrentar um inimigo comum – os persas.

Com a intenção de auxiliar os jônios a se livrarem do domínio dos persas, a cidade de Atenas enviou vinte navios para ajudar na revolta. Em resposta, Dario I, rei da Pérsia, enviou um pequeno exército à Grécia.

Em 490 a.C., na Planície de Maratona, o exército ateniense derrotou os persas. Dez anos mais tarde, Xerxes, filho de Dario I, organizou uma enorme força invasora, com cerca de 250 mil homens e mais de 500 navios, destinada a converter a Grécia em uma colônia. Sob a liderança dos atenienses, a maior parte das cidades-Estado uniu-se para defender sua independência.

Ao vencer o Exército persa, o general ateniense Milcíades pediu ao soldado corredor Fidípides que ele fosse da cidade de Maratona (observe o mapa acima) até Atenas para informar que haviam vencido a guerra. Fidípides correu cerca de 40 quilômetros que separavam as cidades e só teve tempo de pronunciar "vencemos", antes de cair morto. Não há comprovações de que esse fato tenha ocorrido, mas gerações e gerações ouviram essa história ser narrada.

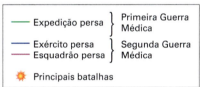

Fonte: Elaborado com base em *Atlas histórico*. São Paulo: Enciclopédia Britânica do Brasil, 1989.

Dario I, rei da Pérsia, e seu filho Xerxes I, anônimo. Relevo em calcário, Persépolis (Irã), século V a.C. (fragmento)

Dario I (sentado em seu trono) e seu filho Xerxes I (atrás) recebem um nobre em audiência.

A MATURIDADE DA DEMOCRACIA ATENIENSE

Após as guerras, a união entre os cidadãos de diferentes grupos sociais para vencer o inimigo fortaleceu ainda mais a democracia ateniense. Atenas passou a ser governada com base em princípios democráticos. As eleições para os cargos de magistrados eram diretas e as leis eram feitas pelos próprios cidadãos, não por representantes eleitos.

Na **Eclésia**, ou Assembleia Popular, da qual podiam participar todos os cidadãos adultos do sexo masculino, os atenienses discutiam e votavam soluções para os principais problemas do Estado – declaravam guerras, firmavam tratados e decidiam onde aplicar os recursos públicos. A Assembleia se reunia mais ou menos quarenta vezes por ano e dela participavam desde o mais pobre sapateiro ao mais rico comerciante. Todos tinham oportunidade de expressar sua opinião, votar e exercer um cargo no governo.

A **Bulé**, ou Conselho dos Quinhentos, fiscalizava a administração de Atenas e preparava as leis que seriam votadas pela Eclésia. Os membros da Bulé eram escolhidos anualmente por sorteio e não podiam assumir o mandato mais de duas vezes na vida. Cerca de 350 magistrados, também escolhidos por sorteio, desempenhavam funções administrativas.

Havia ainda a **Estratégia**, órgão composto de dez generais que tinham como função garantir a aplicação das leis e comandar o exército. Por causa da necessidade de conhecimentos militares especializados exigidos por seus cargos, esses generais não eram escolhidos por sorteio, mas eleitos pela Eclésia.

Aristocratas

Embora Atenas fosse administrada com base em um regime democrático, os aristocratas continuaram a dominar a vida política durante a maior parte do século V. Tanto os generais eleitos pela população como os políticos mais destacados da Eclésia provinham de famílias nobres (da aristocracia).

O estratego Péricles comandou Atenas entre 444 e 429 a.C. Grande orador e liderança política, contribuiu para o aperfeiçoamento da democracia ateniense defendendo a **meritocracia**, ou seja, os cargos públicos deveriam ser ocupados de acordo com as qualidades dos cidadãos, independentemente da sua riqueza.

Os estrangeiros residentes eram totalmente excluídos da cidadania e, portanto, da participação política. Os **escravizados**, que constituíam aproximadamente um quarto da população de Atenas, não desfrutavam de nenhuma das liberdades que os atenienses tanto valorizavam. Pelo contrário, os gregos consideravam a escravidão essencial à democracia. A existência de cativos, segundo os gregos, liberava ao cidadão tempo para se dedicar às atividades políticas e culturais.

Para os gregos, o trabalho manual era humilhante e tido como apropriado apenas para os escravizados, que realizavam as atividades artesanais e agrícolas. Prisioneiros de guerra, os cativos eram vendidos ou comprados em mercados como objetos.

Estratego
Título usado na Grécia Antiga para o cargo de general.

TÁ LIGADO

20. Organize um quadro explicativo sobre a Eclésia, a Bulé e a Estratégia atenienses. Seu quadro deve conter as seguintes informações:
a) definição;
b) participantes;
c) funções.

21. Os aristocratas foram completamente afastados das decisões políticas em Atenas? Justifique sua resposta.

A GUERRA DO PELOPONESO

Para enfrentar os persas nas Guerras Médicas (ou Greco-Pérsicas), entre 492 a.C. e 448 a.C., os governos das cidades-Estado gregas organizaram-se em uma confederação, a **Liga de Delos**, para se proteger do ataque da Pérsia. Mais de cem cidades gregas participaram.

Ao longo da guerra, a cidade de Atenas assumiu a liderança da confederação. Em grande parte em razão da força militar naval ateniense, a Liga conseguiu expulsar os persas e os piratas do Mar Egeu (reveja a localização de Atenas no mapa da página 113).

Por conta disso, a Liga de Delos se tornou um espaço geográfico no qual Atenas impunha seus interesses políticos e econômicos. O governo ateniense proibiu o desligamento das cidades-Estado da Liga e espalhou tropas por toda a Grécia, utilizando os recursos da Liga para financiar obras públicas.

Os Estados integrantes da Liga temiam a exploração e o domínio dos governantes atenienses. Quando diminuiu a ameaça persa, a reação à superioridade militar, política e econômica de Atenas cresceu particularmente em Esparta e entre seus aliados.

Os rivais dos atenienses criaram, então, a **Liga do Peloponeso**, uma força militar terrestre comandada por Esparta. Por sentir sua independência ameaçada pelo poder de Atenas, a Liga deu início à **Guerra do Peloponeso**, que durou 27 anos. A principal consequência desse conflito foi o enfraquecimento das cidades-Estado independentes, que, lutando entre si, acabaram se destruindo.

> **TÁ LIGADO?**
> 22. Explique o que foi a Liga de Delos.
> 23. Explique o que foi a Liga do Peloponeso.

Fonte: Elaborado com base em PARKER, Geoffrey. *Atlas Verbo de História Universal*. Lisboa/São Paulo: Verbo, 1996.

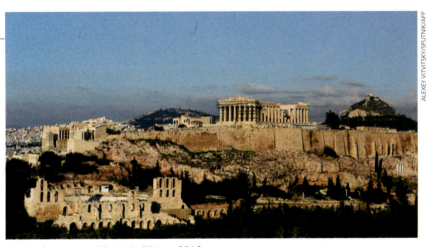

A acrópole era a parte mais alta das cidades da Grécia Antiga. Umas das principais obras realizadas com o dinheiro obtido pelos tributos pagos a Atenas pelos membros da Liga de Delos foi a reconstrução da acrópole, que havia sido destruída após dois ataques ocorridos durante as Guerras Médicas. O mais belo templo grego, considerado um orgulho para os atenienses, o Partenon, dedicado à deusa Atena, foi construído nessa época.

Acrópole. Atenas (Grécia), 27 jan. 2018.

A Grécia Antiga | CAPÍTULO 5

As mulheres atenienses

Além de ser marcado pela escravidão, o regime democrático de Atenas excluía as **mulheres**. Assim como os escravizados e os estrangeiros, elas não tinham cidadania. Não podiam participar da Assembleia nem exercer cargos administrativos. Geralmente, não podiam comparecer aos tribunais sem um representante masculino. Também estavam proibidas de possuir ou herdar bens.

As mulheres tinham poucas oportunidades para desenvolver seus talentos e raramente saíam de casa sem o consentimento dos maridos. Quando um homem levava convidados para casa, restava a ela supervisionar o preparo da comida, mas não podia se juntar a eles nem acompanhar o marido quando ele visitava os amigos. A esposa devia obediência ao marido. Atenas era uma sociedade sob o domínio do sexo masculino.

O legislador Sólon (638 a.C.-558 a.C.) regulamentou o lugar das mulheres na sociedade ateniense. O homem só poderia ter uma mulher – a esposa –, que lhe daria o herdeiro legítimo. As mulheres eram divididas entre as "boas" e as demais. As ditas "respeitáveis", que eram ou se tornariam esposas dos bravos atenienses, passavam a vida inteira confinadas em espaços especiais dentro de casa, sendo-lhes permitida a saída somente nos funerais, alguns festivais religiosos e alguns espetáculos teatrais.

Nos Jogos Olímpicos era proibida a participação das mulheres. E, para assisti-los, só era permitida a presença de mulheres solteiras, para aprender a admirar o sexo oposto. As mulheres desobedientes seriam atiradas ao mar, do alto de um rochedo.

Como se não bastasse estarem confinadas, não era permitido serem vistas ou ouvidas por estranhos. Essas mulheres de Atenas passavam a vida sob o controle dos homens. Quando solteiras, ficavam sob a guarda do pai; casadas, obedeciam aos maridos; se viúvas, respondiam ao filho mais velho.

Mulher fiando, atribuída a Brygos. Cerâmica estilo figuras brancas, Grécia, 490 a.C.

Mulheres tecendo lã. Frasco de óleo lekythos, atribuído a Amasis. Cerâmica estilo figuras negras. Período Arcaico. 550-530 a.C.

O ENFRAQUECIMENTO DAS CIDADES COM A GUERRA

Esparta, com apoio financeiro da Pérsia, impôs a rendição de Atenas, dissolveu a Liga de Delos, reduziu drasticamente a frota de navios atenienses e demoliu suas altas muralhas. Mas, apesar das exigências de alguns aliados, os espartanos não mataram os cidadãos nem escravizaram mulheres e crianças da população inimiga.

As cidades-Estado da antiga Liga de Delos, a essa altura extremamente fragilizadas, passaram a ser governadas por Esparta. Muitas tiveram seus governos democráticos substituídos por oligarquias espartanas. No entanto, a superioridade política de Esparta durou pouco, pois as cidades-Estado dominadas criaram novos sistemas de alianças e reiniciaram os conflitos. Isso permitiu que Tebas, antiga aliada de Esparta, se tornasse poderosa e temida.

TÁ LIGADO

24. Compare a condição social das mulheres em Esparta e em Atenas.

25. Explique o que provocou o enfraquecimento das cidades-Estado gregas.

O DOMÍNIO MACEDÔNICO

Enquanto as cidades gregas estavam envolvidas em guerras internas, surgia ao norte da Grécia Antiga uma nova potência: a **Macedônia**.

Para os gregos, os macedônicos eram povos bárbaros que habitavam as montanhas. Seu rei, Filipe II, havia sido refém durante três anos na cidade grega de Tebas. Lá teve contato com as táticas militares gregas, enquanto observava o enfraquecimento das cidades nas guerras.

Em 359 a.C., com apenas 23 anos de idade, Filipe II transformou a Macedônia em uma potência militar e deu início à conquista da Grécia. Aos poucos, estendeu seu império a todas as cidades gregas e, quase vinte anos depois, em 338 a.C., concluiu a conquista. As cidades-Estado perderam a independência. A cultura grega antiga deixava de ser apenas um privilégio dos gregos.

> **TÁ LIGADO?**
>
> 26. Como os macedônios eram tidos pelos gregos?
> 27. Aponte os efeitos da conquista macedônica para as cidades gregas.
> 28. Aponte as características da formação cultural do rei Alexandre.

A EXPANSÃO MILITAR

Em 336 a.C., Filipe II da Macedônia foi assassinado. Subiu ao trono seu filho **Alexandre** (356-323 a.C.), de apenas vinte anos.

O jovem Alexandre teve contato com os poemas de Homero, apresentados a ele por seu professor, o filósofo grego Aristóteles. Em 335 a.C., inspirado pelas histórias dos heróis gregos que conheceu durante sua infância, Alexandre deu continuidade às conquistas de seu pai no comando de um exército de 35 mil homens. Seu objetivo: derrotar os persas.

Além de soldados, levou em sua comitiva filósofos para estudar as regiões por onde passava. Após conquistar o litoral da Ásia Menor (região da atual Turquia), as tropas macedônicas marcharam contra a Síria e derrotaram o exército persa. Também conquistaram o Egito, onde foi fundada uma nova cidade, **Alexandria**.

Em seguida, o Exército de Alexandre dirigiu-se à Ásia. Quando o imperador anunciou seus planos de chegar até a Índia, suas tropas, exaustas e distantes de casa, recusaram-se a continuar. Cedendo aos desejos dos soldados, Alexandre retornou à Grécia em 324 a.C., quase dez anos depois do início de suas conquistas.

Síntese cultural

As conquistas militares macedônicas construíram um Império que se estendia desde a Grécia até a Índia. Suas conquistas aproximaram o Ocidente e o Oriente.

Alexandre também participou dessa transformação: casou-se com uma persa e organizou o casamento de 80 de seus oficiais e 10 mil de seus soldados com mulheres orientais, além de incorporar 30 mil jovens persas a seu exército. Fundou cidades de estilo helênico na Ásia, onde os colonos gregos se misturaram aos orientais. Assim, as populações dominadas por Alexandre assimilaram os costumes e hábitos da Grécia Antiga.

Alexandre, o Grande, atribuído a Filoxeno de Eretria. Mosaico, c. século I a.C. (detalhe)

O IMPÉRIO DE ALEXANDRE MAGNO (SÉCULOS 334-323 A.C.)

Fonte: Elaborado com base em PARKER, Geoffrey. *Atlas Verbo de História Universal*. Lisboa/São Paulo: Verbo, 1996.

Com um batalhão de 35 mil homens, Alexandre percorreu 6 400 quilômetros em uma campanha que durou mais de dez anos.

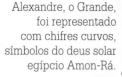

Moeda de prata com o rosto de Alexandre. Grécia, 305-281 a.C.

Alexandre, o Grande, foi representado com chifres curvos, símbolos do deus solar egípcio Amon-Rá.

A morte de Alexandre, em 323 a.C., encerrou o curto período de unidade política do seu Império. Lutas entre generais pela sucessão ao trono levaram-no à divisão, porém, com as conquistas nascera uma nova cultura na Antiguidade, que combinava elementos gregos e orientais, denominada cultura helenística, e que se estendia pela Síria, Egito, Ásia Menor e, posteriormente, pelo Império Romano.

A CULTURA HELENÍSTICA

A cultura grega espalhava-se e misturava-se com as tradições orientais. No Oriente, foram fundadas cidades-Estado. Assimilando hábitos e costumes dos povos orientais, milhares de gregos estabeleceram-se nessas cidades, que possuíam escolas, templos, teatros e ginásios de arquitetura grega.

A mais populosa cidade do Mediterrâneo e uma das mais representativas do helenismo foi **Alexandria**, no Egito: um centro de comércio e de cultura. Contava com cerca de 1 milhão de habitantes: egípcios, persas, macedônios, gregos, judeus, sírios e árabes. Atraía poetas, filósofos, médicos, astrônomos e matemáticos. Sua biblioteca foi a maior do mundo antigo. Outra atração da cidade era o Farol, com mais de cem metros de altura, considerado uma das Sete Maravilhas do Mundo antigo.

Além do modelo de construção de cidades e de seu conhecimento, os gregos antigos espalharam seu idioma em torno do Mar Mediterrâneo. Os historiadores escreviam em grego a história do mundo, e não apenas sobre seus locais de origem.

Nas palavras de Crates, pensador grego do século IV a.C.: "Minha pátria não tem apenas uma torre, não tem apenas um teto. Minha cidade é o mundo inteiro, um lar onde todos podem viver". De certo modo, era a variação de uma frase atribuída ao filósofo Sócrates: "Não sou de Atenas, nem da Grécia, mas do mundo".

TÁ LIGADO

29. Apresente a principal característica da cultura helenística.

30. Analise e discuta as frases de Crates e de Sócrates apresentadas nesta página.

ANÁLISE DE IMAGEM

Laocoonte e seus filhos

Material: Mármore (cópia romana)

Dimensões: 1,84 m de altura

Datação: c. século I a.C.

Escultores: Hagesandro, Atenodoro, Polidoro

Esta obra é mencionada na *História Natural*, de Plínio, o Velho, na qual relata que ela se encontrava, originalmente, na residência do imperador romano Tito. Plínio atribui sua autoria aos escultores Hagesandro, Atenodoro e Polidoro, da Ilha de Rodes.

A escultura foi encontrada em 1506, em Roma, nas ruínas do palácio de Tito. O Papa Júlio II a enviou, para atestar autenticidade, a seu arquiteto Michelangelo Buonarroti, que ficou muito impressionado. O Papa, então, adquiriu o conjunto, que ficou exposto no Museu do Vaticano até 1799, quando Napoleão Bonaparte o levou como espólio de guerra para o Museu do Louvre. A devolução ao Museu do Vaticano foi feita em 1816, após o Congresso de Viena. Cabe ainda ressaltar a sua grande influência na obra posterior do artista Michelangelo, bem como a de sua estética helenística para os caminhos que a arte trilharia nos séculos seguintes.

1 Primeiro olhar:

O episódio representado pela obra é descrito na *Eneida*, de Virgílio, e remonta à Guerra de Troia. Laocoonte era um sacerdote troiano que, prevendo que o cavalo de madeira deixado às portas da cidade de Troia era uma armadilha, tenta alertar seus compatriotas do perigo. Como castigo, Atena envia duas serpentes contra Laocoonte e seus filhos.

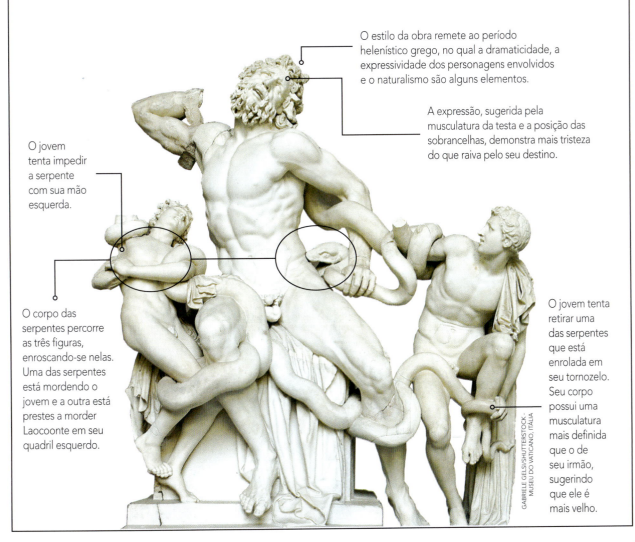

- O estilo da obra remete ao período helenístico grego, no qual a dramaticidade, a expressividade dos personagens envolvidos e o naturalismo são alguns elementos.
- A expressão, sugerida pela musculatura da testa e a posição das sobrancelhas, demonstra mais tristeza do que raiva pelo seu destino.
- O jovem tenta impedir a serpente com sua mão esquerda.
- O corpo das serpentes percorre as três figuras, enroscando-se nelas. Uma das serpentes está mordendo o jovem e a outra está prestes a morder Laocoonte em seu quadril esquerdo.
- O jovem tenta retirar uma das serpentes que está enrolada em seu tornozelo. Seu corpo possui uma musculatura mais definida que o de seu irmão, sugerindo que ele é mais velho.

ÍNDIA E CHINA: O ESPLENDOR CULTURAL DO SÉCULO V A.C.

O século V a.C. é um dos mais interessantes do ponto de vista cultural, sendo marcado pelo surgimento de muitas discussões filosóficas.

Na Grécia, é o período da vida de Sócrates e Platão, da liderança política de Péricles em Atenas, do desenvolvimento das artes e da arquitetura.

Mas essa efervescência não se registrou apenas no mundo grego. Mais ou menos no mesmo período, o Império Persa atingia também um intenso desenvolvimento e extensão com Dario I e Xerxes e o fortalecimento do masdeísmo, religião muito importante na região até o século VII d.C.

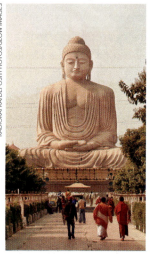

Estátua de Buda de 24,38 m no centro de peregrinação. Bodhgaya, Bihar (Índia), 08 jan. 2013.

BUDISMO E CONFUCIONISMO

Na região da Índia, as orientações e os exemplos atribuídos a Sidarta Gautama, conhecido como **Buda**, estabeleceram uma maneira humilde de procurar o desenvolvimento espiritual. O **budismo**, como ficaram conhecidas essas orientações, era inicialmente uma filosofia. A partir do século XIX d.C., tornou-se uma das mais importantes religiões do mundo, espalhando-se por China, Japão, Coreia e diversos outros países asiáticos.

Na China, Kung-Fu-Tzu, conhecido no Ocidente como Confúcio, também desenvolveu uma filosofia que defendia as virtudes morais, a bondade e o desenvolvimento da educação dos indivíduos. Seus ensinamentos acabaram constituindo o chamado **confucionismo**, que se tornou a religião oficial da China no século III a.C. e se difundiu por Vietnã, Coreia e Japão.

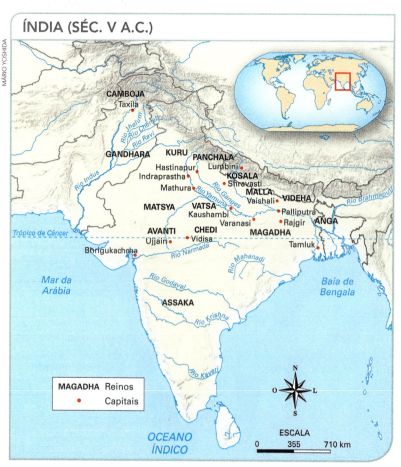

Apesar das diferenças entre os ensinamentos de Confúcio e Sidarta Gautama, os dois procuravam apresentar alternativas às situações de guerras internas e conflitos vividos na Índia e na China. Ambos, de certo modo, defendiam que seria possível alcançar a paz interior mesmo em sociedades dominadas pela violência.

Fonte: Elaborado com base em BLACK, Jeremy (Dir.). *World History Atlas*. London: DK Book, 2008.

A SOCIEDADE DE CASTAS NA ÍNDIA

Povos arianos chegaram ao Vale do Indo em torno de 1500 a.C. Os arianos participaram da mesma grande migração de povos indo-europeus que se deslocaram da Europa central e estabeleceram o núcleo da sociedade persa no sudoeste da Ásia.

Os arianos dominaram os primeiros habitantes da Índia (ver p. 58) e estabeleceram pequenos povoados na região que depois se transformaram em cidades-Estado e pequenos reinos. Substituíram os antigos chefes e grandes chefes, **rajás** e **marajás**, e difundiram os princípios do **bramanismo**.

De acordo com os **Vedas**, livros escritos entre XII a.C. e V a.C., que contêm escritos sagrados dessa religião politeísta, o mundo teria sido criado pelo deus Brahma. O deus criador teria dividido a sociedade ariana em cinco grupos: **brâmanes** (sacerdotes); **chátrias** (guerreiros); **vaixás** (comerciantes); **sudras** (trabalhadores e escravizados); **párias** (não arianos marginalizados).

Esse tipo de divisão social é denominado **sociedade de castas**, porque é composto de grupos sociais fechados que possuem as mesmas funções ou profissões e transmitem sua condição aos filhos de forma hereditária. Nessa sociedade, um integrante de uma casta não pode se casar com membros de outra casta.

No século V a.C., ocorreu a expansão do Reino de Magadha, que conquistou os demais domínios da região. Tal expansão permitiu o desenvolvimento econômico da região, com o aumento das atividades mercantis. No entanto, esse período foi marcado pelas lutas e guerras internas, ambiente no qual viveu Sidarta Gautama, o Buda, pertencente a uma família de nobres e que se desapegou de sua condição social e de seus bens.

Página do antigo texto em sânscrito, extraído do manuscrito Atharva-Veda. Pergaminho. Códice Cashmiriensis, fólio 187a, c. Século XII a.C. Coleção privada.

Sociedade de castas

Os arianos foram hierarquizados conforme cada elemento do corpo de Brahma, o deus criador do hinduísmo:

Brâmanes (*Brahmin*) nasceram da boca de Brahma – elite composta de sacerdotes, professores e filósofos. Somente eles podem estruturar as cerimônias religiosas e transmitir o legado sagrado para o povo.

Chátrias (*Kshatriya*) nasceram dos braços de Brahma, membros das instituições políticas e militares, dependentes das orientações transmitidas pelos brâmanes.

Vaixás (*Vaishas*) nasceram das coxas de Brahma, responsáveis pelas atividades comerciais e agrícolas.

Sudras (*Shudras*) nasceram dos pés de Brahma, constituindo os camponeses, trabalhadores fabris e artesãos, comerciantes.

Párias (*Dalit* ou intocáveis) nasceram da poeira debaixo do pé de Brahma. São considerados impuros, por isso têm de lidar com o que é considerado imundo socialmente – limpar esgotos, coletar o lixo, manipular os mortos.

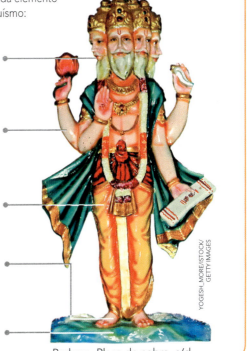

Brahma. Placa de cobre, s/d.

A SOCIEDADE CHINESA

Fonte: Elaborado com base em BLACK, Jeremy (Dir.). *World History Atlas*. London: DK Book, 2008; PARKER, Geoffrey. *Atlas Verbo de História Universal*. Lisboa/São Paulo: Verbo, 1996.

Após as primeiras povoações estabeleceram-se ao longo do Vale do Rio Amarelo, em torno de 6000 a.C. A primeira unificação chinesa teria ocorrido em torno de 1800 a.C. sob a lendária dinastia Xia.

A dinastia Shang, a primeira dinastia histórica chinesa, estabeleceu-se em torno de 1500 a.C. A partir de então, sucederam-se diversas dinastias até o século V a.C., quando tem início um período de intensos conflitos internos e disputas pelo controle da região. O período entre os séculos V e III a.C. é conhecido como **Época dos Reinos Combatentes**. É o período de difusão do confucionismo na China.

No século III a.C. estabeleceu-se na China o seu primeiro Império, sob a dinastia Qin. O território chinês foi dividido em províncias dirigidas por uma camada de funcionários subordinados diretamente ao imperador. Esse também é o período de início da construção da famosa Muralha da China, para proteger os domínios do Império de avanços estrangeiros.

Ao final do século III a.C., a dinastia Han assumiu o poder da China e organizou um eficiente sistema administrativo para o Império. Com a dinastia Han, o confucionismo tornou-se a religião oficial da China.

Os chineses chamavam sua terra de "Reino do Meio", porque acreditavam que ela se localizava no centro do mundo. O **imperador** era tido como um ser divino, "Filho do Céu". Logo abaixo dele, na escala social, encontravam-se os nobres, em geral grandes proprietários de terras, e os altos funcionários reais, conhecidos como mandarins. A seguir vinham os comerciantes, artesãos e médios e pequenos funcionários. Abaixo desses figuravam os camponeses e, por fim, os escravizados.

Além da agricultura e da pecuária, a sociedade chinesa desenvolveu a técnica da fabricação da seda (extraída do casulo do bicho-da-seda), a produção de papel e importantes ferramentas e invenções como a pólvora e a bússola.

A Grande Muralha da China, seção Huangyaguan, Província de Tianjin (China), 2018.

QUEBRA-CABEÇA

1. Releia o quadro complementar "Os persas" (p. 122). Agora, resolva as questões:
   a) Organize as datas citadas em uma sequência cronológica e construa uma linha do tempo em seu caderno.
   b) Converta para séculos (em algarismos romanos) as datas que você organizou na atividade anterior. (Retome as tabelas da página 23.)
   c) Explique como o Império Persa era administrado.

2. Apesar de a política em Atenas ter como base a democracia, existia a prática da escravidão. Como isso era justificado pelo cidadão ateniense na época?

3. *Dromo* significa corrida. A palavra está presente no nosso vocabulário para designar espaços reservados para determinadas práticas esportivas. Cite pelo menos três exemplos dessas palavras e apresente os seus significados.

4. Explique o que era a *pólis* na Grécia Antiga.

5. Compare a organização política das *póleis* gregas com as cidades-Estado, mesopotâmicas e fenícias, estudadas no capítulo 3.

6. Defina cada um dos conceitos abaixo e organize um pequeno dicionário conceitual em seu caderno:
   - *pater familias*
   - *oikos*
   - *pólis*
   - eupátridas
   - metecos
   - democracia ateniense
   - hilotas
   - periecos
   - laconismo
   - Filosofia
   - satrapias
   - Eclésia
   - Bulé
   - Estratégia
   - Liga de Delos
   - Liga do Peloponeso
   - budismo
   - confucionismo
   - bramanismo
   - brâmanes
   - chátrias
   - vaixás
   - sudras
   - párias
   - sociedade de castas
   - mandarins

7. Como vimos, a geometria dos gregos era fortemente influenciada por considerações filosóficas. Pesquise os cinco poliedros com os quais Platão defendia ser possível relacionar a origem do Universo (p. 119). De posse dessas informações:
   a) pesquise trechos de filósofos gregos e selecione pequenas frases que você considere mais significativas do pensamento de cada um deles.
   b) pesquise trechos das obras gregas *Ilíada* e *Odisseia* e selecione pequenas frases que você considere mais significativas de partes dessas histórias.
   c) escolha duas imagens das *póleis* gregas que você considera mais significativas para entender essas sociedades.
   d) construa um dos poliedros com cartolina. Em cada face do poliedro cole um trecho de um filósofo, uma passagem da *Ilíada* ou da *Odisseia* e uma imagem. Dependendo do sólido que você escolher, haverá um número maior de faces a serem preenchidas com esses materiais.
   e) organize uma exposição com os trabalhos.

8. Pesquise sobre o budismo e o confucionismo e procure explicar por que essas doutrinas desenvolveram-se em ambientes de tão grande instabilidade política e social.

9. Vamos construir nossos *tags*. Siga as instruções do *Pesquisando na internet*, na seção **Passo a passo** (p. 7), utilizando as palavras-chave abaixo:

   Apolo
   Atena
   Zeus
   Poseidon
   Hera
   Ares
   Afrodite

LEITURA COMPLEMENTAR

A CIDADE GREGA

Leia com atenção o texto a seguir e depois responda às questões propostas.

Orgulhosos de serem cidadãos livres, os atenienses talvez ainda sintam mais orgulho de serem cidadãos iguais. [...] Tão longe estão de ostentar títulos de nobreza, que, pelo contrário, se ignoram até os nomes de família e todo ateniense, indistintamente, junta ao seu nome pessoal o nome do *demos* [divisão administrativa da cidade de Atenas] a que pertence. [...] o Estado não conhece famílias, mas unicamente indivíduos, [já] que todos têm o mesmo valor. A todos assistem os mesmos direitos. Podem entrar na Assembleia para, se assim o quiserem, fazer uso da palavra, e também para votar [...]. Tomam parte nas festas públicas, nos sacrifícios, nos jogos, nas representações teatrais [...].

GLOTZ, Gustave. *A cidade grega.*
São Paulo: Difel, 1980. p. 108.

PONTO DE VISTA

O homem é a medida de todas as coisas

 OBSERVE AS IMAGENS

Na religião grega, um homem como o herói Ulisses, da *Odisseia*, poderia enfrentar os deuses ou ser mais hábil que eles. No teatro grego, a grande questão é o drama humano. Nos Jogos Olímpicos, os participantes buscavam demonstrar toda sua capacidade física a ponto de serem comparados aos heróis. Na política, os homens eram responsáveis pelas leis. Essa maneira de os gregos enxergarem o mundo produziu uma arte preocupada em retratar o ser humano.

Na escultura, o modo como os gregos antigos retratavam o corpo humano teve forte influência em toda arte ocidental. Suas primeiras estátuas, como o *Kouros* (em português, "moço"), imagem ❷, eram baseadas em modelos egípcios (imagem ❶). A escultura foi produzida no século VI a.C., momento em que a democracia grega estava sendo construída.

Aos poucos as linhas tornaram-se mais suaves, como vemos na escultura intitulada *Rapaz de Krítio*, do escultor Krítio (imagem ❸). Ela é do início do século V a.C., momento das Guerras Médicas.

Na Geometria, as referências humanas também estão presentes. O termo "isósceles" pode ser traduzido também por pernas de mesmo comprimento, associando os lados de um triângulo às pernas humanas.

Miquerinos. Escultura em grauvaca, IVª dinastia, c. 1490 a.C.

Kouros. Mármore, c. 590-580 a.C.

Rapaz de Krítio. Mármore, c. 480 a.C.

1. Releia o texto e enumere as características da democracia ateniense que ele apresenta.
2. O autor afirma que em Atenas todos teriam os mesmos direitos. Localize no capítulo, e anote no seu caderno, argumentos comprovando que essa afirmação do autor não está completamente correta.
3. Como funciona a política em seu município? Em duplas, pesquisem a esse respeito em jornais, revistas ou outras publicações e entrevistem professores, funcionários ou colegas em sua escola. Registrem em seus cadernos o que vocês descobriram.
4. Que órgãos de seu município têm funções semelhantes às da Eclésia, da Bulé e da Estratégia de Atenas?

1. De acordo com o texto, por que os gregos se preocupavam em retratar o ser humano em suas obras de arte?
2. Identifique as atividades retratadas nas imagens ❹ e ❺.
3. Por meio da observação das imagens e dos conhecimentos acerca da Grécia Antiga, pode-se afirmar que os gregos valorizavam exclusivamente a cultura física? Justifique.

Aquiles e Ajax jogando dados, atribuída a Exékias. Ânfora, cerâmica estilo figuras negras, 540-530 a.C.

Cena de luta, anônimo. Placa em relevo, 510-500 a.C.

PERMANÊNCIAS E RUPTURAS

Mulheres de Atenas

 OBSERVE AS IMAGENS

Chico Buarque de Hollanda e Augusto Boal

Mirem-se no exemplo
Daquelas mulheres de Atenas
Vivem pros seus maridos
Orgulho e raça de Atenas
Quando amadas, se perfumam
Se banham com leite, se arrumam
Suas melenas
Quando fustigadas não choram
Se ajoelham, pedem, imploram
Mais duras penas
Cadenas
Mirem-se no exemplo
Daquelas mulheres de Atenas
Sofrem pros seus maridos
Poder e força de Atenas
Quando eles embarcam soldados
Elas tecem longos bordados
Mil quarentenas
E quando eles voltam, sedentos
Querem arrancar, violentos
Carícias plenas, obscenas
Mirem-se no exemplo
Daquelas mulheres de Atenas
Despem-se pros maridos
Bravos guerreiros de Atenas
Quando eles se entopem de vinho
Costumam buscar um carinho
De outras falenas
Mas no fim da noite, aos pedaços
Quase sempre voltam pros braços
De suas pequenas
Helenas

Mirem-se no exemplo
Daquelas mulheres de Atenas
Geram pros seus maridos
Os novos filhos de Atenas.
Elas não têm gosto ou vontade
Nem defeito nem qualidade
Têm medo apenas.
Não têm sonhos, só têm presságios.
O seu homem, mares, naufrágios...
Lindas sirenas
Morenas
Mirem-se no exemplo
Daquelas mulheres de Atenas
Temem por seus maridos
Heróis e amantes de Atenas
As jovens viúvas marcadas
E as gestantes abandonadas
Não fazem cenas
Vestem-se de negro, se encolhem
Se conformam e se recolhem
Às suas novenas
Serenas
Mirem-se no exemplo
Daquelas mulheres de Atenas
Secam por seus maridos
Orgulho e raça de Atenas

Mulheres de Atenas. *Meus caros amigos* (1976). (CD), de Chico Buarque, Philips.

1. Após a leitura atenta da letra da canção de Chico Buarque, transcreva no seu caderno duas

TRÉPLICA

 Filme

Asterix nos Jogos Olímpicos
França/Alemanha/Espanha/Itália/Bélgica, 2008.
Direção de Frédéric Forestier e Thomas Langmann.

Asterix e Obelix, personagens de quadrinhos de René Goscinny (histórias) e Albert Uderzo (ilustrações), embarcam em uma nova aventura em que terão de vencer os Jogos Olímpicos para que o jovem gaulês Apaixonadix possa se casar com a princesa Irina e derrotar o terrível Brutus. Este, no entanto, também está pronto para usar todos os estratagemas para ganhar os jogos e livrar-se de seu pai, Júlio César.

 Livros

Grécia e Roma
FUNARI, P. P. São Paulo: Contexto, 2006.

Asterix nos Jogos Olímpicos
GOSCINNY, R.; UDERZO, Albert. Rio de Janeiro: Record, 2008.

situações que revelam, na sua opinião, a opressão vivida pelas mulheres em Atenas.

2. Compare as escolhas que você realizou com as de seus colegas.

3. Com base na letra da canção e também nas informações deste capítulo, escreva um pequeno texto descrevendo a situação das mulheres em Atenas, na Grécia Antiga.

4. A participação das mulheres ainda é marcada por preconceitos por parte da nossa sociedade? Justifique sua resposta.

5. Cite três mulheres de destaque na sociedade brasileira nos dias de hoje. Quais são as qualidades dessas mulheres?

Joanna Maranhão, medalha de prata nos 200 m borboleta na disputa da natação. Jogos Pan-Americanos. Toronto (Canadá), 14 jul. 2015.

Rafaela Silva na final do judô, categoria 57 kg feminino, Jogos Olímpicos Rio 2016. Rio de Janeiro (Brasil), 08 ago. 2016.

Ingrid Oliveira durante a competição na Plataforma Feminina de 10 m Preliminares de mergulho, Maria Centro Aquático, Jogos Olímpicos Rio 2016, Rio de Janeiro (Brasil), 17 ago. 2016.

Ane Marcelle Dos Santos durante o período de Rodadas de Eliminação Individual, Jogos Olímpicos Rio 2016, Rio de Janeiro (Brasil), 08 ago. 2016.

A democracia grega
FEIJÓ, M. C. São Paulo: Ática, 2004.

Ruth Rocha conta A Odisseia
ROCHA, R. São Paulo: Cia. das Letrinhas, 2000.

 Sites
(Acessos em: 29 jun. 2018)

<http://goo.gl/oZNVHB>
Site com informações sobre a história dos Jogos Olímpicos, desde Atenas, 1896, até Pequim, 2008. Em português.

<http://goo.gl/hpQViV>
O portal disponibiliza obras de arte, pontos de referência e patrimônios mundiais, bem como exposições digitais que contam a história por trás dos acervos de museus e instituições culturais em todo o mundo. Em português.

3º Bimestre
CAPÍTULO 6 — Roma Antiga

PORTAS ABERTAS

OBSERVE AS IMAGENS

1. Identifique os elementos e a data de cada uma das edificações romanas.

2. Aponte as funções e os significados de cada uma dessas edificações na cultura romana.

Pont du Gard (aqueduto romano). Nîmes (França), construído no século I a.C. (foto de 2015).

Terma romana. Villa Adriana (Itália), século I a.C. (foto de 2015).

Coliseu. Roma (Itália), c. 96 d.C. (foto de 2015).

Panteão de Roma. Itália, c. 125-118 a.C. (foto de 2015).

Loba Capitolina. Escultura em bronze, c. século V a.C.

MUSEU CAPITOLINO, ROMA, ITÁLIA

A história dos gêmeos Rômulo e Remo é constante na arte da Roma Antiga. Durante muito tempo, os gêmeos teriam sido alimentados por uma loba, animal sagrado para os romanos.

AS ORIGENS LENDÁRIAS DE ROMA

A lenda da formação de Roma está relacionada a Eneias, guerreiro troiano que o deus Poseidon teria impedido de ser morto pelo herói Aquiles, e aos gêmeos Rômulo e Remo, que teriam sido amamentados por uma loba.

Eneias era filho de Afrodite (Vênus para os romanos) e do príncipe troiano Anquises. Eneias partiu de Troia e desembarcou na Península Itálica para fundar uma nova Troia com um grupo de troianos, entre os quais seu filho Ascânio.

Na região governada pelo rei Latino, Eneias casou-se com Lavínia, filha de Latino, com quem teria tido um segundo filho: Sílvio. Após governar os latinos por três anos, Eneias abdicou do trono em favor de Ascânio, e retornou à Grécia para reconstruir Troia. Ascânio teria fundado, então, a cidade de Alba Longa. Após sua morte, seu meio-irmão Sílvio tornou-se o rei dos latinos.

RÔMULO E REMO

Após diversas gerações de reis, o trono teria sido usurpado por Amúlio. Sua sobrinha, Reia Sílvia, teria sido seduzida pelo deus da guerra Marte (Ares na mitologia grega) e dado à luz os gêmeos Rômulo e Remo.

Temendo ser destituído pelos gêmeos, Amúlio mandou matá-los. No entanto, o súdito encarregado da tarefa abandonou os recém-nascidos numa cesta às margens do Rio Tibre. Atraída pelo choro das crianças, uma loba encontrou-as e tratou-as como seus filhotes, amamentando-as e protegendo-as. Tempos depois, as crianças foram encontradas por um pastor de ovelhas que as criou.

Em idade adulta, Remo foi preso, acusado de roubo e levado à presença do rei Amúlio. Rômulo dirigiu-se a Alba Longa, matou Amúlio e libertou seu irmão.

Os irmãos foram orientados pelos deuses a fundar uma nova cidade, mas se enfrentaram pelo direito de comandar a fundação. Rômulo estabeleceu o local e o traçado de sua muralha de proteção e definiu o nome da nova cidade: Roma.

Remo teria ultrapassado a muralha armado (ou escalado a muralha, dependendo da versão) e desrespeitado a vontade do irmão. O conflito entre os gêmeos resultou na morte de Remo e na consolidação do poder de Rômulo.

O rapto das sabinas

A nova cidade era habitada por homens oriundos de Alba Longa. Rômulo preparou uma festividade em homenagem a Netuno e convidou os sabinos. Enquanto transcorriam as festividades, os seguidores de Rômulo raptaram as mulheres dos sabinos, tomando-as por esposas.

Quando os sabinos descobriram a armadilha dos romanos, armaram-se e dirigiram-se para a cidade. No entanto, as sabinas teriam se posicionado a favor dos romanos e impedido que a guerra fosse desencadeada. Com isso, os romanos puderam iniciar o povoamento e a expansão territorial sobre a região.

Rômulo estabeleceu, então, uma divisão do poder. Teria escolhido os 100 mais importantes líderes entre os chefes das famílias para servi-lo. Foram chamados de **patrícios**, os pais de Roma. A lenda serviria para justificar as divisões sociais e o controle do poder político.

> **TÁ LIGADO?**
> 1. Identifique quem eram os patrícios.
> 2. Como a lenda sobre o assassinato de Remo relaciona-se com a cidade de Roma e os seus generais?

Decifrando as lendas

Pode-se perceber a vinculação dos mitos de fundação de Roma às lendas gregas. Muito da cultura romana, a começar pelas divindades, tem semelhanças com a cultura grega. Pelas suas semelhanças e correspondências, costuma-se falar em uma **cultura greco-romana**.

O assassinato de Remo foi interpretado como a proibição de ultrapassar armado as muralhas urbanas. Uma proibição que visava impedir que generais poderosos tomassem o poder em Roma ao invadi-la com seus exércitos.

Ao erguer as muralhas, Rômulo delimitou o interior da cidade. Esse gesto pode significar também a fixação de um grupo de pastores seminômades em uma cidade. O irmão, que não quis aceitar as novas condições e o novo estilo de vida, acabou morto.

O episódio das sabinas revela o processo de fusão entre os romanos e os povos sabinos, que se consolidou em torno da fundação de Roma.

Os estudos arqueológicos apontam que, por volta do século VIII a.C., a região da Antiga Roma era habitada por comunidades de camponeses. Às margens do Rio Tibre, os **latinos** pastoreavam seus rebanhos; os **sabinos** comercializavam o sal da costa e o transportavam rio acima; e os **etruscos** vinham do norte para vender seus produtos manufaturados às populações ribeirinhas.

Provavelmente, Roma originou-se com a fixação dos latinos, que estabeleceram, no século VIII a.C., um núcleo populacional composto de agricultores e criadores de gado. Ao norte e ao sul, encontravam-se cidades etruscas e gregas cujas sociedades foram pouco a pouco influenciando os romanos.

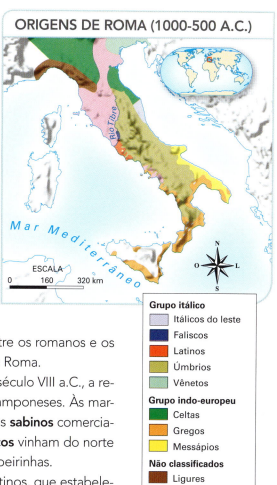

Fonte: Elaborado com base em KINDER, Hermann; HILGEMANN, Werner. *Atlas histórico mundial*. Madri: Akal, 2006.

O PERÍODO MONÁRQUICO (753-509 A.C.)

A fundação da Roma Antiga foi fixada em 21 de abril de 753 a.C. A tradição aponta sete reis no período inicial: Rômulo, Numa Pompílio, Túlio Hostílio, Anco Márcio, Tarquínio Prisco, Sérvio Túlio e Tarquínio, o Soberbo. Após Rômulo, os três reis seguintes teriam sido sabinos e latinos e os três últimos, etruscos.

Os **etruscos** expandiram-se pela Península Itálica nos séculos VII e VI a.C. Habilidosos na arquitetura, organizaram várias cidades com muralhas e obras públicas. Suas cidades eram governadas por reis. Em Roma, os etruscos controlaram a Monarquia a partir do século VII a.C. Derrotados por celtas, gregos e, finalmente, pelos romanos, eles se enfraqueceram e perderam o domínio político da Península Itálica.

A organização da Monarquia romana era composta do **poder real**, considerado de origem divina. O rei era a mais alta dignidade do poder político, da justiça e da religião. Havia um Conselho de Anciãos (chamado de **Senado**, de *senes*: "homem idoso") que aconselhava os reis e era constituído pelos chefes das famílias mais poderosas.

TÁ LIGADO

3. Identifique as atividades econômicas praticadas por latinos, sabinos e etruscos.

4. Apresente as características do poder monárquico romano.

5. Como era composto o Senado romano?

TÁ LIGADO?

6. Aponte as características da aristocracia romana.

7. Aponte quem eram os plebeus, os clientes e os escravizados em Roma.

8. Elabore uma pirâmide social de Roma durante o período monárquico.

9. Com a instauração da República, como se dava o exercício do poder em Roma?

Tais famílias formavam a **aristocracia** romana, detentora da maior parte das terras e que dominava o Exército. Seus descendentes foram chamados de patrícios. A elite romana era composta de grandes proprietários de terras que exerciam o poder. Numerosos, mas sem direitos políticos, eram os **plebeus**. Muitos deles possuíam pequenas propriedades de terras. Outros, sem posses fixas, eram comerciantes, artesãos ou indivíduos que viviam da prestação de serviços.

Uma parte dos plebeus eram **clientes**. Viviam sob a proteção dos patrícios, que lhes garantiam o sustento. Ao longo da história de Roma, ter muitos clientes era sinal de poder e distinção para os patrícios.

A escravidão, apesar de ainda não ser dominante, já existia. Havia **escravizados** por dívidas e ainda alguns prisioneiros de guerra que tinham sido escravizados.

A FUNDAÇÃO DA REPÚBLICA

Roma tornou-se uma **República** em 509 a.C., quando os patrícios derrubaram o rei etrusco Tarquínio Soberbo.

O nome República vem do latim *res publica*, que significa "coisa pública". Tratava-se de uma organização política que procurava evitar a concentração do poder nas mãos de uma única pessoa – no caso da monarquia, do rei, cujo poder era **vitalício** (para toda a vida) e **hereditário** (transmitido de pai para filho).

Na República romana o poder era exercido pelo Senado. Como os senadores eram patrícios, eles mantinham o poder sob seu controle exclusivo. Os chefes de governo eram dois **cônsules** de origem patrícia que comandavam o Exército, serviam como juízes e tinham a iniciativa da criação das leis.

Os plebeus estavam arriscados a se tornarem escravizados em razão das dívidas contraídas. O tratamento dado aos plebeus era diferente daquele reservado aos patrícios. Nos tribunais, os juízes eram patrícios. Se um plebeu fosse a julgamento, raramente conseguia ser tratado da mesma forma que um patrício. Como as leis não eram escritas, os patrícios podiam ainda manipular as decisões.

No dia a dia, uma proibição deixava clara a diferença entre patrícios e plebeus. Estes eram proibidos de se casar com membros da elite patrícia. Além disso, tinham de pagar impostos.

AS LUTAS ENTRE PLEBEUS E PATRÍCIOS

Entre 494 a.C. e 297 a.C., ocorreram diversos conflitos políticos entre plebeus e patrícios. Os plebeus organizaram-se para lutar por melhores condições de vida. Para pressionar os patrícios, realizaram saídas em massa da cidade. Recusaram-se a pagar impostos, a trabalhar e a servir o Exército. Com a cidade de Roma constantemente envolvida em guerras, os patrícios tiveram de ceder.

Em 494 a.C., os plebeus conquistaram o direito de formar suas próprias assembleias e eleger dois representantes, denominados **tribunos da plebe**, investidos de poderes para proteger os seus direitos. Posteriormente, esse número de tribunos aumentou, chegando a dez no século III a.C.

Outra conquista, por volta de 450 a.C., foi a **Lei das Doze Tábuas**, código de leis escritas que concedia aos plebeus alguma proteção contra os patrícios. Mais tarde, outros direitos foram obtidos pelos plebeus, entre os quais o de se casarem com patrícios, o acesso aos mais altos postos políticos, jurídicos e religiosos do Estado e a eliminação da escravidão por dívidas.

Em 287 a.C. foi aprovada a **Lex Hortensia**, que permitia a definição de leis por meio de **plebiscitos**, ou seja, das decisões estabelecidas pelas assembleias da plebe. Com isso, o poder romano foi repartido entre os patrícios e uma elite plebeia, que exercia o controle político dessas assembleias.

Com tantos direitos adquiridos, poderia parecer que os plebeus tinham conquistado a igualdade. Mas o controle do poder, em toda a história romana, jamais saiu das mãos dos patrícios. Na prática, havia se formado uma elite governante, em que os plebeus influentes participavam ativamente das decisões. O Senado manteve-se como uma instituição sob o controle patrício.

TÁ LIGADO?

10. Explique as razões dos conflitos entre patrícios e plebeus.
11. Explique como tais conflitos foram resolvidos.
12. Explique como o direito romano foi se afastando das influências religiosas.
13. A República romana transformou-se em uma democracia, semelhante ao modelo de Atenas? Justifique.

O NASCIMENTO DO DIREITO ROMANO

Durante a Monarquia, o rei assumia o papel de chefe militar, político e religioso. No início da República, a religião servia para justificar o poder dos patrícios. Eles se diziam os preservadores das tradições sagradas.

Aos poucos, as leis romanas passaram a ser fruto das discussões entre os senadores e das interferências dos tribunos da plebe. Como na Grécia Antiga, a legislação ia se afastando da religião.

Com as lutas sociais, a República foi perdendo seu caráter essencialmente aristocrático e passou a ampliar o espaço de participação política e de direitos à camada plebeia. Mas não chegou a se estabelecer como uma democracia, a exemplo daquela que se constituiu em Atenas.

À medida que foram escritas, discutidas e reformuladas, as leis se separavam das crenças religiosas. Um importante passo foi dado quando o estudo e a interpretação das leis passaram das mãos dos sacerdotes para as dos juristas, que analisavam, classificavam e buscavam soluções para os problemas jurídicos.

O Direito seria a maior herança romana para o mundo contemporâneo, influenciando as leis na maioria dos países ocidentais, inclusive no Brasil.

A solução do conflito entre patrícios e plebeus criou um sentimento de união que foi fundamental para o fortalecimento do Exército. Roma se tornou, antes de tudo, uma sociedade de guerreiros, como veremos a seguir.

Palácio da Justiça. Roma, (Itália), 2018. (detalhe)

Supremo Tribunal Federal. Brasília, Distrito Federal (Brasil), 2018.

> **TÁ LIGADO**
>
> **14.** Explique como os romanos incorporavam politicamente os povos submetidos aos seus domínios.

AS CONQUISTAS ROMANAS

Entre os séculos V a.C. e III a.C., as tropas romanas obtiveram vitórias sobre os demais povos da Península Itálica. Por meio de uma bem-sucedida política de alianças, Roma estendia seu poder sobre a região.

Os romanos não escravizavam completamente os povos submetidos nem confiscavam todas as suas terras. Algumas comunidades derrotadas mantinham um governo próprio, mas eram obrigadas a contribuir com soldados para o Exército romano.

Outros povos conquistados recebiam cidadania parcial ou total. Dessa forma, Roma transformava antigos inimigos em aliados e finalmente em cidadãos. Dando acesso à cidadania romana a boa parte dos italianos, Roma ampliou seu exército e transformou-se de uma pequena cidade-Estado em uma grande potência.

Após conquistar a Península Itálica, Roma travou um longo conflito contra **Cartago**, a outra potência do Mediterrâneo ocidental. A vitória nas chamadas **Guerras Púnicas** permitiu-lhe assumir o controle do Mediterrâneo ocidental.

AS GUERRAS PÚNICAS

Fundada em 800 a.C. pelos fenícios, Cartago tornou-se um poderoso centro comercial. Sua língua, uma variação do fenício, era denominada **língua púnica**.

Além disso, dispunha de uma potente frota militar muito temida pelos povos vizinhos. Os cartagineses conquistaram um império que abrangia, entre outras regiões, o norte da África (a Tunísia da atualidade), territórios do litoral da Península Ibérica (Espanha e Portugal atuais) e a região leste da Sicília (Itália).

Primeira Guerra Púnica

A guerra entre Cartago e Roma teve início pelo domínio da Ilha da Sicília, no Mediterrâneo. O governo romano temia que Cartago usasse a ilha para atacar as cidades aliadas ou ainda para interferir em seu comércio. Em 264 a.C. os romanos realizaram uma intervenção militar na Sicília. Tinha início a **Primeira Guerra Púnica**. Roma sofreu severas perdas: a destruição do Exército que invadiu a África do Norte e a perda de centenas de navios em batalhas e tempestades.

Com as tropas de seus aliados, Roma venceu Cartago, que, com uma força militar composta principalmente de ==mercenários== e impossibilitada de se recompor de suas perdas marítimas, propôs a paz em 241 a.C. Assim, os cartagineses entregaram a Sicília aos romanos, que fizeram da ilha sua província.

Segunda Guerra Púnica

Com a aquisição de territórios fora da Península Itálica, transformados em províncias, Roma começou a construir seu Império.

Após a derrota na Primeira Guerra Púnica, os cartagineses estenderam seu poder à Península Ibérica, de onde iniciaram sua expansão territorial, gerando a **Segunda Guerra Púnica** (218-202 a.C.). Comandado por Aníbal (247-183 a.C.), o exército cartaginês, com mais de 100 mil soldados, avançou para o norte da Península Itálica. Na batalha de Canas (216 a.C.), destruiu completamente um

Melcarte (Aníbal). Moeda de dupla face em prata, Valência (Espanha), c. 230 a.C.

Essa moeda de prata foi produzida na época em que os cartagineses lutavam contra o avanço romano na região, comandados pelo general Aníbal. Ela retrata Melcarte, o deus fenício, na parte da frente da moeda. O deus aparece vestido como Hércules, o herói grego. No verso observamos um elefante de guerra, como o usado por Aníbal em sua grande campanha contra Roma.

> **Mercenários**
> Combatentes que lutam por uma força estrangeira em troca de dinheiro.

exército romano de 60 mil soldados, a maior concentração de forças isoladas que Roma já pusera em campanha. Suas tropas contavam com aproximadamente 40 mil homens e grande número de elefantes.

As técnicas de combate inventadas por Aníbal, nas batalhas contra os exércitos romanos, tornaram-se famosas. O emprego de armamento pesado móvel e de movimentações surpreendentes faz parte do legado transmitido por aquele que muitos consideram um dos maiores generais da Antiguidade.

Como resposta, os romanos invadiram o norte da África, forçando Aníbal a retirar suas tropas da Península Itálica para defender o território cartaginês. Aníbal, que vencera todas as batalhas na península, foi derrotado em Zama, em 202 a.C. Essa batalha assinalou o fim da Segunda Guerra Púnica.

Terceira Guerra Púnica

Quase cinquenta anos depois, em 149 a.C., eclodiu o terceiro e último conflito, a Terceira Guerra Púnica: os romanos, ainda preocupados com o poder econômico cartaginês, invadiram Cartago. Em 146 a.C., a cidade foi completamente arrasada, teve seu território transformado em província romana, e seus habitantes foram escravizados, inclusive crianças e mulheres. A vitória transformou Roma na única grande potência do Mediterrâneo ocidental.

> **TÁ LIGADO?**
> **15.** Explique o significado das Guerras Púnicas na História de Roma.

Fonte: Elaborado com base em BLACK, Jeremy (Dir.). *World History Atlas*. London: DK Book, 2008; VIDAL-NAQUET, Pierre; BERTIN, Jacques. *Atlas histórico*. Lisboa: Círculo de Leitores, 1990.

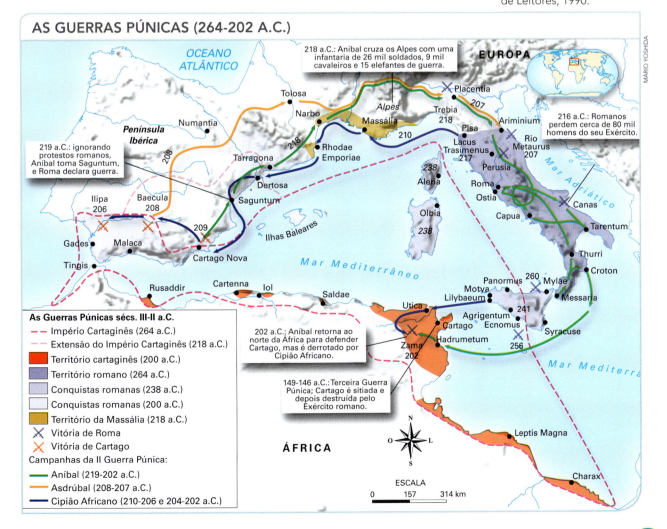

A CONQUISTA DA MACEDÔNIA

Durante a Segunda Guerra Púnica, tropas macedônicas haviam auxiliado o general Aníbal contra os romanos. O fortalecimento de Roma acabou por provocar confrontos diretos com os macedônicos desde 200 a.C.

Aproveitando-se da insatisfação de muitas cidades gregas, os romanos estimularam revoltas contra os macedônicos. Por fim, em 148 a.C., no decorrer da Terceira Guerra Púnica, a Macedônia foi derrotada pelo Exército romano. As cidades gregas passavam a fazer parte das possessões romanas.

Fonte: Elaborado com base em DUBY, Georges. *Grand atlas historique*. Paris: Larousse, 2008.

AS INFLUÊNCIAS DA CULTURA GREGA

Com o domínio no Mar Mediterrâneo, Roma acelerou o contato com o mundo grego. A cultura grega iria exercer forte influência sobre eles.

Em fins do século III a.C., mestres gregos, na condição de escravizados ou homens livres, foram para Roma e levaram a produção intelectual grega. À medida que conquistavam o Mediterrâneo, generais romanos começaram a transferir bibliotecas e obras de arte das cidades gregas para Roma.

CONSEQUÊNCIAS DAS CONQUISTAS

A partir do século II a.C., Roma tornou-se o Estado mais poderoso do Mediterrâneo. A vitória sobre Cartago permitiu a incorporação de áreas no norte da África e na Península Ibérica. Com a Macedônia, as possessões romanas estenderam-se até a Ásia Menor. Não se tratava apenas de uma integração territorial. A expansão era marcada também pela articulação sociocultural.

À medida que o território de Roma se expandia, ampliava-se o conceito de **cidadania**. Desenvolveu-se um tipo de cidadania que não era exclusivista, como na Grécia Antiga, mas incluía outros povos à sua comunidade política.

Inicialmente, os direitos eram restritos aos naturais de Roma. Posteriormente, habitantes de outras cidades e integrantes de outros povos da Península Itálica e de regiões do Mediterrâneo também usufruíram dos direitos de cidadania.

A escravidão

Os romanos levaram para a Península Itálica centenas de milhares de prisioneiros. Os escravizados trabalhavam como artesãos, criados domésticos e, em maior número, na agricultura e na mineração.

À medida que conquistava mais territórios, Roma ampliava o número de cativos tomados em combate. Os escravizados eram comprados por grandes proprietários de terras que expandiam sua produção, mas dependiam das guerras para garantir mais mão de obra escrava.

Seja para trabalhar nas cidades, seja nos campos, os escravizados e escravizadas eram vendidos por preços que variavam muito. Tudo dependia da atividade e habilidade deles, que passavam a ser propriedade de seu comprador. Um cativo doméstico custava em média 2 mil sertércios (moeda romana da época). Algo por volta do salário de dois anos de um soldado romano.

> **TÁ LIGADO?**
>
> **16.** Explique as consequências das conquistas romanas para os pequenos proprietários de terras.
>
> **17.** Explique o que eram os latifúndios.
>
> **18.** Explique quem eram os proletários na Roma Antiga.
>
> **19.** Explique as características do escravismo romano.

A invenção do latifúndio e o escravismo

Durante as guerras de expansão, muitos camponeses serviram o exército por longos períodos, e suas terras de cultivo ficaram abandonadas. Ao retornarem, os ex-soldados, pequenos proprietários de terra, sem dinheiro para reconstruir suas propriedades, eram forçados a vendê-las a ricos proprietários por baixos preços.

Outro fator que contribuiu para esgotar os pequenos camponeses foi a criação dos **latifúndios**, grandes propriedades cultivadas em larga escala por escravizados. Entre os gregos, uma grande propriedade tinha em média de 12 a 24 hectares; já em Roma, patrícios ricos chegavam a possuir mais de 80 mil hectares.

Com o crescimento dos latifúndios escravistas, aumentavam as dificuldades dos pequenos proprietários. Muitos acabaram por vender suas terras e dirigiram-se para a cidade de Roma. Os antigos proprietários formaram um grande grupo social urbano denominado **proletários**, porque a única coisa que forneciam à cidade eram os seus filhos, ou seja, a sua prole.

Com isso, afirmava-se o **escravismo**, sistema econômico e social que caracterizaria Roma, principalmente em sua parte Ocidental. A produção em grandes propriedades era realizada, sobretudo, por escravizados. E a guerra tornava-se um importante instrumento para a obtenção de mão de obra escrava.

A revolta dos escravizados

Os **gladiadores**, geralmente criminosos ou escravizados, lutavam nos circos romanos para divertir a multidão. Apesar da possibilidade de comprarem sua própria liberdade, eram tratados geralmente com dureza, o que originou sangrentas revoltas, como a liderada por **Espártaco** no século I a.C. Essa rebelião abalou a poderosa Roma.

Espártaco nasceu na Trácia, ao norte da Grécia, no início do século I a.C. Era pastor e foi capturado pelos romanos. Tornou-se soldado do Império. Desertou, foi novamente preso e vendido como escravizado em Cápua, no sul da Península Itálica, a uma escola de gladiadores.

Gladiadores, anônimo. Mosaico romano, c. 320 d.C. (fragmento)

> **TÁ LIGADO?**
>
> 20. Explique o que é reforma agrária.
> 21. Explique por que a tentativa de reforma agrária dos irmãos Graco fracassou.

No ano 73 a.C. ele fugiu com um grupo de companheiros e refugiou-se no Monte Vesúvio. Espártaco chegou a formar um exército numeroso que diversas vezes venceu as tropas romanas. Foram necessárias oito legiões para derrotar os escravizados revoltosos, que resistiram por quase dois anos. As legiões eram unidades do Exército com quase cinco mil soldados e enfrentavam o inimigo com couraça, capacete e escudo.

Espártaco morreu em combate, em 71 a.C. Os generais romanos crucificaram seis mil prisioneiros na Via Ápia, principal estrada romana. Os cativos que conseguiram escapar foram massacrados na Etrúria.

A REFORMA AGRÁRIA

Em 133 a.C., o tribuno da plebe **Tibério Graco** (163-133 a.C.) propôs uma **reforma agrária** em Roma. A ideia era resolver o problema da plebe marginalizada sem terra, fazendo valer uma lei antiga, que proibia a qualquer pessoa usar mais de 312 acres de terra pertencentes ao Estado. Para se ter uma noção de tamanho, um acre corresponde a cerca de ¼ de um hectare. Portanto, cerca de 25% de um campo de futebol em sua máxima dimensão (120 m × 90 m). A medida de 312 acres corresponderia, portanto, a cerca de 78 campos de futebol.

Por anos a aristocracia ignorara essa lei, ocupando ilegalmente imensos lotes de terra pública – o *ager publicus*. Ao colocar em vigor a lei, Tibério esperava liberar os lotes para redistribuí-los aos plebeus sem trabalho e empobrecidos.

O grupo social dos patrícios se opôs radicalmente ao projeto, pois ele ameaçava suas propriedades. Para preservar seus interesses, os senadores e patrícios tramaram o assassinato de Tibério e de cerca de trezentos de seus partidários, cujos corpos foram lançados ao Rio Tibre.

A questão agrária foi retomada por **Caio Graco** (154-121 a.C.), irmão mais novo de Tibério. Caio conquistou o apoio da plebe marginalizada e acabou sendo eleito tribuno, em 123 a.C. Ele reapresentou o plano de distribuição de terras de seu irmão e, tal como ele, despertou o ódio dos senadores.

Desencadeou-se em Roma uma rápida guerra civil em que Caio Graco (que talvez tenha cometido suicídio) e três mil de seus seguidores foram mortos.

O Senado tornara o assassinato um meio de se desfazer da oposição incômoda. Roma mergulhou em uma era de violência política, que terminou com a destruição da República. Embora se considerasse o guardião da liberdade republicana, o Senado expressava, na realidade, a determinação de algumas centenas de famílias em manter o controle sobre o Estado, num exemplo clássico de uma minoria agarrando-se ao poder com todas as suas forças.

Estádio Serra Dourada. Goiânia, Goiás (Brasil), 2011. (vista aérea)

Para se ter uma ideia de tamanho, um hectare corresponde a 10 000 m². Um campo de futebol oficial pode medir até 120 metros de comprimento por 90 metros de largura. Ou seja, os maiores campos de futebol têm até 10 800 m², pouco mais do que um hectare. Assim, na Grécia, uma grande propriedade era equivalente a 12 campos de futebol atuais, podendo atingir até 24 campos. Entre os romanos, poderia chegar a 80 mil campos de futebol.

O banquete

Os romanos criaram o *vomitorium*, um quarto especial onde os convidados de um festim que houvessem comido demais podiam lançar fora o conteúdo de seu estômago, a fim de retornar "vazios" para gozar os prazeres de outros alimentos do banquete.

O banquete foi a própria imagem do que as riquezas geradas pelas conquistas permitiram às elites romanas: o gosto pelo luxo, por casas sofisticadas, decoradas com obras de arte e cheias de escravizados.

Muito desse gosto pelo conforto e pelo luxo foi adquirido no contato que os romanos tiveram com os povos orientais, admiradores de uma vida refinada.

O banquete era uma arte, sobretudo para os mais abastados. Até os pobres tinham suas noites de festa. Os convidados deitavam-se ao redor da mesa onde ficavam os pratos. Só se comia sentado nas refeições comuns. A comida continha temperos e molhos complicados. A carne era fervida antes de cozinhar ou assar e adoçada. Para beber, vinho misturado com água.

As pessoas usavam chapéus de flores e perfume. Na primeira metade do banquete, comia-se sem beber nada. Na segunda parte bebia-se sem nada comer. Esperava-se que as pessoas presentes dissessem coisas inteligentes. Se o dono da casa dispusesse de um filósofo doméstico, ordenava-lhe que tomasse a palavra. Nos intervalos, sessões musicais, danças e cantos eram executados por profissionais contratados para a ocasião.

Cena de banquete, anônimo. Afresco romano, Casa dos Amantes, Pompeia (Itália), século I a.C. (fragmento)

A CRISE DA REPÚBLICA

Ao final do século I a.C., mercadorias de diversas partes do mundo podiam ser encontradas em Roma: trigo do Egito, mármore da Líbia, presunto da Península Ibérica, ameixas de Damasco e leões da África Subsaariana.

Essas novidades não modificaram apenas os hábitos alimentares da elite romana. A política também mudou. A plebe, empobrecida, sem terras e sem trabalho, pressionava o Estado. No Senado, os patrícios estavam preocupados em manter seus privilégios e resistiam a mudanças.

A República romana tentava administrar inúmeras colônias e encontrava imensa dificuldade para manter o controle sobre as distantes regiões dominadas. O Senado não conseguia atender a tantos cidadãos de um Império tão vasto. Além disso, no governo das províncias, chefes administrativos, coletores de impostos e soldados oprimiam os habitantes locais.

Aventureiros políticos exploravam a venda de cereais a baixo custo e a distribuição de terras para beneficiar suas carreiras. Eles eram chamados de **demagogos**, pois encantavam e manipulavam a plebe marginalizada.

Esses demagogos aspiravam ao **tribunato da plebe**, um cargo suficientemente forte para contestar o Senado e não muito difícil de conseguir, já que, desde 471 a.C., a cada ano eram eleitos dez tribunos. Seu principal objetivo era o poder. Tudo isso contribuiu para agravar a crise da República.

TÁ LIGADO

22. Quais foram as dificuldades enfrentadas pela República Romana com respeito às suas colônias e distantes regiões?

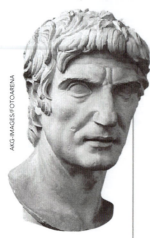

Cabeça de Sila. Mármore, c. 50-40 a.C.

Sila foi o primeiro general a ocupar Roma militarmente. De 82 a 79 a.C., foi ditador em Roma. O cargo de ditador já existia desde o século VI a.C. Era uma atribuição dada pelos cônsules a determinada pessoa para resolver uma situação emergencial.

O FORTALECIMENTO DO EXÉRCITO

Em tempos de guerra, o Senado romano concedia o **Imperium** a um comandante militar encarregado de proteger Roma. O comando do exército só poderia ser exercido fora dos limites da cidade. Atribuía-se a esse comandante, temporariamente e para determinadas regiões, a representação do poder romano.

As seguidas conquistas territoriais fortaleceram o Exército romano. Seus generais passaram a rivalizar com os integrantes do Senado. Alegavam que a força de Roma resultava das conquistas militares que proporcionaram tantas riquezas.

Muitos generais ambicionavam o poder político e consideraram a possibilidade de usar seus soldados para promover sua carreira e intimidar o Senado.

Em 107 a.C., o general e cônsul Caio Mário anulou uma antiga exigência para o ingresso no Exército. Não seria mais necessário ser proprietário de terras para integrar as legiões. Assim, Caio Mário formou suas legiões com voluntários e tornou-se popular junto à plebe despossuída, porque a participação no Exército poderia resultar em concessões de terras e riquezas devido aos saques.

Os generais e o Senado

Desde 88 a.C., os generais passaram a disputar o apoio do Senado e dos tribunos da plebe para obter o comando militar e o exercício do *Imperium* para sufocar províncias rebeldes. Vitórias militares traziam prestígio popular a esses generais e ameaçavam os poderes instituídos.

Em 88 a.C., o general Lúcio Cornélio Sila (138-78 a.C.) entrou com seus legionários na cidade de Roma e tomou o poder. Pela primeira vez, um general desrespeitava a tradição, considerada sagrada, de preservar a cidade de Roma das ações militares de seus generais.

Entre 77 a.C. e 30 a.C., por quase cinquenta anos, os generais mais importantes de Roma disputaram o poder. Muitas vezes, além das lutas políticas envolvendo o Senado e as Assembleias da plebe e seus tribunos, legiões romanas enfrentaram-se no campo de batalha, comandadas por esses generais.

Em 60 a.C., o poder sobre as províncias do Império foi repartido entre três generais: Caio Júlio César, Cneu Pompeu Magno e Marco Licínio Crasso. Formava-se o **Primeiro Triunvirato**, que garantia o controle do Senado e das instituições tradicionais romanas sobre Itália, Grécia, Macedônia e Cartago e distribuía a administração e o poder militar de diversas províncias entre esses generais.

Entre 58 e 51 a.C., César comandou a conquista de toda a Gália. Os domínios romanos se estenderam, então, até as ilhas dominadas pelos bretões e o Rio Reno, nas fronteiras com os povos germânicos. Em 52 a.C., as legiões romanas venceram uma confederação de gauleses.

Diante do fortalecimento de César, Pompeu articulou-se com o Senado, que exigia a renúncia do general ao comando militar da Gália. Entre 49 e 46 a.C., tropas ligadas aos dois generais se enfrentaram em diversas partes do Império. Em 49 a.C., Júlio César tomou a cidade de Roma. Era o segundo general a violar a tradição romana. Três anos depois, Pompeu e seus aliados haviam sido derrotados.

TÁ LIGADO?

23. Aponte dois aspectos da crise da República romana.

24. Explique quem eram os demagogos na República romana.

25. Explique o que era o *Imperium*.

26. Explique em que constituiu o Primeiro Triunvirato.

IMPERADORES

Em 45 a.C., com o Senado enfraquecido, Júlio César tornou-se **ditador perpétuo**, ou seja, por toda a sua vida seria *pontifex maximus* (sumo sacerdote) e **imperador** (chefe supremo do Exército e representante do poder romano).

Diante dessa situação, alguns senadores tramaram contra Júlio César. Em março de 44 a.C., o imperador foi assassinado no Senado. Diante de uma estátua de Pompeu e ao identificar a participação de um de seus protegidos, Marco Júnio Bruto, Júlio César teria proferido a frase: "Até tu, Brutus?".

O assassinato de Júlio César, no entanto, não fortaleceu o Senado. Roma foi novamente tomada por uma guerra civil e foi composto um **Segundo Triunvirato**, em 43 a.C.: Marco Antônio (83 a.C.-30 a.C.), Marco Emílio Lépido (90 a.C.-12 d.C.) e Caio Júlio César Otávio (63 a.C.-14 d.C.).

Lépido afastou-se rapidamente da vida política. Os outros dois generais lutavam entre si. Em 31 a.C., Otávio esmagou as tropas de Marco Antônio e de sua esposa, Cleópatra, rainha do Egito, que se tornaria província romana no ano seguinte.

Em 27 a.C., Otávio, filho adotivo de Júlio César, tomava o poder em Roma. Como seu pai, receberia também o título de imperador. As instituições republicanas foram incapazes de enfrentar os problemas criados pelas conquistas. A República chegava ao fim e começava uma nova fase na história romana.

TÁ LIGADO?

27. Aponte os poderes assumidos por Júlio César a partir de 45 a.C.
28. Explique em que constituiu o Segundo Triunvirato.
29. Aponte os significados que os títulos de Augusto e César passaram a ter a partir da época do Império.
30. Como se organizava o poder no início da época imperial?

O IMPÉRIO

Quando Otávio morreu, em 14 d.C., um decreto do Senado o definiu como **Divino Augusto**, acima dos homens e próximo aos deuses. Com o título de Augusto, além de assumir os poderes civis e militares, o imperador passava a ser considerado uma divindade. Era também o sumo pontífice, chefe da religião romana. Tornou-se um **César**: o nome de seu pai foi também divinizado e convertido praticamente em sinônimo de imperador. Todos os seus sucessores utilizaram-se desses títulos.

Otávio Augusto manteve parte das estruturas da República. Os magistrados ainda eram eleitos e as assembleias se reuniam. O Senado administrava algumas províncias, controlava suas finanças e era ouvido por Otávio, mas deixara de ser a autoridade central do Estado romano. O Senado tornara-se submisso aos sucessivos imperadores.

Otávio Augusto governou de 27 a.C. a 14 d.C. Durante o seu governo, as províncias foram pacificadas e houve um grande desenvolvimento no campo artístico e cultural de Roma. Vários poetas se destacaram nesse período, como é o caso de Virgílio, que escreveu a *Eneida*, e Horácio, autor de *Odes*. Os autores, em suas obras, enalteciam os feitos de Otávio, bem como as campanhas militares dos romanos.

Coluna de Trajano, construção atribuída a Apolodoro de Damasco. Pedestal de mármore com figuras em baixo relevo, c. 114 d.C. Roma (Itália). (foto de 2015).

> **TÁ LIGADO?**
>
> **31.** Aponte a mudança estabelecida pelo Édito de Caracala, de 212 d.C.

AS OBRAS PÚBLICAS ROMANAS

Pouco antes de morrer, Otávio Augusto expressou seu orgulho por ter revestido grande parte da cidade de Roma de mármore, com a construção de inúmeros edifícios imponentes.

As riquezas geradas pelas conquistas permitiram aos imperadores romanos realizar inúmeras obras públicas. Aquedutos, arenas gigantescas, esgotos, portos, estradas eram símbolos visíveis do poder de Roma.

Os **aquedutos** eram pontes que levavam água limpa até as cidades, para uso doméstico ou industrial. Um dos mais impressionantes aquedutos romanos é o famoso *Pont du Gard*, construído em Nîmes, atual França, no século I d.C., que existe até hoje e ainda causa espanto a quem o visita. Com três andares, a obra transporta água a uma altura de 50 metros sobre o Rio Gard.

As **arenas** eram grandes áreas circulares de areia, onde eram realizadas as lutas entre gladiadores e entre estes e animais selvagens. Nelas, havia espaço suficiente para a população assistir aos combates.

A rede de **estradas** ligava Roma a várias regiões, o que contribuía para a rápida e intensa circulação de mercadorias e de pessoas de lugares distintos. As estradas eram pavimentadas e em muitas havia calçadas para pedestres.

Existiam ainda os **balneários** ou **termas**, formados por amplos recintos, que lembravam templos, onde se desfrutavam de banhos quentes e frios, salas para massagens, piscinas, jardins e até bibliotecas.

O banho era um ritual que evidenciava a adoração ao corpo. Mulheres e homens costumavam banhar-se primeiro nas piscinas de água quente e depois passavam para as piscinas de água fria.

Culturalmente, o Império combinava características de diferentes estilos. Tendências diferentes, e muitas vezes divergentes, coexistiam até em um mesmo monumento. Boa parte das obras de arte não era assinada, e seus autores podiam ser originários de qualquer localidade do território imperial.

A cultura romana se estendeu pelo Oriente e pelo Ocidente por meio da progressão do uso da língua latina, da criação de cidades e do Direito Romano. Regiões do norte da África, da Gália (França), da Germânia (Alemanha e parte da Europa oriental) e da Britânia (Reino Unido) foram trazidas para a órbita da cultura latina.

As barreiras entre os habitantes da Península Itálica e os habitantes das províncias foram rompidas à medida que ibéricos, gauleses, africanos e outros povos dominados pelos romanos alcançavam postos no Exército e na administração imperial, chegando até a se tornarem imperadores. Em 212 d.C., por meio do Édito de Caracala, a cidadania romana foi estendida a todos os integrantes do Império.

> **As moradias romanas**
> Vídeo

A construção de aquedutos era vital para o abastecimento de água aos habitantes das cidades romanas, ricas em fontes, banhos públicos e termas.

Pont du Gard (aqueduto romano). Nîmes (França), século I a.C. (foto de 2015).

A PAZ ROMANA

O mundo romano havia se estabelecido em torno do Mar Mediterrâneo e articulado sociedades que se desenvolveram nessa região desde o início do processo de sedentarização humana. Por isso, o Mediterrâneo passou a ser denominado pelos romanos como **mare nostrum**, nosso mar.

A expansão do Império Romano incorporou terras e escravizados para os seus domínios. Quanto mais guerras eram travadas e vencidas, maior se tornava o Império e maior o número de seres humanos escravizados que sustentavam os cidadãos romanos.

A crise da República, como vimos, foi provocada em grande parte pelo fortalecimento dos generais de Roma, que comandavam numerosos exércitos e lutaram entre si pelas glórias do Império e pelo poder.

Os romanos denominaram **Paz Romana** o período de relativa estabilização das fronteiras. Na verdade, a paz romana foi, antes de mais nada, uma **paz armada**. Houve uma diminuição das conquistas territoriais, e as legiões romanas ocuparam-se da defesa das fronteiras do Império e da pacificação de províncias rebeladas.

O aspecto mais importante residia na valorização da figura do imperador como divindade e na diminuição do poder dos generais, em razão da limitação das conquistas militares. Com isso, pretendia-se afastar o risco de guerras internas.

TÁ LIGADO

32. Com base na leitura do mapa desta página:
- escreva a localização do Mar Mediterrâneo;
- identifique as quatro províncias romanas no norte da África;
- identifique as seguintes províncias romanas com relação à localização dos atuais países europeus: Lusitânia, Hispânia, Gália, Britânia.

33. Explique o significado da expressão *mare nostrum*.

34. Explique no que consistia a chamada "Paz Romana".

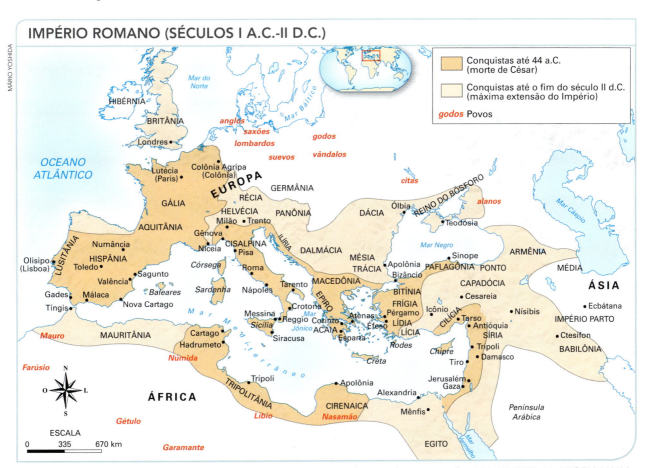

Fontes: Elaborado com base em BLACK, J. (Dir.). *World History Atlas*. London: DK Book, 2008; KINDER, H.; HIGELMANN, W. *Atlas histórico mundial*. Madri: Akol, 2006; SCARRE, Chris. *Historical Atlas of Ancient Rome*. Londres: Penguin, 1995.

Jogos e diversões romanos

Para as elites romanas, as arenas e os teatros não eram apenas lugares para divertimentos, mas também espaços de ostentação. Grandes e imponentes edifícios de pedra, eram monumentos da força do Estado romano. As autoridades romanas decretaram que todas as cidades do Império deviam incluir um teatro ou uma arena em seu projeto urbanístico.

> **Ostentação**
> Exibição de riqueza e de posição social.

O mais famoso deles, o Coliseu de Roma, construído entre os anos 70 e 82 d.C., podia abrigar cerca de 45 mil espectadores, público excessivamente numeroso para ser entretido com diversas modalidades lúdicas.

Nessas arenas, eram disputadas corridas de cavalos e de bigas, ocorriam combates de gladiadores, provas de atletismo e montagens teatrais.

As dramatizações adaptavam-se a uma plateia numerosa. No lugar do teatro clássico grego, com diálogos longos, havia palhaços, acrobacias e encenações de batalhas históricas e mitológicas.

O Coliseu foi expressamente construído para o divertimento dos romanos como um todo e dos plebeus em especial. Para as elites romanas, essa seria uma excelente maneira de manter a plebe sob controle do Estado e venerando seu imperador. Além dos espetáculos nos circos romanos, havia distribuição de trigo para a população: era a política do **pão e circo**.

Sua arena refletia a hierarquia social romana. Quanto mais no alto das arquibancadas fosse o lugar, pior a condição social. O imperador e sua comitiva sentavam-se nas primeiras filas, em assentos elevados. Nos andares superiores ficavam os estrangeiros, as mulheres e os escravizados.

Os espetáculos do Coliseu serviam para reforçar a ideia de que Roma tinha um governo e um imperador criado pelos deuses. Nesse estado de espírito, os cidadãos desejavam que seu Império fosse tão imortal quanto os deuses que o criaram.

Na imagem, observa-se a representação de jogos de lutas e sacrifícios com a utilização de animais selvagens.

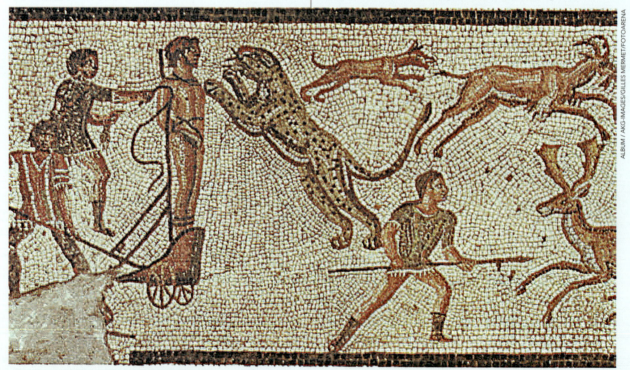

Bestiari. Mosaico, Roma (Itália), século II a.C. (fragmento)

Ao contrário dos jogos gregos, disputados pelos cidadãos, entre os romanos os cidadãos eram os espectadores e os seus jogos eram praticados, principalmente, por escravizados, estrangeiros ou criminosos condenados.

Os sacrifícios humanos, característicos de muitos desses jogos, não só eram realizados para os deuses como também para o povo romano, oferecidos pelos imperadores ou por autoridades do Império.

Havia também outro conjunto de jogos praticados com bolas. O **harpastum** era o principal desses jogos romanos. Assemelhava-se ao rúgbi e ao futebol americano. Era praticado por legionários e por camponeses. Utilizava-se uma bola de couro recheada com areia que era disputada por dois grupos que deveriam levá-la até a linha de fundo do adversário.

Duas outras modalidades também faziam uso de bolas: o **follis** e o **trigon**. Nesses jogos utilizavam-se bexigas de animais que deveriam ser lançadas a outros jogadores, na tentativa de rebatê-las sem deixá-las cair no chão.

Alguns estudiosos defendem que esses jogos romanos seriam os ancestrais de esportes como futebol, rúgbi e voleibol.

Na imagem, observa-se um tipo de jogo com bola praticado pelos romanos.

Villa del Casale. Mosaico, Roma (Itália), século II a.C. (detalhe)

Coliseu, Ítalo Gismondi. Maquete em plástico da Roma antiga, 1937. (detalhe)

A CRISE DO IMPÉRIO ROMANO

A Paz Romana diminuiu as lutas internas, mas trouxe um novo problema: reduziu também a entrada de escravizados, mão de obra básica da economia imperial. O preço dos cativos subiu, gerando aumento gradativo nos preços dos alimentos e dos produtos artesanais.

Com o tempo, a situação ficou ainda mais grave. A produção agrícola foi prejudicada. A arrecadação de impostos pelo Estado caiu, tornando cada vez mais difícil manter os gastos militares e as despesas administrativas imperiais.

A crise econômica no Império manifestou-se claramente a partir do século III d.C. Para tentar equilibrar seus gastos, o Estado elevou os impostos, extremamente pesados para os pequenos e médios produtores rurais, que já não dispunham do trabalho escravo como antes.

Para escapar dos tributos, os pequenos produtores passaram a ser protegidos por poderosos latifundiários que conseguiam driblar a fiscalização do Império.

A inflação geral diminuía o poder de compra dos grupos mais pobres. A moeda desvalorizava. Em diversas partes do Império, o comércio cedia terreno para a troca direta de mercadorias. Até mesmo o Estado, em algumas regiões, passava a aceitar o pagamento de impostos com produtos.

RURALIZAÇÃO E COLONATO

Com a crise econômica que tomou conta do Império Romano no século III d.C., as cidades se tornaram palco de levantes e agitações populares. A população, principalmente os mais pobres, estava descontente com o aumento de impostos e a alta dos preços.

Reforçava-se a tendência de fuga e busca de refúgio no campo. A sociedade romana, caracterizada pelo esplendor das cidades, vivia seu processo de ruralização e enfraquecimento dos núcleos urbanos.

Os grandes proprietários passaram a receber homens livres empobrecidos em suas terras. Eles estabeleciam um tipo de relação de trabalho com o senhor, do qual recebiam lotes de terra para cultivar, destinando-lhe parte da produção. Muitas vezes, o trabalhador cedia parte de sua liberdade em troca dessa vinculação com a terra.

O camponês dependente passou a ser designado por **colono** e o regime de trabalho, por **colonato**. Para o latifundiário era uma alternativa à elevação do preço dos escravizados. Para os pobres, uma forma de sobreviver à crise econômica.

SEGURANÇA E PODERES PRIVADOS

Com a crescente instabilidade social, os latifundiários também organizavam milícias particulares como forma de garantir a segurança de sua propriedade e de seus moradores.

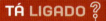

TÁ LIGADO

35. Explique a crise romana do século III d.C.

36. Explique como a Paz Romana contribuiu para a crise do Império.

37. Explique as características do colonato.

Cobrando tributos dos camponeses, comandando guardas particulares e até mesmo assumindo funções de justiça no interior de seus domínios, o senhor contribuía ainda mais para o enfraquecimento dos poderes públicos. O detentor de terras desempenhava, privadamente, funções que até então eram públicas.

A crise enfraquecia o Estado romano.

O CRISTIANISMO

A religião cristã surgiu no interior do Império Romano. A data atribuída ao nascimento de Jesus Cristo tornou-se a referência inicial para o Ocidente. No ano 1, quando Jesus nasceu em Belém, na Palestina (Oriente Médio), o Império era dirigido por Otávio Augusto e passava por uma fase de desenvolvimento e reorganização.

Naquela época, os judeus esperavam a vinda de um salvador, um Messias (*Christos*, em grego). Essa vinda era anunciada pelos profetas hebraicos. Muitos judeus acreditaram que Jesus seria esse Messias. Outros não.

Nascido de família pobre e tendo como pai um carpinteiro, Jesus começou a pregação de seus ensinamentos aos trinta anos de idade. Em torno dele reuniu-se um grupo de 12 seguidores mais próximos, chamados de apóstolos. Sua doutrina defendia a existência de um só Deus, o desapego aos bens materiais e o amor ao próximo. Além disso, Jesus se apresentava como filho de Deus.

As pregações de Jesus desafiavam as autoridades romanas e suas crenças politeístas. Seus seguidores não reconheciam a divindade do imperador.

Jesus foi preso e condenado a morrer crucificado. Naquele tempo, somente os piores criminosos morriam por crucificação. Segundo os cristãos, Jesus morreu na cruz para salvar a humanidade de seus pecados.

Originalmente o cristianismo era uma seita judaica. Jesus e seus apóstolos eram judeus e seguidores do judaísmo. No ano de 49, após a morte de Jesus, ocorreu um importante debate entre os cristãos: seria necessário manter os rituais do judaísmo? Venceu o grupo que considerava que para ser cristão isso não era necessário. Com essa decisão, o cristianismo se desvinculava da religião judaica.

OS CRISTÃOS

Os cristãos formaram pequenos grupos de oração que celebravam a missa, um ritual para recordar a vida e o sacrifício de Jesus. No começo, o cristianismo encontrou boa aceitação entre as pessoas mais pobres da população, como os plebeus e os escravizados. Porém, posteriormente, os ricos também adotaram a religião cristã.

Com o passar dos séculos, os cristãos tornaram-se numerosos e fundaram várias comunidades. Alguns cristãos, os clérigos, ficaram encarregados de rezar as missas, comandar os rituais (batismo, crisma, matrimônio etc.) e pregar a palavra de Cristo.

TÁ LIGADO

38. Relacione o aumento dos poderes dos grandes proprietários de terras ao enfraquecimento dos poderes públicos do Estado romano.

39. Aponte as principais características das pregações de Jesus.

Abraão e os anjos, anônimo. Mosaico, c. 400-450.

Díptico com o Santo Sepulcro e o Anjo anunciando a ressurreição de Cristo, anônimo. Marfim, c. 400.

Apesar de não manter a maioria dos rituais judaicos, o cristianismo guardou muitos dos seus elementos. É uma religião monoteísta, ou seja, supõe a existência de um único deus. Aceita os livros do Antigo Testamento (que trata dos judeus) e todos os seus profetas, patriarcas e autoridades. Acredita que a História teve um início, com a criação do Universo e dos homens, e terá um fim, com o Juízo Final. Um tempo histórico linear, contínuo.

A pregação cristã intensificou-se após a morte de Jesus. Com a crise do Império, milhares de homens e mulheres tornaram-se seguidores da nova fé. O cristianismo oferecia algum alívio aos sofrimentos terrenos. Pertencer a uma comunidade de fiéis, a Igreja (do grego *ecclesia*, que significa "reunião"), era uma forma de compensar o enfraquecimento dos laços cívicos da sociedade romana.

Acreditar numa recompensa futura, em um reino celestial, era uma maneira de suportar a miséria e as violências terrenas. A ideia de um deus sofredor, humilde e pobre que se sacrificava pelos seres humanos também atraía os marginalizados do Império Romano.

Perseguições e aceitação

O crescimento do número de cristãos levou muitos imperadores romanos a comandar perseguições contra adeptos da nova religião. Os cristãos foram duramente perseguidos pelo imperador Nero, na década de 60 d.C., que mandou queimar vivos muitos fiéis. Outros, entre os quais crianças e mulheres, foram jogados na arena do Coliseu para serem comidos pelos leões. Dois dos apóstolos de Jesus, Pedro e Paulo, morreram nessa época.

No século III, em meio à crise, outros imperadores lançaram violentas ofensivas contra os cristãos. Uma grande perseguição ocorreu nos primeiros anos do século IV, durante o governo de Diocleciano. Depois disso, o cristianismo foi tolerado pelo imperador Constantino, que, em 313, ordenou o fim da perseguição aos cristãos. Em 391, o imperador Teodósio tornou o cristianismo a religião oficial de Roma. A partir daí, o catolicismo não cessou de expandir-se e tornou-se a religião mais forte e influente nos últimos 150 anos do Império.

OS POVOS GERMÂNICOS

Anglos, frisões, saxões, teutões, francos, bávaros, burgúndios, suevos, visigodos, ostrogodos, hérulos, lombardos, vândalos, dinamarqueses, noruegueses, suecos. Todos esses povos eram de origem germânica.

Denominados bárbaros pelos romanos, por não falarem latim ou grego, os povos germânicos eram originários do norte da Europa, da região lendária de Scania (Escandinávia). Gradativamente, uma parte desses povos dirigiu-se para o centro do continente, junto às margens do Rio Reno. Outra parte manteve-se nas suas terras originais. De qualquer modo, muitos traços em comum unem esses povos.

Originalmente, as comunidades germânicas não apresentavam diferenciações sociais. Organizavam-se em tribos constituídas por famílias que, em caso de guerra, escolhiam um chefe para comandá-las.

TÁ LIGADO

40. Aponte três aspectos semelhantes entre o judaísmo e o cristianismo.

41. Aponte dois aspectos que podem explicar a aceitação do cristianismo pelos grupos mais pobres e marginalizados do Império Romano.

Agricultores e pastores, os germânicos também desenvolveram técnicas metalúrgicas.

O contato mais frequente com os romanos estimulou o aparecimento de grupos sociais diferenciados no interior dessas comunidades. Assim, guerreiros passavam a dedicar-se à captura de homens e mulheres de povos rivais. Muitos desses cativos eram vendidos aos romanos durante o período de estabilização das fronteiras imperiais. E, em muitos povos germânicos, os chefes ocasionais tornaram-se permanentes.

Alguns grupos, posteriormente instalados no interior do Império, assumiram elementos da cultura romana. Outros, estabelecidos para além das fronteiras, assistiram ao aparecimento de chefes poderosos, escoltados por guerreiros, que se diferenciavam do restante da comunidade.

Entre os francos, os homens estavam integrados à família até os 15 anos, quando se submetiam a uma cerimônia de corte de cabelo e recebiam armas do pai. A partir de então, tornavam-se guerreiros e podiam se constituir em seguidores do chefe tribal.

> **TÁ LIGADO?**
>
> **42.** Explique como o contato com os romanos alterou as comunidades germânicas.

A arte germânica

As cidades romanas apresentavam inúmeros monumentos de pedras: muralhas, pontes, termas, aquedutos, edifícios. Eram testemunhos materiais de uma cultura urbana vigorosa.

Ao norte e a oeste do Império, nas florestas e pântanos que abrigavam os povos germânicos e onde as legiões romanas quase não chegavam, a realidade era outra. Essas populações de seminômades, caçadores, criadores de animais e guerreiros produziam outras formas de cultura. Sua arte era diferente. Não era a arte da pedra, mas a arte do metal, das contas de vidro, do bordado. Praticamente não havia monumentos, mas objetos e joias que podiam ser transportados.

Mitos germânicos

As divindades e forças sobrenaturais presentes na cultura germânica serviam para organizar a vida coletiva e ajudar a compreender a natureza e os seres humanos. Assim, por exemplo, acreditavam os germanos que as leis, as regras e os costumes haviam sido estabelecidos pelos deuses.

Por isso, muitas vezes, quando havia um julgamento, os chefes tribais recorriam aos deuses para culpar ou inocentar o acusado. Qualquer sinal podia ser considerado uma prova, uma mensagem, com o poder de livrar ou condenar um integrante da tribo. Trata-se do **ordálio**, uma prova que não se questionava. Por exemplo, um combate entre dois guerreiros em que um deles defendia a honra de um acusado. Ou então uma prova de fogo, em que o denunciado tinha de suportar o calor de uma peça de metal incandescente em suas mãos ou caminhar sobre brasas. É de situações como essas que provêm a expressão "colocar a mão no fogo por alguém".

O primeiro deus dos germanos, o mais antigo, era **Tiwaz**, deus da lei e da justiça, protetor das assembleias em que os guerreiros se reuniam para decidir os destinos de suas tribos e povos.

Para os germânicos, o poderoso Thor era o deus dos fenômenos meteorológicos: raios, chuva e tempestades. Segundo algumas lendas, apenas o soprar de sua barba avermelhada era capaz de provocar relâmpagos e trovoadas.

Estátua de Thor. Bronze, século IX.

No entanto, a divindade mais importante era **Wotan** (Odin), deus da guerra, das batalhas, da magia e das festas.

Ainda havia **Thor**, deus dos raios, da chuva e das tempestades, e **Freya**, deusa do amor. Thor era representado com barba vermelha e empunhando um machado mágico.

Os germanos acreditavam que os guerreiros mais corajosos e leais mortos em batalha seriam conduzidos a uma espécie de paraíso, o **Valhala**, onde seriam servidos por lindas mulheres em festas eternas.

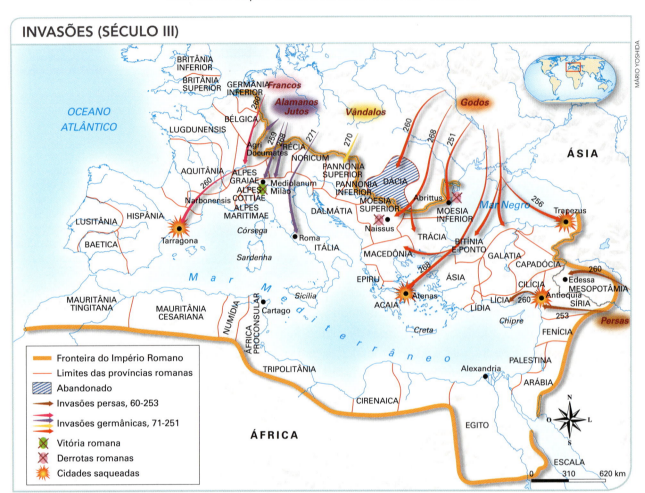

Fontes: Elaborado com base em BLACK, J. (Dir.). *World History Atlas*. Londres: DK Book, 2008; KINDER, H.; HIGELMANN, W. *Atlas histórico mundial*. Madri: Akal, 2006; SCARRE, Chris. *Historical Atlas of Ancient Rome*. London: Penguin, 1995.

As primeiras invasões germânicas

Nas fronteiras do Império Romano, os legionários mostravam-se impacientes. Em algumas partes, a desorganização e o enfraquecimento da defesa das fronteiras permitiram a invasão de povos germânicos, que saqueavam cidades e instalavam-se em áreas no interior do Império. Vários grupos chegaram até Gália, Itália e Espanha.

Alguns povos germânicos receberam autorização para se estabelecerem no interior do Império Romano. Passaram a ser denominados **federados**. Recebiam terras e engrossavam as fileiras do Exército romano. Integrantes dessas tribos de federados chegaram, posteriormente, a alcançar postos no comando militar do Império.

Nessa situação, a relativa estabilidade política foi abalada. O poder central mostrava-se incapaz de controlar as províncias imperiais. Temia-se que a unidade do Império desse lugar à fragmentação. Às rebeliões regionais somavam-se movimentações militares e, mais uma vez, os comandantes procuravam tomar o poder por meio de insurreições armadas. Entre 235 e 284 d.C., Roma assistiu à subida de vinte imperadores ao poder.

CENTRALIZAÇÃO E DIVISÃO DO IMPÉRIO

Os governos de Diocleciano (285-305 d.C.) e de Constantino (305-337 d.C.) conseguiram conter a desagregação do Império. Diocleciano dividiu o Império em quatro regiões administrativas e militares: Oriente (Bizâncio), Ilíria (Grécia), Península Itálica e Gália (França).

Além disso, Diocleciano procurou estabelecer o princípio da hereditariedade dos ofícios. Os filhos teriam de seguir a profissão dos pais. Era uma maneira de tentar garantir que todas as atividades econômicas continuassem a ser desempenhadas.

Mas as medidas mais eficazes foram tomadas por Constantino. A cidade de Bizâncio, fundada pelos gregos no século VII a.C., foi rebatizada como Constantinopla (atualmente Istambul, na Turquia), uma referência ao imperador Constantino. A ruidosa e instável Roma deixava de ser a capital do Império. Constantinopla era mais controlável pelo poder central, uma vez que as agitações sociais eram menores se comparadas àquelas que sacudiam a cidade de Roma. Assim, a cidade tornou-se o centro do poder romano em 330 d.C.

IGREJA E ESTADO

Constantino procurou aproximar-se dos cristãos. O culto cristão foi permitido, em 313 d.C., as igrejas foram isentas de impostos e o próprio imperador, ao final de sua vida, converteu-se ao cristianismo.

Como vimos, ainda no século IV, o imperador Teodósio concluía a obra iniciada por Constantino. O cristianismo tornava-se a religião oficial do Império em 391 d.C. Os cultos pagãos passaram a ser perseguidos e a divisão entre o Ocidente e o Oriente se estabeleceria definitivamente, com duas sedes imperiais, Roma e Constantinopla.

As autoridades da Igreja Romana tornavam-se integrantes e funcionários do Estado romano. Isso representava, por um lado, o aumento do custo da administração imperial. Por outro lado, um novo grupo de funcionários, disciplinados e ligados pela fé cristã, garantia maior coesão ao Império.

A crise não cessou, apesar de todas as mudanças verificadas ao longo do século IV. Na verdade, a parte Ocidental do Império, cuja economia baseava-se no escravismo e na grande propriedade, sofreu maiores transformações.

> **TÁ LIGADO?**
>
> **43.** Explique como funcionava o ordálio no direito germânico.
>
> **44.** Explique o que eram os federados.
>
> **45.** Explique as consequências provocadas pela incorporação de autoridades da Igreja cristã ao Estado romano.

A morte da filósofa Hipátia

A cidade de Alexandria, como vimos no capítulo 5, era um importante centro cultural da Antiguidade. Lá se estabelecera uma reconhecida escola de filósofos, seguidores e comentadores das obras de Platão.

Entre os principais integrantes dessa escola encontrava-se Hipátia (370?-412 d.C.), tida como a primeira mulher greco-romana a se tornar uma grande conhecedora da Matemática. Na adolescência, Hipátia frequentou a célebre Escola de Atenas.

Em 412, Cirilo, bispo de Alexandria, envolveu-se em uma série de conflitos com judeus e pagãos que habitavam a cidade. Em meio a esse conflito, atacada por cristãos fanáticos, Hipátia foi morta e queimada em uma fogueira.

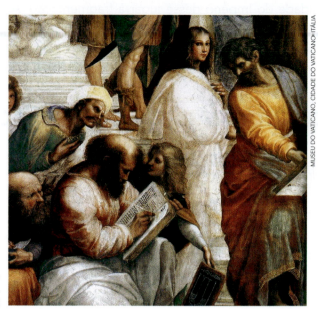

A Escola de Atenas, Rafael Sanzio. Afresco, Palácio Apostólico, Vaticano, c. 1510. (detalhe)

O ENFRAQUECIMENTO DO PODER CENTRAL

O poder central enfraquecia-se cada vez mais. As cidades perdiam seu esplendor e verificava-se uma acentuada tendência à ruralização, ou seja, uma tendência de deslocamento das cidades para o mundo rural, para o interior. O colonato aparecia com maior nitidez nas relações de trabalho no campo. Os proprietários de terras passaram cada vez mais a recrutar pessoas entre a população mais pobre e a formar milícias particulares, pequenos grupos armados sob o seu comando. A defesa era garantida de forma privada, enfraquecendo os poderes públicos.

Por todas essas razões, eram frágeis as fronteiras do Império e a manutenção da sua unidade. Na primeira metade do século V, os hunos, guerreiros oriundos do continente asiático, investiram sobre a Europa, sobretudo nos territórios onde os povos germânicos viviam. Estes, que estavam estabelecidos ao longo das fronteiras, simplesmente invadiram os domínios do Império Romano. O Império foi percorrido por diversos grupos germânicos.

Em 476, Odoacro, rei dos hérulos, destituiu o jovem imperador Rômulo Augusto, de apenas 15 anos de idade. Uma série de povos germânicos passou a ocupar a Península Itálica, a Gália, a Britânia, a Hispânia e o norte da África. Era o fim do Império Romano do Ocidente.

A Igreja Cristã manteve sua força política e social. Novos reinos apareceram. Com eles, um novo mapa da Europa. Em poucos séculos, os germanos aceitavam o cristianismo, que se tornaria a principal religião no continente europeu.

> **TÁ LIGADO ?**
>
> **46.** Com base na leitura do mapa da página 163, identifique as regiões no interior do Império Romano nas quais se estabeleceram:
> - suevos; vândalos; visigodos; burgúndios; francos; anglos; saxões; jutos; lombardos.

O FIM DOS JOGOS OLÍMPICOS DA ANTIGUIDADE

Os Jogos Olímpicos foram proibidos pelo imperador Teodósio, ao final do século IV d.C., por pressões da Igreja Cristã, lideradas por Santo Ambrósio, bispo de Milão.

Com a adoção do cristianismo como religião oficial do Império Romano, iniciou-se uma ofensiva contra os rituais pagãos. Os jogos apresentavam um politeísmo inaceitável aos olhos do monoteísmo cristão triunfante do século IV d.C. Além disso, muitos cristãos haviam sido vítimas das violências praticadas nos circos romanos.

Os Jogos Olímpicos, banidos na Europa cristã, só seriam reeditados em 1896 d.C. A primeira disputa dos Jogos da Era Moderna foi realizada na Grécia e procurava recuperar a memória e as tradições dos Jogos da Antiguidade.

Cartaz dos Jogos Olímpicos de Atenas, 1896.

O IMPÉRIO ROMANO DO ORIENTE

Na parte Oriental do Império, as alterações foram menos significativas à época das invasões germânicas. O imperador Zenão mantinha-se no poder. A economia não se baseava completamente no par **escravidão/grande propriedade**. Havia, em muito maior grau, pequenas e médias propriedades trabalhadas por famílias e/ou por escravizados.

As atividades mercantis e a vida urbana também conseguiram se manter. O poder centralizado não foi abalado. As tropas militares conseguiam enfrentar os invasores e proteger o território. Com isso, o Império Romano do Oriente, conhecido por Império Bizantino, só seria conquistado mil anos depois, já no século XV.

Fontes: Elaborado com base em BLACK, J. (Dir.). *World History Atlas*. London: DK Book, 2008; KINDER, H.; HIGELMANN, W. *Atlas histórico mundial*. Madri: Akal, 2006.

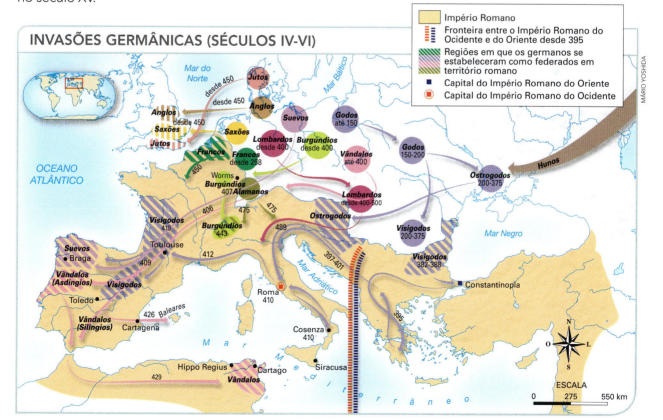

EM DESTAQUE

O Senado

OBSERVE AS IMAGENS

O pintor italiano Cesare Maccari (1840-1919) procurou representar uma sessão do Senado romano da Antiguidade. Na sua pintura ele apresentou a cena em que Cícero (106-43 a.C.), considerado o maior orador romano e grande defensor da República, acusava o político Catilina de conspirar contra o regime republicano. Nos seus discursos, Cícero conclamava Catilina a desaparecer do Senado e a deixar de comparecer àquela casa, já que tramava derrubar a República e assassinar os senadores.

Cícero acusa Catilina, Cesare Maccari. Afresco, Roma (Itália), 1882-1888.

Plenário do Senado Federal do Brasil. Brasília, Distrito Federal, 2011.

1. No seu caderno, identifique: o suporte, ou seja, o tipo de material utilizado para sua confecção, a data e os elementos pertencentes a cada imagem.
2. Identifique as semelhanças e diferenças entre elas.
3. Aponte as funções do Senado romano à época de Cícero.
4. Aponte as funções do Senado brasileiro hoje em dia.
5. Na pintura de Maccari, Cícero discursa contra Catilina. Explique quais seriam as consequências para a política de Roma caso o Senado fosse fechado ou passasse a ser controlado por um general.

164 CAPÍTULO 6 | Roma Antiga

QUEBRA-CABEÇA

1. Releia o quadro complementar "O banquete" (p. 149). Agora responda ao que se pede:
   a) Explique o que era o *vomitorium*.
   b) O banquete era uma refeição comum? Justifique.
   c) As ações descritas no banquete estão relacionadas com as conquistas romanas? Justifique.

2. Defina cada um dos conceitos abaixo e organize um pequeno dicionário conceitual em seu caderno:
   - patrícios
   - plebeus
   - cônsul
   - tribuno da plebe
   - plebiscito
   - latifúndio
   - proletários romanos
   - escravismo romano
   - demagogos
   - *Imperium*
   - imperador romano
   - Augusto
   - César
   - Paz Romana
   - colonato
   - colono
   - ordálio
   - federados
   - Vulgata

3. Com base nas informações sobre as Guerras Púnicas (p. 144 e 145), elabore uma história em quadrinhos:
   a) Liste em seu caderno os principais acontecimentos de cada uma das três etapas dessa guerra.
   b) Crie uma história em quadrinhos com desenhos e textos que recontem esses episódios.
   c) É importante planejar o número de quadrinhos (divisão que você fará nessas páginas) e o tamanho deles (veja exemplos à página 43).

4. Utilizando algarismos romanos, identifique as datas relativas aos seguintes momentos das conquistas políticas pelos plebeus:
   - estabelecimento dos tribunos da plebe
   - estabelecimento da Lei das Doze Tábuas.
   (Retome as tabelas da página 23.)

5. Vamos construir nossos *tags*. Siga as instruções do *Pesquisando na internet*, na seção **Passo a passo** (p. 7), utilizando as palavras-chave abaixo:

   cônsules   pretores   questores   tribunos da plebe   edis

LEITURA COMPLEMENTAR

A CONDIÇÃO DAS PESSOAS

O estatuto das pessoas e o das cidades variam consideravelmente. No topo da hierarquia, os cidadãos de pleno direito, vivendo em Roma ou nas colônias. Seguem-se os cidadãos de direito latino que possuem apenas alguns dos privilégios dos primeiros. Vêm, por fim, os peregrinos (*peregrini*), considerados estrangeiros, mas que não são, contudo, 'foras-da-lei'. Entre as cidades, umas são totalmente romanas, as colônias, e são fundações novas ou refundações. Outras existiam antes da chegada dos conquistadores. São os municípios. Possuem os seus próprios magistrados, provenientes da tradição nacional; mas, aos poucos, a sua aristocracia confunde-se com a de Roma.

Nas províncias, multiplicam-se as colônias de direito romano, mas também existem muitas cidades ditas 'livres' [...]. Estas cidades gozavam de uma autonomia teórica, limitada, de fato, pelas contas que tinham de prestar aos representantes do poder romano. E, como é óbvio, pagavam imposto a Roma e a sua política externa era controlada de muito perto.

Quanto aos povos em si, uns são considerados 'aliados' de Roma (*socii*), outros são *foederati*, assim chamados por, na origem, terem concluído um tratado (*foedus*) com os romanos. Quando um povo era derrotado e se rendia, tornava-se *dediticius* e, em princípio, era súdito dos romanos.

GRIMAL, P. *O Império Romano*. Lisboa: Ed. 70, 1993. p. 22.

Estatuto
Condição legal.

Hierarquia
Escala social, ordenação social com seus respectivos privilégios.

Magistrados
Juízes.

1. Aponte as três condições de direitos das pessoas apontadas no texto.
2. Aponte os tipos de cidades apontados no texto.
3. Aponte os três tipos de povos mencionados no texto e as características de cada um deles.

PONTO DE VISTA

Vida cotidiana

Analise atentamente cada imagem. Identifique as atividades retratadas.

No seu caderno, escreva um texto narrando um dia da vida cotidiana desses romanos.

Vila romana, anônimo. Afresco, Pompeia (Itália), século I d.C.

Comerciantes de tecidos, vasos de bronze e panelas, anônimo. Afresco, Pompeia (Itália), século I d.C.

Padaria, anônimo. Afresco, Pompeia (Itália), século I d.C.

Lavagem de roupa, anônimo. Afresco, Pompeia (Itália), século I d.C.

PERMANÊNCIAS E RUPTURAS

A semana e os deuses pagãos

Analise o quadro abaixo:

Espanhol	Inglês	Português
Domingo (dia do Senhor)	*Sunday* (dia do Sol)	Domingo
Lunes (dia da Lua)	*Monday* (dia da Lua)	Segunda-feira
Martes (dia de Marte, deus da guerra na mitologia romana)	*Tuesday* (dia de Tiwaz, deus protetor das assembleias na mitologia germânica)	Terça-feira
Miércoles (dia de Mercúrio, deus do comércio na mitologia romana)	*Wednesday* (dia de Woden, Odin, principal deus da mitologia germânica)	Quarta-feira
Jueves (dia de Júpiter, deus do Céu na mitologia romana)	*Thursday* (dia de Thor, deus dos raios na mitologia germânica)	Quinta-feira
Viernes (dia de Vênus, deusa do amor na mitologia romana)	*Friday* (dia de Freya, deusa do amor na mitologia germânica)	Sexta-feira
Sábado (dia do repouso, derivado do hebraico *shabat*)	*Saturday* (dia de Saturno, pai de Júpiter na mitologia romana)	Sábado

Fonte: Quadro elaborado com base em FRANCO JÚNIOR, Hilário. *A Idade Média, nascimento do Ocidente*. 2. ed. São Paulo: Brasiliense, 2001. p. 124.

Marte, deus romano da guerra. Mármore, século I d.C.

1. Que características dos nomes dos dias da semana em espanhol e inglês chamaram sua atenção?
2. Tais características revelam um processo de fusão cultural? Justifique.

TRÉPLICA

Filme

A queda do Império Romano
EUA, 1964. Direção de Antony Mann.

Este filme contém os mesmos personagens históricos do filme *Gladiador* (2000), de Ridley Scott. No auge da expansão geográfica do Império Romano, o imperador Marco Aurélio quer a pacificação das fronteiras. Porém, é envenenado por Commodus, filho ilegítimo que assume o trono e dá origem à queda do Império Romano.

Livros

Como seria sua vida em Roma
GANERI, Anita. São Paulo: Scipione, 1996.

A cidade na Antiguidade clássica
GUARINELLO, Norberto Luís. São Paulo: Atual, 2006.

Os povos bárbaros
GUERRA, Maria Sonsoles. São Paulo: Ática, 1995.

As conquistas romanas
GRANT, Neil. São Paulo: Ática, 1999.

Sites

(Acessos em: 29 jun. 2018)
<http://goo.gl/fnIGl2>

Site voltado para estudantes do Fundamental II. Contém mapas, linhas do tempo, vídeos, imagens, atividades interativas. Em inglês.

4º Bimestre

CAPÍTULO 7
A África de muitos povos

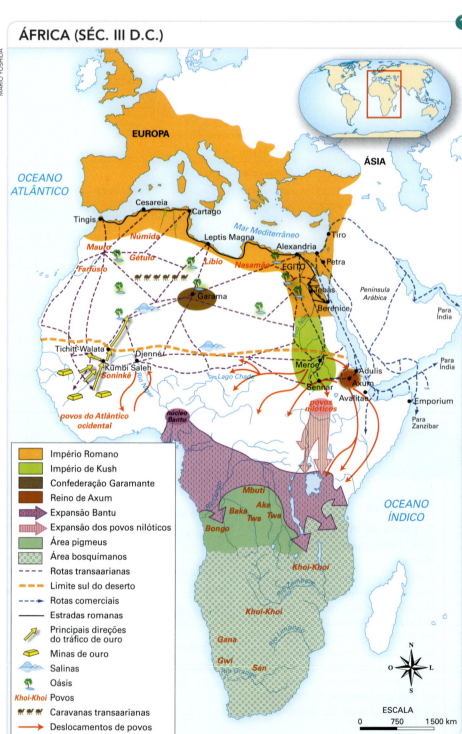

PORTAS ABERTAS

OBSERVE AS IMAGENS

1. Analise cada uma das imagens da página seguinte. Identifique o suporte, a data e os elementos de cada uma delas.

2. O mapa ao lado apresenta uma série de informações sobre o continente africano. Siga as instruções de *Leitura de mapas* na seção **Passo a passo** (p. 7) para analisá-lo. Faça suas anotações no caderno.

3. Com base nas imagens e no mapa, responda: que características dos circuitos mercantis africanos podem ser observadas?

Fonte: Elaborado com base em ADE AJAYI, J. F.; CROWDER, M. *Historical Atlas of África*. Essex: Longman, 1985; BLACK, Jeremy (Dir.). *World History Atlas*. London: DK Book, 2008; JOLLY, Jean. *L'Afrique et son environnement européen et asiatique*. Paris: L'Harmattan, 2008; SMITH, Stephen. *Atlas de L'Afrique. Un continent jeune, revolte, marginalize*. Paris: Éditions Autrement, 2005.

Tributos da Núbia, anônimo. Pintura mural, tumba de Sebekhotep, c. 1400 a.C. (fragmento)

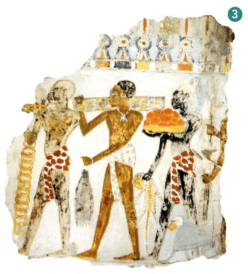

Tributos da Núbia, anônimo. Pintura mural, tumba de Sebekhotep, c. 1400 a.C. (fragmento)

Tributos da Núbia, anônimo. Pintura mural, tumba de Sebekhotep, c. 1400 a.C. (fragmento)

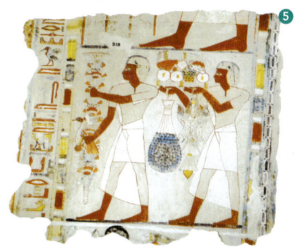

Tributos da Núbia, anônimo. Pintura mural, tumba de Sebekhotep, c. 1400 a.C. (fragmento)

Tributos da Ásia, anônimo. Pintura mural, tumba de Sebekhotep, c. 1400 a.C. (fragmento)

Tributos da Ásia, anônimo. Pintura mural, tumba de Sebekhotep, c. 1400 a.C. (fragmento)

A África de muitos povos | CAPÍTULO 7

Tributos da Núbia, anônimo. Pintura mural, tumba de Sebekhotep, c. 1400 a.C. (fragmentos)

Nas imagens são representados produtos endereçados aos egípcios: ouro, pedras preciosas, plumas e ovos de avestruz, macacos, marfim, babuínos, incenso, toras de ébano, peles de leopardo.

NÚBIA: OS SENHORES DA FRONTEIRA AO SUL DO NILO

Egito e Núbia são duas regiões diferentes que, ligadas entre si pelo Rio Nilo, constituem um único vale. Assim como no Egito, podemos dividir a região da Núbia entre Baixa e Alta.

Desde o final do quarto milênio a.C., pequenas comunidades começaram a se estabelecer na Baixa Núbia, entre a primeira e a segunda catarata do Rio Nilo.

Cultivavam, como no Egito, trigo e cevada e criavam cabras, bois e ovelhas. A pecuária era uma atividade muito valorizada, na qual o gado era a medida de riqueza e importância.

Por volta de 1800 a.C., essas comunidades estavam organizadas politicamente em torno de um chefe militar. Seu poder tinha como base a força das armas, sua habilidade com o comércio, sua capacidade de conseguir acordos nas disputas internas e os conhecimentos técnicos para assegurar a fertilidade do solo.

BAIXA NÚBIA

As populações da Baixa Núbia mantiveram relações comerciais com os egípcios. As mercadorias eram transportadas por barcos que subiam o Rio Nilo. Grande parte dos produtos trocados com os egípcios – incenso, pedras preciosas, presas de elefantes, peles, animais, marfim e ouro – vinham da Alta Núbia, ou seja, da região entre a segunda e a sexta cataratas.

Os antigos egípcios mantiveram uma relação de controle sobre as populações ao sul de suas fronteiras. Para eles, a **Núbia** significava literalmente a terra do ouro (*nub* = ouro).

ALTA NÚBIA: O REINO DE KUSH

Kush foi o nome dado pelos antigos egípcios para o reino que se estendia ao sul da cidade de Semna, fronteira do Egito.

Logo após a terceira catarata, onde as planícies cultiváveis e as áreas de pastagens se ampliam, o Reino de Kush se organizaria em torno da localidade de Kerma.

O enfraquecimento do controle egípcio sobre a Baixa Núbia, entre 1640 a.C. e 532 a.C., permitiu que o reino se consolidasse em torno da cidade de Kerma. O rei kushita se proclamou senhor de toda a Alta Núbia e estendeu seus domínios também sobre a Baixa Núbia até as fronteiras egípcias. Ele intensificou o comércio direto entre a capital, Kerma, e outras cidades egípcias.

TÁ LIGADO

1. Observe as imagens e liste as mercadorias vindas da Alta Núbia que eram transportadas pelo Nilo até o Egito.

Durante o **Novo Império** (1570 a.C. a 715 a.C.), com a recomposição da unidade egípcia, toda essa região foi conquistada e anexada, determinando, assim, o fim da independência de Kush.

Foi nomeado um vice-governador encarregado da administração das terras ao sul. Os tributos foram aumentados e o Egito intensificou a extração de ouro nas minas da Núbia, riqueza que financiavam os imensos projetos de construção.

O IMPÉRIO DE KUSH

Por volta de 900 a.C., as constantes revoltas contra a dominação egípcia, o esgotamento do solo e as invasões de nômades do leste provocaram uma migração generalizada para o sul. Progressivamente, a cidade de Kerma foi abandonada.

Essas populações reorganizaram seu reino mais ao sul, com o centro de poder na cidade de Napata, na altura da quarta catarata.

Centro religioso, importante escala comercial para os produtos vindos da Alta Núbia, a cidade era também um ponto de controle sobre as minas de ouro próximas. A ampliação da agricultura favoreceu o desenvolvimento de outros centros urbanos, destacando-se Meroé, que, por volta de 700 a.C., se transformou também em um importante centro comercial.

TÁ LIGADO?

2. No mapa abaixo, identifique e escreva em seu caderno:
   - a Baixa Núbia;
   - a Alta Núbia;
   - o Reino de Kush;
   - as cidades de Semna, de Kerma, de Napata e de Meroé;
   - as áreas de extração de ouro.

3. Qual era a atividade econômica mais valorizada entre as comunidades da Baixa Núbia? Explique.

4. Como os antigos egípcios chamavam o reino localizado na região da Alta Núbia?

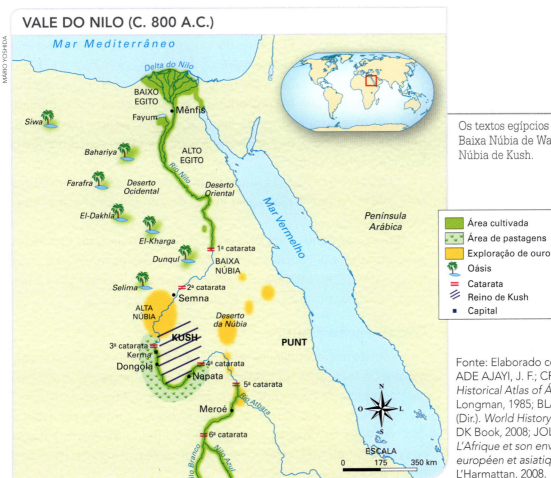

Os textos egípcios denominam a Baixa Núbia de Wawat e a Alta Núbia de Kush.

Fonte: Elaborado com base em ADE AJAYI, J. F.; CROWDER, M. *Historical Atlas of África*. Essex: Longman, 1985; BLACK, Jeremy (Dir.). *World History Atlas*. London: DK Book, 2008; JOLLY, Jean. *L'Afrique et son environnement européen et asiatique*. Paris: L'Harmattan, 2008.

A África de muitos povos | CAPÍTULO 7 — 171

Candaces: rainhas guerreiras

Assim como no Egito faraônico, as mulheres da casa real kuchita desempenhavam papel importante. As rainhas – mães ou esposas – muitas vezes assumiam o poder político e proclamavam-se soberanas.

Numerosas rainhas ocuparam o trono no início da era cristã. Muitas delas tornaram-se famosas, e o reino era conhecido por ter sido governado por uma linhagem de **Candaces** (ou Kandake – rainhas-mães reinantes).

A rainha Shanakdakhete foi a primeira candace que reinou entre 170-150 a.C. Mas a candace Amanirenas é a mais conhecida, pois conduziu seus exércitos contra os romanos.

Estela da pirâmide da candace Amanirenas (ou Amanishakheto). Relevo em arenito, c. século I a.C. (detalhe do fragmento)

Kush conquista o Egito

Durante esse período, e por quase um século (750-664 a.C.), os kushitas conquistaram o Egito e seus soberanos formaram a XXVª dinastia governante. Por volta de 664 a.C., os kushitas perderam o controle do Egito para os assírios. A partir daí, os reis kushitas fecharam suas fronteiras e procuraram manter distância de seus rivais do norte.

Por volta do século V a.C. a capital do reino foi transferida para Meroé, ao sul, próximo à sexta catarata. Napata continuou sendo a capital religiosa do Império de Kush, onde os reis eram coroados e enterrados.

Enquanto o Egito passava sucessivamente para o domínio dos assírios, persas, gregos e romanos, o isolamento de Meroé conduziria ao desenvolvimento de uma sociedade original com língua e escrita próprias.

Atividades econômicas

Apesar da aridez da região e da escassez de terras cultiváveis, a agricultura de trigo, centeio, lentilha e abóbora ocupava grande parte das atividades econômicas.

O cultivo do algodão fornecia a matéria-prima para a tecelagem. A prática da agricultura era dividida com a pecuária, especialmente a criação de búfalos. Acrescentavam-se os produtos de caça e coleta, como marfim, peles de leopardo, plumas de avestruz, ébano, pedras preciosas e, principalmente, ouro, que era extraído dos territórios situados entre o Rio Nilo e o Mar Vermelho.

O comércio também colocava o Império em relações constantes com o Mar Vermelho e a região ao sul do continente africano, através do Rio Nilo.

Em seu apogeu, o Império era composto de diversas províncias subordinadas a um soberano escolhido por chefes militares e altos funcionários. Predominava a filiação materna, o que permitia a rainhas e princesas participarem do sistema monárquico.

Organização política

A aristocracia provincial preenchia as funções administrativas, militares e tributárias. O Exército controlava as fronteiras, ocupava-se do sistema de comunicações e assegurava o fluxo do comércio.

No início da era Cristã, as dificuldades no controle do avanço dos nômades do deserto e a ascensão do Reino de Axum, situado nos planaltos etíopes, determinaram a decadência e posterior desintegração do Império de Kush.

TÁ LIGADO

5. Observe o mapa da página 173 e identifique:
   - onde se localizava Meroé, nova capital do reino kushita;
   - onde se localizava Napata.
6. Além do Egito, liste três regiões com que o Império de Kush mantinha relações comerciais.
7. Quais eram as principais atividades econômicas do Império de Kush?
8. Como eram conhecidas as rainhas guerreiras no Império?

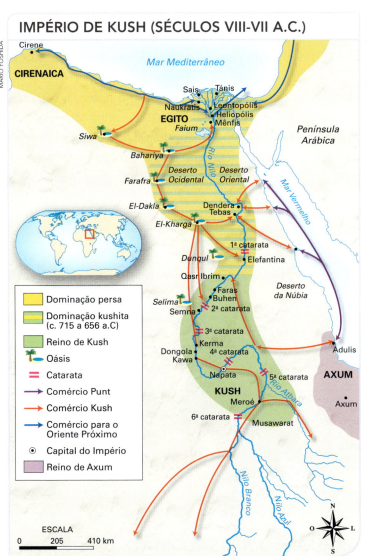

IMPÉRIO DE KUSH (SÉCULOS VIII-VII A.C.)

Fonte: Elaborado com base em ADE AJAYI, J. F.; CROWDER, M. *Historical Atlas of Africa*. Essex: Longman, 1985; MANLEY, B. *Historical Atlas of Ancient Egypt*. London: Penguin, 1996.

Esfinge de Taharqa. Granito, XXVª dinastia, c. 680 a.C.

Esfinge do faraó kushita Taharqa, soberano do Egito e da Núbia entre 690-664 a.C. A dupla serpente que o faraó carrega na testa era símbolo do poder real dos reis de Kush.

ETIÓPIA, TERRA DAS ÁRVORES DE PERFUME

As origens do Reino de Axum se perdem na Antiguidade. Alguns estudiosos o identificaram com as terras de Punt, de que falavam os textos egípcios. Segundo inscrições deixadas no templo da rainha Hatshepsut, era a terra das árvores de perfume, como o incenso e a mirra.

Desde a época dos gregos, toda a região ao sul do Egito era conhecida como Etiópia. A palavra, em grego, significa terra dos negros (*aíthen*: queimar; *ops*: rosto). Na verdade, tratava-se do Reino de Axum, que, nos primeiros séculos da era cristã, durante sua fase de maior expansão, havia se convertido ao cristianismo, mantendo-se assim até mesmo quando o Egito foi invadido pelos árabes, no século VII d.C.

Provavelmente o Reino começou a estabelecer-se na região da atual Etiópia por volta de 600 a.C. No entanto, não há muita informação sobre esses primeiros tempos. A emergência do reino esteve associada ao comércio desenvolvido no Mar Vermelho.

Primeiro Estado africano cristão, seus domínios se estendiam a reinos que pagavam tributos, cidades-Estado e pequenas comunidades,

TÁ LIGADO

9. Explique a origem e o significado do termo Etiópia.

10. Aponte a característica particular do Reino de Axum do ponto de vista religioso.

TÁ LIGADO

11. Aponte a suposta origem bíblica da dinastia fundada pelo rei Menelik I.

12. Observe os mapas das páginas 168 e 174 e responda:
- o Egito era independente na época do florescimento do Reino de Axum? Explique.
- liste três mercadorias que circulavam nessa região.

Fonte: Elaborado com base em ADE AJAYI, J. F.; CROWDER, M. *Historical Atlas of Africa*. Essex: Longman, 1985; BLACK, Jeremy (Dir.). *World History Atlas*. London: DK Book, 2008; JOLLY, Jean. *L'Afrique et son environnement européen et asiatique*. Paris: L'Harmattan, 2008.

cujos chefes estavam submetidos ao poder central. Potência mercantil, os axumitas cunharam sua própria moeda, desenvolveram a escrita e traduziram a Bíblia e outros textos cristãos do grego para o gueze, sua língua.

Sua capital se localizava na cidade de mesmo nome, e seus reis acreditavam que descendiam do rei Salomão e da rainha Makeda, conforme descreve uma obra em forma de epopeia chamada *Kebra Negast* (A Glória dos Reis), datada do início do século XIV e escrita em geez.

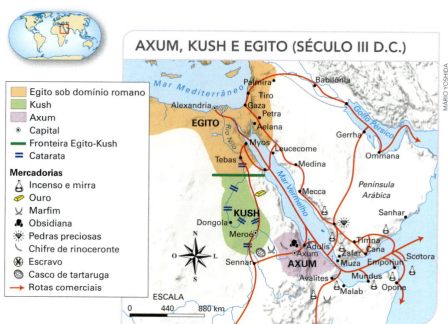

A RAINHA MAKEDA E O REI SALOMÃO

Segundo a tradição, a poderosa rainha Makeda, a soberana do sul, cujos domínios se estendiam pela Etiópia, Sudão, Arábia, Síria e regiões da Índia, fora a Jerusalém para conhecer o sábio rei Salomão, filho de David e terceiro rei de Israel.

Partiu de seu reino com uma caravana de 797 camelos carregados de tesouros. Lá, os dois soberanos estabeleceram acordos comerciais, pois a rainha controlava o comércio de ouro, marfim, pedras preciosas, óleos e especiarias.

Maravilhado com a beleza de Makeda, Salomão a convidou para uma ceia de despedida em seu palácio.

Logo que voltou para seu reino, a rainha teria tido um filho, chamado Davi. Quando chegou à idade adulta, o herdeiro teria retornado a Jerusalém e roubado a Arca da Aliança (contendo as Tábuas da Lei), levando-a para a capital, Axum. Em seguida teria subido ao trono sob o nome de Menelik I (o Leão de Judá), fundando assim a dinastia conhecida como salomônica.

Menelik I é considerado o primeiro *Negusa Negast* ou "Rei dos Reis" da Etiópia. Herdeiro de uma dupla herança, judaica e axumita/etíope, ele é ainda um importante símbolo nacional da Etiópia nos dias de hoje.

Rainha Makeda em seu cavalo indo ao encontro do Rei Salomão, anônimo. Pintura mural, Igreja de Gondar, (Etiópia), século XVIII. (detalhe)

Encontro da rainha Makeda e do rei Salomão, anônimo. Pintura, c. século XVII. (detalhes)

As cenas representam a história da rainha Makeda desde sua coroação até a viagem às terras do rei Salomão.

EGITO SOB GREGOS E ROMANOS

Desde o século VII a.C., os egípcios recorriam às alianças com os gregos para expulsar os invasores assírios e persas. Os gregos, no entanto, de aliados passaram a conquistadores. Em 332 a.C., Alexandre da Macedônia conquistou o Egito, que, a partir de então, passava a fazer parte do Império Macedônico, enquanto Alexandre seria aclamado faraó no templo de Amon-Rá.

O general Ptolomeu I Soter foi designado para governar o Egito. Com a morte de Alexandre (323 a.C.), Ptolomeu tornou-se governante e, em 304 a.C., proclamou-se rei, fundando uma dinastia que governaria o Egito por três séculos e inaugurando um período que seria conhecido como **ptolomaico**.

Durante o reinado dos ptolomeus, houve uma reorganização da agricultura e do artesanato. A importação do ferro favoreceu o aumento da produção e a difusão de novas ferramentas agrícolas (arados, enxadas, foices, machados). O Egito se tornaria o celeiro do mundo mediterrânico. É provável que a produção agrícola tenha alcançado seu apogeu nessa época.

Houve, também, uma grande imigração de gregos e outros povos, sobretudo hebreus, que se estabeleceram na região atraídos pela riqueza.

ESTRANGEIROS

A prosperidade econômica beneficiou os estrangeiros que viviam uma situação bastante diferente do restante dos egípcios. Os altos funcionários do palácio e membros do governo eram estrangeiros, bem como os oficiais do Exército.

Na agricultura, os estrangeiros contavam com as melhores chances de se tornar proprietários rurais. Esses fatores, aliados às pesadas taxas impostas aos camponeses egípcios e ao trabalho obrigatório na construção de canais, diques, minas e pedreiras, estimularam os conflitos entre a população egípcia e os estrangeiros.

Para a nova burocracia, a antiga escrita hieroglífica era muito complicada, e os decretos passaram a ser redigidos em grego, na escrita hieroglífica e na escrita demótica, uma versão mais simplificada da hierográfica.

De início, os gregos recém-chegados tinham seus próprios deuses. No entanto, surgiu rapidamente uma associação entre certos deuses gregos e divindades egípcias. Assim, Osíris passou a ser representado como um velho barbudo parecido com o deus grego Zeus, sendo cultuado como Serápis. Ísis seria representada vestindo uma túnica grega e Hórus, filho de Ísis e Osíris, representado por um menino, geralmente com o dedo na boca, e cultuado como Harpocrátes (veja as imagens).

Ísis ptolomaica. Mármore, c. 305-30 a.C.

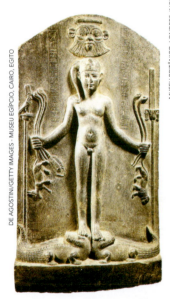

Serápis. Busto em mármore, c. século I-II d.C.

Harpócrates sobre crocodilos. Estela em relevo de xisto cinza. Dinastia ptolomaica (340-40 a.C.).

Hórus-Rá, anônimo. Pintura em papiro extraída do manuscrito *Papiros de Nodjemet*, XXIª dinastia, c. 1050 a.C. (detalhe)

Osíris e Ísis, anônimo. Pintura em papiro extraída do manuscrito *Os papiros de Hunefer*, XIXª dinastia, c. 1307-1196 a.C. (detalhe)

ALEXANDRIA, O UMBIGO DO MUNDO

Durante o reinado dos ptolomeus foi fundada a cidade de Alexandria, no local escolhido por Alexandre, e, pela primeira vez na história do Egito, a capital seria deslocada para o litoral. Alexandria logo se converteu não apenas na capital, como também na mais importante cidade do mundo helenístico.

A cidade abrigava povos de diferentes línguas e recebia constantemente eruditos do Império fascinados pela cultura egípcia. Lá moravam grandes estudiosos, como Arquimedes de Siracusa (Matemática), Euclides de Alexandria (Geometria), Cláudio Galeno (Medicina), Cláudio Ptolomeu (Astronomia).

A divisão social lembrava a sociedade egípcia tradicional. No topo estavam o rei e sua corte, os altos funcionários e o Exército. Seguiam-se, a mesma ordem, eruditos, altos negociantes, artesãos, pequenos comerciantes e escravizados.

A cidade era dividida em vários distritos. O bairro real abrigava palácios rodeados de jardins, o museu, a famosa biblioteca e o cemitério real. A parte oriental era ocupada por gregos e estrangeiros. A parte do Delta, próximo ao bairro real, era ocupada pelos judeus e a parte ocidental, pelos egípcios. Falavam-se várias línguas: grego, egípcio, aramaico e hebraico.

Na Ilha de Faros, em frente ao porto, erguia-se o famoso Farol, considerado uma das Sete Maravilhas do Mundo Antigo.

A biblioteca

Um dos edifícios mais importantes era a biblioteca, que foi construída para guardar o saber da época. Lá se copiavam e traduziam manuscritos de diversas partes do mundo. Foram coletados cerca de 500 mil volumes.

Em nenhuma outra parte do mundo helenístico existiu uma instituição do tamanho e da importância da Biblioteca de Alexandria. Graças a ela, os homens daquela época puderam tomar contato com as tragédias de Ésquilo, as comédias de Aristófanes e as histórias de Heródoto e Tucídides.

Em meados do século I d.C., disputas pela liderança enfraqueceram a dinastia dos ptolomeus. A independência foi perdida em 30 d.C., quando Cleópatra VII, última soberana ptolomaica, se aliou a Marco Antônio e perdeu o trono, quando este foi derrotado por Otávio, que incorporou definitivamente o Egito.

O Egito já não era o celeiro do Império. Esse papel passou a ser exercido pela província de África Proconsular (região ocidental da África do Norte, conhecida como Magreb) a partir do século II d.C.

Alexandria continuou a prosperar como centro de articulação de rotas comerciais romanas. Também permaneceu como centro da cultura grega.

TÁ LIGADO?

13. Elabore uma pirâmide social com as diversas classes que compunham a sociedade de Alexandria.

14. Apresente dois argumentos para explicar por que Alexandria pode ser considerada a mais importante cidade do mundo helenístico.

Algumas versões dão conta de que a biblioteca original, construída durante a Antiguidade, teria sido destruída por um incêndio. Em 2002, porém, o governo egípcio mandou construir uma nova biblioteca em Alexandria, em local próximo ao da antiga.

Biblioteca de Alexandria, inaugurada em 2002. Alexandria, 2011. (vista aérea)

POVOS DO DESERTO

Durante o primeiro milênio a.C., populações de cultura pastoril e seminômade espalharam-se pela região norte do continente africano. Mais numerosas nas planícies e nos vales, essas populações se dividiam: a oeste os povos Mauro (ou Maurísio), no centro e no leste os Númida e os Getulo, e a sudoeste os Garamante.

No início da era cristã, enquanto a África mediterrânica estava sob o domínio romano, a África do deserto se transformava em uma imensa rede de rotas de mercadorias que eram trocadas, no sul, por ouro, marfim e escravizados. Esses povos, na época, estavam organizados em grandes confederações.

CAMELOS, COMÉRCIO E O DESERTO

Caravana Tuaregue. Deserto do Saara, Tassili n'Ajjer, Região do Illizi (Argélia), 2018.

O camelo, introduzido pelos persas no Egito em torno do século V a.C., chegou ao norte da África no século I a.C. Durante o século II d.C. espalhou-se pelo Saara. A sua posse alterou completamente a vida dos povos do deserto, já que era o meio de transporte ideal para o lugar. Isso porque o camelo é capaz de ficar sem água de dez a quinze dias, resistir às grandes viagens e suportar cargas pesadas. Utilizando os camelos, as populações saarianas faziam o comércio de um lado a outro do deserto, controlavam militarmente os caminhos dos oásis, as fontes de água e as pastagens.

A CONFEDERAÇÃO GARAMANTE

Os povos Garamante viviam nos vales do Fezzan (Saara central), entre fileiras de oásis. Praticavam a agricultura e o pastoreio. Organizaram-se, em torno da cidade de Garama, em uma confederação que incluía diversos clãs nômades e sedentários que acabariam por dominar toda a região do Fezzan e regiões vizinhas. A confederação ocupava posição comercial central entre as cidades litorâneas e os territórios do interior. Temidos pelos romanos, esses povos foram descritos por Heródoto como grandes guerreiros que atravessavam o deserto em seus carros puxados por quatro cavalos.

As extensas caravanas que cortavam o deserto eram uma combinação temporária de negociantes, carregadores, homens armados para a defesa e viajantes. Em função de sua duração e extensão, elas podem ser comparadas a reinos em movimento. Havia um chefe que impunha a disciplina e que também era o representante nas transações comerciais com outras lideranças locais.

TÁ LIGADO?

15. Retome o mapa da página 168. Observe as diferentes rotas que cortavam o deserto e responda: o deserto era fronteira para as diversas populações saarianas? Explique.

16. Explique como se deu a introdução dos camelos na África.

17. Explique por que as caravanas podem ser comparadas a reinos em movimento.

POVOS DAS SAVANAS

No sentido norte-sul, o principal produto comercializado pelos povos do deserto era o sal, adquirido a peso de ouro pelas populações das savanas, ao sul. Tais populações se estendiam por uma vasta faixa compreendida entre o Deserto do Saara (ao norte) e a Floresta equatorial (ao sul).

Durante o segundo milênio a.C., as populações saarianas que haviam migrado para o sul, em busca de terras mais férteis e fontes de água, instalaram-se na extensa faixa de savanas, na curva do Rio Níger, no Rio Senegal e ao redor do Lago Chade. As pequenas comunidades praticavam a agricultura.

Nas zonas próximas ao deserto cultivavam pequenos grãos, como o fônio e o milhete, e mais ao sul, cereais como sorgo e arroz. O cultivo de cereais e grãos e a abundância de pescado favoreceram o aumento da população. Nas zonas de estepes (ao norte), grupos seminômades criavam gado e cavalos.

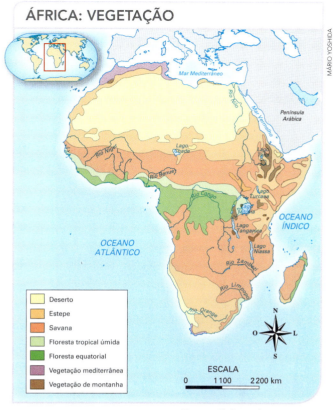

Fonte: Elaborado com base em ADE AJAYI, J. F.; CROWDER, M. *Historical Atlas of Africa*. Essex: Longman, 1985.

Fônio
Variação de milho miúdo.

PASTORES E AGRICULTORES

Nessas vastas regiões, pastores e agricultores conviviam de forma pacífica. A permanência temporária dos pastores nômades em busca de água para os rebanhos era aceita nas terras dos agricultores. Estabeleciam-se trocas entre eles. Os agricultores recebiam leite, gado e cavalos. Os pastores adquiriam cereais e hortaliças.

No século V a.C., essas populações muito dispersas começaram a organizar-se em pequenas comunidades independentes baseadas em relações de parentesco. O seu desenvolvimento foi estimulado pelo comércio com os povos do deserto.

Mas, se os caminhos das salinas eram controlados pelos povos do deserto, as minas de ouro estavam sob o controle dos povos das savanas.

O camelo atravessava o deserto, mas não se adaptava ao clima das savanas. As mercadorias eram comercializadas e transferidas nos pontos de passagem entre as duas zonas para jumentos e bois. Por isso os povos do deserto não tinham acesso direto ao ouro das minas que ficavam ao sul. O jumento era o principal animal de carga para o transporte das mercadorias para o interior, e o cavalo era animal de montaria, especialmente na guerra.

TÁ LIGADO?

18. Retome o mapa da página 168, identifique e localize as regiões das salinas e o limite sul do Deserto do Saara.

19. No mapa acima, identifique e localize a região das savanas.

20. Identifique a relação de complementariedade entre pastores e agricultores.

21. Aponte em quais regiões era mais adequado a utilização de camelos, cavalos e jumentos.

OS MERCADOS

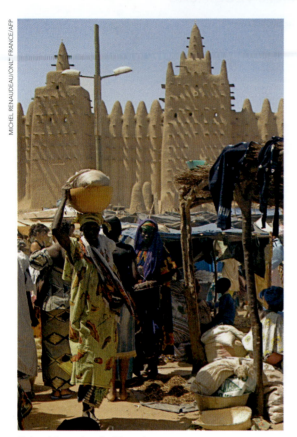

Feira. Mesquita de Djenné, Mopti (Mali), 2018.

Os pontos de parada das caravanas logo se transformaram em mercados e depois em importantes centros comerciais. Cada centro comercial procurava controlar o comércio e o acesso às minas de ouro.

Entre os povos das savanas que se beneficiavam do comércio estavam os Soninkê. Eles controlavam as jazidas de ouro do sul. Tal posição favoreceu o fortalecimento econômico e político. No século III d.C. formavam um complexo sistema político que agrupava numerosas aldeias em torno de uma poderosa liderança.

Nas regiões de passagem entre as savanas e as florestas, as vias fluviais se transformavam em redes de comunicação, e as canoas eram tão eficientes quanto os camelos e os jumentos. O Rio Níger, por exemplo, era um caminho fluvial muito ativo e por ele eram transportados os cereais cultivados no interior que eram comercializados nas cidades localizadas nas bordas do deserto, como Tombuctu e Djenné.

Os rios que corriam para o interior também facilitavam as trocas com as populações de pescadores, as populações das florestas que praticavam agricultura e ainda as populações caçadoras-coletoras, que viviam no interior da densa floresta equatorial.

TÁ LIGADO

22. Retome os mapas das páginas 168 e 179 e faça o que se pede
- Identifique e localize a cidade de Djenné.
- Que povos viviam nessa região?
- Nas regiões entre a savana e as florestas, qual era o principal meio de comunicação e transporte?

23. Explique como se formaram os mercados no interior do continente africano.

24. Aponte as atividades praticadas pelos povos das florestas africanas.

POVOS DAS FLORESTAS

Mas o que estava acontecendo nas terras que se estendiam para além da orla da floresta equatorial? Essa fronteira verde constituía para os povos das savanas um obstáculo tão sério quanto o grande deserto que ficava ao norte.

Durante o segundo milênio a.C., pequenos grupos começaram a desbravar a floresta e se estabelecer próximo a rios e lagos. Espalharam-se em diversas direções organizados em famílias cujo controle era exercido pelos mais velhos. Embora praticassem a agricultura e criassem animais, esses núcleos também viviam da pesca, da coleta e da caça.

Pequenas comunidades se formaram nas bordas das florestas equatoriais, cuja organização do território associou caçadores, coletores e agricultores em uma rede de parentesco e alianças. Nos grupos onde a agricultura era mais bem explorada predominaram a sedentarização e a formação de comunidades maiores.

Quando o solo se esgotava e a caça se tornava mais difícil, os grupos se deslocavam para formar novas áreas de plantio. Se o grupo ficasse muito grande, poderia se dividir para tomar novas direções.

A EXPANSÃO DOS POVOS DE LÍNGUA BANTU

O termo "**bantu**", com o significado de "povo" ou "os homens" está presente em cerca de 600 línguas africanas. Essas línguas aparentadas cobrem uma superfície de cerca de nove milhões de quilômetros quadrados, ao sul de uma linha quase horizontal cortando o continente africano da Baía de Biafra (sudoeste da Nigéria) a Melinde (na costa do Oceano Índico).

Nos dias de hoje, o termo "bantu" aplica-se aos povos que somam mais de 200 milhões de pessoas. As pesquisas apontam que as línguas bantas foram propagadas a partir de um núcleo comum, estabelecido há uns três ou quatro mil anos.

Alguns traços culturais desses povos distinguem seus descendentes até hoje por meio dos ritos de iniciação à idade adulta, do pastoreio, da prática do cultivo do sorgo e de milhos miúdos, da circuncisão e do sepultamento dos mortos sob montes de pedra.

Supõe-se que os núcleos iniciais são originários da região do Rio Benué (entre a fronteira da Nigéria e Camarões) e que em seus sucessivos deslocamentos teriam se dirigido para leste e sul por dois conjuntos de caminhos que cortavam a Floresta equatorial. Nos caminhos para o leste esses grupos chegaram às terras da África oriental. Os caminhos que seguiam para sul os levaram para a embocadura do Rio Congo e a África austral.

O domínio da agricultura, os instrumentos de metal e a organização política foram fundamentais nessa longa dispersão, tornando-os capazes de submeter outros povos com menos recursos, especialmente os caçadores-coletores, habitantes originais das florestas e savanas da África do centro e do sul.

Atividades bantu

Os grupos bantu, que se estabeleceram na África oriental, desenvolveram o cultivo do sorgo e do milhete e a criação de gado bovino durante a convivência com os povos oriundos do Vale do Nilo, que lá se estabeleceram por volta do primeiro milênio a.C.

Quando o solo começava a perder a fertilidade ou a caça não era suficiente para alimentar a aldeia, o grupo seguia adiante. E quando o grupo crescia muito, dividia-se, dando origem a novos grupos.

Mudando de paisagens e encontrando novas culturas, os bantus enriqueciam e diversificavam o seu vocabulário, adquiriam novos hábitos e objetos, novas tecnologias, novos símbolos sagrados e de poder.

Nesse longo processo, os povos bantu ocuparam parte da floresta, as savanas no interior da África ocidental e as florestas litorâneas mais úmidas.

À medida que se espalhavam pela floresta equatorial da Bacia do Rio Congo, as aldeias se tornaram maiores. No século III d.C., já haviam se estabelecido na região em torno dos Grandes Lagos e rumavam para o sul da África.

Poucos séculos mais tarde, em um dos avanços mais rápidos dessa longa dispersão, os agricultores bantu chegaram à costa sul da África do Sul, a leste da atual Cidade do Cabo.

TÁ LIGADO?

25. O termo "bantu" refere-se a um único povo? Justifique.

26. Retome o mapa da página 168 e elabore um pequeno texto contando a história da expansão dos povos Bantu.

Sorgo
Tipo de cereal.

Austral
Sul.

TÁ NA REDE!

MESQUITA DE DJENNÉ

Digite o endereço abaixo na barra do navegador de internet: <http://bit.ly/2QqnEFn>. Você pode também tirar uma foto com um aplicativo de *QrCode* para saber mais sobre o assunto. Acesso em: 21 set. 2018. Em inglês.

Viagem virtual pela mesquita de Djenné.

> **TÁ LIGADO**
>
> 27. Explique quem são os povos pigmeus.
>
> 28. Cite as principais atividades desses povos.

OS PEQUENOS GRANDES CAÇADORES

Durante sua longa dispersão, os povos bantu encontraram no caminho diversos povos que já estavam estabelecidos nas diferentes áreas desde épocas muito remotas, como os povos chamados de **pigmeus** e **bosquímanos**.

Os pigmeus

Pigmeu é o nome genérico dado a diversos grupos étnicos, como Twa, Mbuti, Baka, Aka, cuja característica comum é a baixa estatura dos seus descendentes. São pequeninos, da altura de uma criança entre 9 e 11 anos, ou seja, entre 1,20 m e 1,50 m. Mas são caçadores ágeis e temidos no coração da África.

Esses povos estão entre os mais antigos habitantes do continente africano e viviam nas florestas antes da chegada dos povos agricultores. Ainda hoje, utilizam as mesmas técnicas de caça desenvolvidas por seus antepassados.

Lendas muito antigas já se referiam aos seres pequeninos que viviam nas florestas antes da chegada dos povos de maior estatura. Seriam dotados de poderes mágicos e tão pequeninos que passavam despercebidos entre a vegetação.

Esses povos formam grupos muito organizados, em que o caçador ocupa lugar de prestígio, pois a caça exige força e coragem. Ao mesmo tempo, o caçador deve ser conhecedor da floresta e de seus mistérios.

Homens e mulheres

A caça é uma atividade masculina e de cooperação que exige muita disciplina. Caçam desde pequenos animais, como porcos e veados, até hipopótamos e elefantes. Utilizam redes como armadilhas e são muito habilidosos com arco e flecha.

A coleta de grãos, frutos silvestres, raízes e a pesca são tarefas das mulheres. Acompanhadas pelas crianças, elas também lidam com as plantas medicinais e transportam a tocha com o fogo quando os acampamentos são desmontados.

Vivem em pequenas aldeias e em grupos de vinte a cem pessoas. Comercializam principalmente carne e mel com as aldeias de agricultores em troca de grãos, sal e ferramentas de ferro.

Os pigmeus mais velhos ocupam um lugar muito especial nessas sociedades, já que são os guardiães da memória, responsáveis pela transmissão do conhecimento. São eles os encarregados de perpetuar as técnicas e a história do grupo aos mais jovens.

Atualmente existem pequenas populações no Deserto do Kalahari (Namíbia), Botswana, África do Sul, Zimbabwe, Moçambique, Namíbia, Lesotho, Suazilândia.

Crianças da etnia Mbuti. Floresta tropical de Ituri (República Democrática do Congo), 2006.

Os bosquímanos

Bosquímano ou hotentote também são nomes genéricos dados a diversos povos caçadores-coletores, como os San, Khoi-Khoi, Sho, Barwa, Kung e Khwe.

Esses povos são um pouco maiores em estatura que os pigmeus, cerca de 1,57 m em média, e, além de exímios caçadores (San), praticam o pastoreio (Khoi-Khoi). Para caçar, utilizam o arco com flechas envenenadas. A flecha é feita de caniço com uma lasca finamente polida do osso da perna do avestruz e o veneno é retirado de cobras e misturado com o suco de plantas e raízes.

Mulheres da etnia San. Grashoek (Namíbia), 2016.

Em tempos antigos, os deslocamentos e o território de um grupo eram determinados pela disponibilidade de recursos de água, vegetais e animais. Os que viviam perto de fontes de água doce pescavam e caçavam pequenos animais, como tartarugas e coelhos. Os caçadores San utilizavam diferentes técnicas de pesca, como armadilhas feitas com cestos de junco trançado em forma de funil que eram colocadas na corrente dos rios. Entre os San havia grande variedade de técnicas de caça e coleta, com emprego de instrumentos feitos de ossos, pedras, madeira, fibras, junco, couro, conchas e marfim.

Os San se organizavam em pequenos grupos de cerca de vinte pessoas. Com grande mobilidade e altamente organizados, tinham conhecimento profundo dos recursos disponíveis.

Geralmente ocupavam cavernas e abrigos sob as rochas e dividiam-se em pequenas unidades familiares quando os recursos escasseavam, ou fundiam-se em grupos maiores quando havia necessidade de cooperação na exploração dos recursos.

> Atualmente, os San podem ser encontrados, em pequenos grupos, nas florestas de Camarões, no Gabão, Guiné Equatorial, em algumas regiões da República Centro-Africana, Uganda, República Democrática do Congo, Botsuana, Angola, Namíbia, Ruanda e Zâmbia.

Divisão sexual do trabalho

Havia uma rigorosa divisão sexual do trabalho: os homens caçavam e as mulheres colhiam raízes e frutos. Entretanto, as mulheres tinham a obrigação de abastecer diariamente o grupo com alimentos.

Já os Khoi-Khoi eram pastores de carneiros e cabras. Alimentavam-se basicamente de raízes, tubérculos, vegetais e leite, e de carnes em algumas ocasiões, quando caçavam animais selvagens. Não costumavam sacrificar os animais de seu rebanho.

Diferentemente dos caçadores San, os Khoi-Khoi não se instalavam em cavernas, mas construíam cabanas, produziam cerâmica e conheciam a metalurgia. Formavam pequenas aldeias com cerca de dez a quarenta cabanas. Vivendo em comunidades maiores, precisavam se deslocar com mais frequência para garantir a alimentação e as pastagens para os animais. Conforme a estação do ano, eles se deslocavam para montanhas, vales ou litoral à procura das melhores pastagens.

Até o século III d.C., esses povos ocupavam toda a região meridional do continente africano. Com o avanço dos povos bantu, essas populações mais antigas foram gradativamente empurradas para as regiões menos férteis.

TÁ LIGADO

29. Aponte a divisão de tarefas entre homens e mulheres dos povos pigmeus e bosquímanos.

30. Retome o mapa da página 168 e, com a ajuda do mapa da página 179, identifique e localize os povos Mbuti, San e Khoi-Khoi.

O avô do berimbau e os jogos de imitação

Entre os diversos povos caçadores conhecedores das florestas e dos seus mistérios, a música está presente em todos os momentos da vida, sendo comum a utilização do arco de caça como arco musical.

Os pigmeus, entre diversos outros povos caçadores, tornaram-se exímios tocadores de arcos musicais. Até hoje.

Para tocar o arco põem-se os lábios em sua haste e, com uma pequena vara de madeira, toca-se a corda em ritmo variável. A boca funciona como a cabaça do berimbau. Mas eles utilizam diferentes instrumentos: chocalhos feitos de sementes, tambores de água, flautas e harpas arqueadas.

Garotas da etnia Baca tocando arco musical. Congo, 2006.

Outros jogos muito apreciados são as danças coletivas, nas quais representam lendas, e os jogos de mímica, imitando os diferentes animais da floresta. Muitas vezes, depois de uma jornada sem bons resultados, ao som do arco musical, os caçadores dançavam e imitavam os animais que desejavam caçar no dia seguinte.

Ou então, após uma ótima caçada, representavam as cenas vividas em busca da presa, as ações coletivas, as iniciativas individuais, as situações divertidas, os momentos de perigo e de risco.

De qualquer modo, ao final do dia, troca-se a roda da caça pela roda da dança e dos jogos de imitação. O arco do caçador assume a função de arco musical.

O nosso berimbau, utilizado para ritmar os golpes de capoeira, não é mais o arco de caça. Hoje em dia, celebra um jogo de corpo, uma dança e uma luta desenvolvidos durante muitos séculos em terras brasileiras. Mesmo assim, é interessante destacar que suas origens encontram-se no coração das florestas africanas.

Capoeiristas celebram o pôr do sol ao som do berimbau. Bahia (Brasil), 1993.

EM DESTAQUE

A tradição viva

Cada sociedade tem sua maneira especial de guardar, conservar e transmitir suas histórias, saberes e tradições. Como diz um velho provérbio angolano: "Os brancos escrevem nos livros, e nós escrevemos na alma".

Há os povos que conservam e transmitem seus conhecimentos por meio da escrita, outros oralmente. Isso não quer dizer que uma forma seja superior ou inferior a outra. São apenas diferentes. De modo geral, a importância maior da fala sobre a escrita está presente ainda hoje na cultura de muitos povos, nos vários cantos do planeta.

Griots. Nigéria, 2008.

Para grande parte dos povos africanos, a tradição oral cumpre nessas sociedades a mesma função que a escrita para outras. Elas também são conhecidas como **sociedades orais**, ou ainda **sociedades da palavra**. Os contadores de histórias são os responsáveis por conservar vivo o conhecimento dessas comunidades. Verdadeiras bibliotecas vivas da palavra.

Na maior parte da África, os mais velhos são responsáveis pela transmissão do conhecimento aos mais jovens, ocupando um lugar muito especial na organização social. Os seus cabelos brancos são sinal de sabedoria e suas experiências de vida são exemplos. Em algumas comunidades, a ordem é mantida por meio da autoridade dos mais velhos. Só tinham acesso a eles os grandes guerreiros e os contadores de histórias.

Contrariamente ao que alguns podem pensar, a transmissão oral não se limita a lendas, mitos e contos, mas a todo tipo de conhecimento: ciências, técnicas, artes, crenças e divertimentos. Por exemplo, ao fazer uma caminhada pela mata e encontrar um formigueiro, o velho mestre terá a oportunidade de ensinar de diversas maneiras. Pode falar do próprio animal e da classe de seres a que pertence, pode dar uma lição de moral às crianças, mostrando como a vida em comunidade depende da solidariedade. Assim, qualquer acontecimento pode levar a diversos tipos de conhecimento.

Em algumas regiões africanas, os contadores são chamados de *griots*. Esse foi o nome dado pelos franceses aos *diélis*, poetas e músicos que conhecem muitas línguas e viajam pelas aldeias. *Diéli* é uma palavra da língua bambara, falada por povos africanos que habitam principalmente as regiões dos atuais Mali, Senegal e Guiné-Bissau, e quer dizer sangue. A circulação do sangue representa a própria vida. Assim como a palavra que circula.

Eles são especialistas cuja profissão é hereditária, ou seja, passada de pai para filho. Viajam entre os diversos grupos, aldeias e vilas. Diante da fogueira, contam notícias e acontecimentos de outros povos, sonhos, histórias de sabedoria. Os *griots* são tão importantes que, em caso de guerra, não podem ser mortos ou presos.

1. Discuta, em grupos, o provérbio angolano: "Os brancos escrevem nos livros, e nós escrevemos na alma".
2. Descubra que tipo de memória foi preservada de seus antepassados. Peça ao membro mais antigo de sua família que conte uma história referente à constituição dela. De onde vieram seus avós, bisavós e trisavós, que herança cultural deixaram para seus pais e chegaram até você (história, música, receitas etc.). Não escreva, guarde na memória e reconte a seus colegas.
3. Formem grupos e troquem suas histórias. Descubra se há algum colega com uma história parecida com a sua ou se os parentes vieram do mesmo lugar.

QUEBRA-CABEÇA

1. Releia o quadro complementar "O avô do berimbau e os jogos de imitação" (p. 104). Agora responda ao que se pede:
   a) Identifique as utilidades dos arcos musicais para os povos caçadores das florestas.
   b) Aponte os significados dos jogos de mímicas praticados pelos caçadores das florestas.

2. Com base nas tabelas da página 23, transforme em séculos as seguintes datas:
   - Conquista do Egito pelos kushitas (750 a.C.)
   - Formação do Reino de Axum (600 a.C.)
   - Conquista do Egito pelos macedônios (332 a.C.)
   - Conquista do Egito pelos romanos (30 d.C.)

3. Com essas datas, elabore uma linha cronológica.

4. Explique quem eram as candaces e sua importância na sociedade kushita.

5. Com base no mapa da página 168 e nos conteúdos estudados neste capítulo, elabore um texto ou um conjunto de desenhos demonstrando a diversidade de povos e sociedades na África no século III d.C.

6. Vamos construir nossos *tags*. Siga as instruções do *Pesquisando na internet*, na seção **Passo a passo** (p. 7), utilizando as palavras-chave abaixo:

Bantu
Garamante
Soninkê
San
Khoi-Khoi

LEITURA COMPLEMENTAR

SALOMÃO E A RAINHA DE SABÁ (VERSÃO BÍBLICA – 2CR: IX, 1-12; 1RS: X, 1-13)

Leia com atenção o texto a seguir e depois responda às questões propostas.

A rainha de Sabá ouviu falar da fama de Salomão e veio a Jerusalém para pôr à prova Salomão, por meio de enigmas. Chegou com grandes riquezas, com camelos carregados de aromas, grande quantidade de ouro e de pedras preciosas. Quando da sua visita a Salomão, expôs-lhe tudo o que tinha no coração. Salomão a esclareceu sobre todas as suas perguntas e nada houve por demais obscuro para ele, que não pudesse solucionar. [...] Ela deu ao rei cento e vinte talentos de ouro, uma grande quantidade de aromas e pedras preciosas. Eram incomparáveis os aromas que a rainha de Sabá ofereceu ao rei Salomão. [...]

O rei fez com a madeira de sândalo escadarias para a Casa de Iahweh e para o palácio real, liras e harpas para os músicos; jamais se vira antes coisa igual no país de Judá. Quanto ao rei Salomão, ofereceu à rainha de Sabá tudo o que ela desejou e pediu, sem contar que ela havia trazido ao rei. Depois ela partiu e voltou para sua terra, ela e seus servos.

A BÍBLIA DE JERUSALÉM.
São Paulo: Edições Paulinas, 1980.

1. No seu caderno, identifique as riquezas trazidas pela rainha Makeda ao rei Salomão, na versão bíblica.

2. O texto bíblico termina com a partida da rainha de Sabá e de seus servos. Com base no texto do capítulo (retome o item *A rainha Makeda e o rei Salomão*, p. 174), como essa história foi utilizada para legitimar a dinastia etíope?

PONTO DE VISTA

> OBSERVE AS IMAGENS

Coexistência

"Coexistência" foi uma grande exposição de arte ao ar livre que percorreu o mundo. Composta de 45 imagens de grandes dimensões, a exposição percorreu 24 cidades e foi acompanhada por um amplo programa de atividades educativas e culturais sobre o tema. A exposição foi idealizada em resposta a um ciclo de violência ocorrido em algumas regiões de Jerusalém. Inaugurada em maio de 2001, em Jerusalém, reuniu diferentes artistas para expressarem seus sentimentos e o desejo de transformar a realidade pela arte. Foi exibida junto às muralhas da cidade velha, envolvendo os portões dos bairros judeu, cristão e muçulmano. A exposição passou pelas cidades de São Paulo e Rio de Janeiro em 2006. Hoje conta com mais de 50 obras criadas por artistas dos quatro cantos do mundo.

A proposta da "Coexistência" (que significa "existência simultânea") era sensibilizar e conscientizar a sociedade para a importância da integração, do diálogo e do respeito ao outro.

Nesse momento de cultura global, coexistência significa mais que um conceito ou uma ideia. Significa mudarmos nossas atitudes. Coexistência não quer dizer forçosamente aprender a viver juntos, mas aprender a viver ao lado do outro, aprender a entender as diferenças, bem como apreciá-las e valorizá-las. Não somos melhores que os outros. Somos diferentes uns dos outros. Cada um, de sua maneira, pode contribuir e difundir a mensagem de que somos todos iguais nas nossas diferenças.

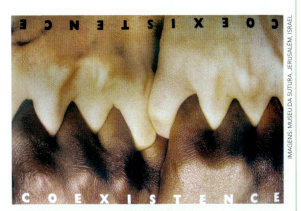

Coexistência, Yossi Leme. Painel, 2001.

Coexistência, Piotr Mlodozeniec. Painel, 2001.

TÁ NA REDE!

COEXISTÊNCIA

Digite o endereço abaixo na barra do navegador de internet: <https://goo.gl/HZZnT5>. Você pode também tirar uma foto com um aplicativo de *QrCode* para saber mais sobre o assunto. Acesso em: 26 jun. 2018. Em inglês.

 Informações sobre a Exposição Coexistência

---

1. No seu caderno, analise cada uma das imagens. Identifique a data, o suporte e os elementos de cada uma delas.
2. Identifique o tema dos trabalhos.
3. No seu caderno, escreva uma frase sobre o tema.
4. Em grupos, organize um painel sobre o tema.

PERMANÊNCIAS E RUPTURAS

Leia com atenção a letra da música a seguir. Depois responda às questões propostas.

Eu nasci há dez mil anos atrás

Raul Seixas e Paulo Coelho

Um dia, numa rua da cidade
Eu vi um velhinho
Sentado na calçada
Com uma cuia de esmola
E uma viola na mão
O povo parou pra ouvir
Ele agradeceu as moedas
E cantou essa música
Que contava uma história
Que era mais ou menos assim:
Eu nasci!
Há dez mil anos atrás
E não tem nada nesse mundo
Que eu não saiba demais
Eu vi Cristo ser crucificado
O amor nascer e ser assassinado
Eu vi as bruxas pegando fogo
Pra pagarem seus pecados
Eu vi!...
Eu vi Moisés
Cruzar o Mar Vermelho
Vi Maomé
Cair na terra de joelhos
Eu vi Pedro negar Cristo
Por três vezes
Diante do espelho
Eu vi!...
Eu nasci! (Eu nasci!)
Há dez mil anos atrás
(Eu nasci há 10 mil anos!)
E não tem nada nesse mundo
Que eu não saiba demais
Eu vi as velas
Se acenderem para o Papa
Vi Babilônia
Ser riscada do mapa
Vi Conde Drácula
Sugando sangue novo
E se escondendo atrás da capa
Eu vi!...
Eu vi a arca de Noé
Cruzar os mares
Vi Salomão cantar
Seus salmos pelos ares
Eu vi Zumbi fugir
Com os negros pra floresta
Pro Quilombo dos Palmares
Eu vi!...
Eu nasci! (Eu nasci!)
Há dez mil anos atrás
(Eu nasci há 10 mil anos!)
E não tem nada nesse mundo
Que eu não saiba demais
Eu vi o sangue
Que corria da montanha
Quando Hitler
Chamou toda Alemanha
Vi o soldado

TRÉPLICA

 Filmes

Kiriku e a feiticeira
França/Bélgica/Luxemburgo, 1998.
Direção de Michel Ocelot.

Longa-metragem de animação que retrata uma lenda africana em que um recém-nascido superdotado que sabe falar, andar e correr muito rápido se incumbe de salvar a sua aldeia de uma feiticeira terrível que deu fim a todos os guerreiros, secou a sua fonte d'água e roubou todo o ouro das mulheres.

Kiriku e os animais selvagens
França/Bélgica/Luxemburgo, 2005.
Direção de Michel Ocelot.

Continuação das aventuras de Kiriku. Seu avô é o narrador das histórias de como Kiriku aprendeu a ser jardineiro, detetive, artesão, comerciante, viajante e doutor.

 Livros

Histórias de Ananse
BADOE, Adwoa; DIAKITÉ, Wagué. São Paulo: SM, 2006.

Os segredos das tranças e outras histórias africanas
BARBOSA, Rogério Andrade. São Paulo: Scipione, 2007.

Que sonhava com a amada
Numa cama de campanha
Eu li!
Ei li os símbolos
Sagrados de umbanda
Eu fui criança pra
Poder dançar ciranda
E quando todos
Praguejavam contra o frio
Eu fiz a cama na varanda...
Eu nasci! (Eu nasci!)
Há dez mil anos atrás
(Eu nasci há 10 mil anos atrás!)
E não tem nada nesse mundo
Que eu não saiba demais
Não! Não!
Eu estava junto
Com os macacos na caverna
Eu bebi vinho
Com as mulheres na taberna
E quando a pedra
Despencou da ribanceira
Eu também quebrei a perna
Eu também...
Eu fui testemunha
Do amor de Rapunzel
Eu vi a estrela de Davi
Brilhar no céu
E pra aquele que provar
Que eu tô mentindo
Eu tiro o meu chapéu...
Eu nasci! (Eu nasci!)
Há dez mil anos atrás
(Eu nasci há 10 mil anos atrás!)
E não tem nada nesse mundo
Que eu não saiba demais

Eu nasci há 10 mil anos atrás (LP),
de Raul Seixas, 1976, Universal.

1. No seu caderno, identifique os acontecimentos e personagens apresentados na canção e que foram tratados ao longo deste livro.

2. No seu caderno, identifique os acontecimentos e personagens que são posteriores aos temas tratados neste livro.

3. Identifique as transformações importantes ocorridas no mundo cerca de 10 mil anos atrás.

4. No seu caderno, faça uma linha de tempo com os acontecimentos descritos na canção.

5. No seu caderno, faça uma linha de tempo com os acontecimentos do Brasil e do mundo neste ano. Inclua também aquilo que de mais importante ocorreu com você.

Dingono, o pigmeu
BARBOSA, Rogério Andrade. São Paulo: Melhoramentos, 1994.

Encontros de histórias: do arco-íris à Lua, do Brasil à África
CLARO, Regina. São Paulo: Hedra Educação, 2014.

 Sites
(Acessos em: 26 jun. 2018)

<http://goo.gl/aw1wJp>
Portal dedicado aos povos caçadores-coletores que vivem em florestas tropicais da África central. Contém fotos sobre suas atividades cotidianas, descrições etnográficas, além de sons e gravações da música produzida por esses povos. Em inglês e italiano.

<http://goo.gl/qlrmaO>
Africa Focus, portal da Universidade de Winsconsin que reúne, em formato digital, uma coleção com mais de 3 mil *slides*, 500 fotografias e 50 horas de sons de diferentes países do continente africano. Em inglês.

<http://goo.gl/HkEKCT>
O Museu da Núbia mantém um acervo de cerca de 1500 artefatos mostrando a cultura material da Núbia, da Pré-História até os tempos atuais. O *site* mantém uma seção infantil com jogos interativos. Em inglês.

4º Bimestre

CAPÍTULO 8 — A Idade Média

PORTAS ABERTAS

OBSERVE AS IMAGENS

1. Identifique: o suporte, ou seja, o tipo de material utilizado para a confecção, a data e os elementos pertencentes a cada imagem.

2. Identifique os tipos de pessoas e seres que aparecem em cada uma dessas imagens.

3. Que atividades representadas nas iluminuras sobre a sociedade medieval podemos reconhecer?

4. Quais características culturais essas pessoas poderiam ter em comum?

5. Essas imagens podem ser consideradas documentos históricos? Justifique.

A missa, anônimo. Iluminura extraída do manuscrito *Livro das horas*, c. 1450. (detalhe)

Alexandre, o Grande, e seu Exército enfrentando dragões, anônimo. Iluminura extraída do manuscrito *Poemas e romances*, Talbot Shrewsbury, 1444-1445.

Mês de março, Barthélemy van Eyck. Iluminura extraída do manuscrito *As mui ricas horas do Duque de Berry*, 1416-1440. (imagem e detalhe)

TÁ LIGADO?

1. Identifique as datas referentes à subdivisão entre Alta Idade Média e Baixa Idade Média.

PENSANDO A IDADE MÉDIA

O início da Idade Média costuma ser identificado com a queda do Império Romano do Ocidente, em 476 d.C., conquistado pelos povos germânicos a partir dessa data. O seu fim pode ser localizado em 1453 (data da conquista de Constantinopla pelos turcos), em 1492 (chegada dos europeus à América) ou em 1517 (ano da Reforma Protestante).

Para facilitar nossos estudos, vamos estabelecer uma subdivisão nesse longo período de cerca de mil anos. A história europeia dos séculos V a X será denominada **Alta Idade Média** – quando ocorre a formação de uma nova sociedade por meio da articulação de elementos romanos e germânicos.

Chamaremos **Baixa Idade Média** o período do desenvolvimento do feudalismo e da crise da ordem feudal na Europa, que vai do século XI ao século XVI.

OS REINOS GERMÂNICOS

Uma vez conquistados os territórios do Império Romano do Ocidente, a partir do século V d.C., os povos germânicos estabeleceram pequenos reinos, ainda muito frágeis do ponto de vista da sua organização interna.

Havia alguns problemas para a dominação germânica. Em primeiro lugar, apesar de conquistadores, os germanos eram minoria em relação à população das regiões ocupadas. Além disso, divididos em inúmeros reinos e tribos, mantiveram rivalidades entre si que resultaram em sucessivas guerras e rebeliões.

Em segundo lugar, suas leis eram aplicadas de acordo com o costume de muitos séculos de história. Em terceiro lugar, os povos germânicos não haviam constituído Estados antes do século V. Não dispunham de fortes instituições, corpo de funcionários e administração centralizada. Por fim, muitos dos germanos acreditavam nos seus deuses ancestrais. Traziam um politeísmo que conflitava com a religião cristã monoteísta estabelecida na Europa desde o século I.

Após os saques iniciais, os germânicos tiveram de manter parte das propriedades dos senhores romanos. Muitas vezes, tomavam algumas terras e áreas agrícolas, repartindo-as entre os guerreiros. Durante algum tempo, conviveram, lado a lado, áreas de cultivo controladas por germanos e áreas pertencentes aos antigos senhores, que deviam algum tipo de tributo aos conquistadores.

A questão só foi resolvida quando começou a se formar uma aristocracia romano-germânica, a partir do casamento de filhos de ambos os povos. Também começava a se formar uma fusão na base da sociedade. Os trabalhadores, camponeses dependentes (colonos) ou escravizados, também passaram, com o tempo, a realizar casamentos mistos.

Algo semelhante ocorria com relação à cultura e às instituições públicas. Os germanos tiveram de dominar regiões onde havia uma cultura escrita e cuja administração dependia de pessoas conhecedoras da língua latina que pudessem dar continuidade às tarefas administrativas.

Originalmente, a cultura germânica era oral. No entanto, a partir do século II a.C., com o contato com os romanos e gregos, os germanos desenvolveram um alfabeto composto de sinais religiosos, denominados **runas**, cujos significados mágicos eram guardados por seus líderes espirituais.

Inscrição rúnica em pedra, Lingsberg. Suécia, século XI.

A IGREJA E OS REINOS GERMÂNICOS

Fonte: Elaborado com base em LEONE, A. R. *Orientarsi nella storia*. Milão: Sansoni, 1995.

A única instituição que se manteve forte após a queda do Império Romano do Ocidente foi a Igreja cristã. Composta de um conjunto de letrados, ela tornou-se indispensável para a dominação dos novos conquistadores.

Ao se aproximarem da Igreja de Roma, os reinos tornavam-se mais poderosos, pois passavam a contar com a ajuda dessa instituição para organizar seus Estados. O latim, mantido na parte Ocidental do Império como referência de língua escrita, passaria a ser identificado, cada vez mais, com os integrantes da Igreja cristã. Entre os séculos V e VI, os padres cristãos combateram fortemente a mitologia germânica, considerando-a um conjunto de crendices.

O REINO FRANCO

O primeiro Estado germânico a seguir a orientação de Roma foi o Reino Franco. Em 493, o rei Clóvis converteu-se ao cristianismo. Além do apoio da Igreja, isso lhe valeu o apoio da população da Gália (atual França) contra outros povos germânicos rivais.

Clóvis fundou a dinastia merovíngia, uma homenagem a seu avô Meroveu. Com o auxílio da Igreja, que desejava proteção militar e política, organizou os funcionários do reino. De seu palácio, exercia um poder imenso.

Além disso, Clóvis mandou redigir um conjunto de normas conhecido como **Lei Sálica**, que, apesar de escrita, conservava os costumes e as tradições dos francos.

TÁ LIGADO

2. Faça uma lista com duas colunas: uma com os principais problemas para a dominação germânica no território do antigo Império Romano do Ocidente e outra mostrando como foram solucionados tais problemas.

3. Explique por que o apoio da Igreja cristã era importante para os povos germânicos.

> **TÁ LIGADO?**
>
> 4. Explique o processo de fragmentação do poder após a morte de Carlos Magno.

Carlos Magno e o Renascimento Carolíngio
Vídeo

Os quatro evangelistas, anônimo. Iluminura extraída do manuscrito *Domschatzkammer*, século VIII.

Na iluminura pertencente a um manuscrito produzido em Aachen (Alemanha), capital do Império de Carlos Magno, cada um dos evangelistas é associado a uma figura simbólica com asas, localizada acima de sua imagem. Em sentido horário: São Mateus (anjo), São João (águia), São Marcos (leão) e São Lucas (boi). Note que cada evangelista está se dedicando à elaboração ou leitura dos seus escritos.

O IMPÉRIO CAROLÍNGIO

Entre todos os funcionários reais, o *majordomus* (mordomo) ou **prefeito do palácio** era o mais poderoso. Após a morte de Clóvis, em 511, os mordomos estabeleceram-se como os funcionários encarregados da distribuição de cargos, funções, terras e outras riquezas.

Com o passar dos anos, muito do poder dos monarcas francos passou a ser exercido pelos prefeitos dos palácios. No início do século VIII, o mordomo Carlos Martel conseguiu centralizar o poder em suas mãos e aproximou-se ainda mais da Igreja de Roma. Com isso, garantiu que seu filho, Pepino, o Breve, fosse coroado rei, iniciando, em 751, a dinastia carolíngia, em homenagem a Carlos Martel.

Mas foi Carlos Magno, rei franco desde 768, que se tornaria o soberano mais importante da dinastia carolíngia. Para organizar o reino, Carlos Magno o subdividiu em condados, áreas administrativas e militares que eram cedidas a homens de sua inteira confiança. Nessas áreas, os condes exerciam o comando militar e a justiça, em nome do soberano franco.

Carlos Magno derrotou os lombardos em 774 e conquistou novos territórios na Europa, fundando um vasto império, o Império Carolíngio, que difundiu a religião cristã entre as populações dominadas.

A FRAGMENTAÇÃO DO PODER

O maior problema para a manutenção do Reino Franco residia na capacidade de recrutamento militar e na montagem de exércitos que pudessem ser rapidamente mobilizados. As relações tribais, que garantiam seguidores a um chefe guerreiro, ainda persistiam, de certa maneira, no século VIII.

Com Carlos Magno, as relações pessoais entre guerreiros foram estimuladas. O próprio rei estabelecia pactos com seus homens mais próximos. Dava-lhes poder, terras e autoridade em troca de auxílio militar.

Após a morte de Carlos Magno, o poder fragmentou-se nas mãos de milhares de guerreiros que exerciam a autoridade em seus domínios. O enfraquecimento do poder central, iniciado com a crise do Império Romano, chegava a seu ponto máximo.

AS NOVAS INVASÕES

No século IX, do norte da Europa, usando capacetes com chifres, surgiram os temíveis *vikings*, os "homens do norte" (*north men*), os normandos. Eram também germanos, como aqueles que já haviam se estabelecido no centro da Europa. Os normandos eram ótimos navegantes e construtores de grandes barcos de madeira. Velozes nos seus ataques, costumavam colocar uma cabeça de dragão feita de madeira na frente da embarcação. Praticavam pilhagens nas cidades e nas propriedades rurais.

Do sul, pela África, chegaram os árabes muçulmanos, que dominaram a Península Ibérica e as ilhas Córsega e Sicília. Do leste, os magiares (húngaros) também conquistaram regiões da Europa oriental.

Entre todos esses povos, os magiares eram os mais assustadores para os cristãos. Pertenciam ao mesmo grupo dos hunos, que também se deslocaram da Ásia para a Europa à época do fim do Império Romano do Ocidente.

Ferozes cavaleiros, os hunos dormiam sobre seus cavalos. Quando jovens, faziam cortes no rosto de modo que as cicatrizes dessem a eles um aspecto assustador.

A situação extrema de conflitos vivida no século X mudou a paisagem europeia. Para se proteger dos ataques invasores, poderosos guerreiros mandaram construir enormes habitações fortificadas, os **castelos**, com suas muralhas altas e fortes, suas torres de vigia, pontes levadiças e fossos profundos com água ao redor da construção.

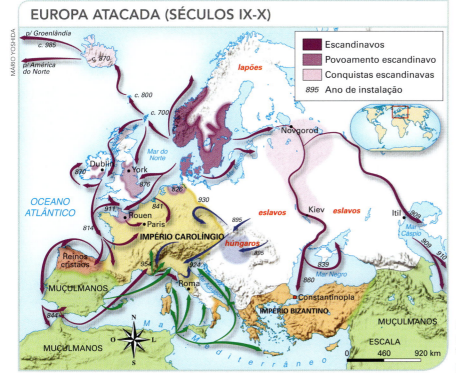

Fonte: Elaborado com base em KINDER, Hermann; HILGEMANN, Werner. *Atlas histórico mundial*. Madri: Akal, 2006.

TÁ LIGADO

5. Aponte as atribuições dos prefeitos após a morte de Clóvis.

6. Explique quem eram os normandos.

7. Compare a situação política da Europa Ocidental e do Império Bizantino no século VI.

O IMPÉRIO BIZANTINO

Enquanto a Europa ocidental vivia um momento de reorganização política, o Império Romano do Oriente (ou **Império Bizantino**) reagia às investidas dos povos germânicos. Além disso, experimentava uma época de esplendor cultural e político sob o regime do imperador Justiniano (527-565).

Constantinopla passou a ser a maior cidade europeia. Sua localização era estratégica, passagem entre a Europa e a Ásia. Por suas rotas, eram realizadas muitas trocas comerciais e culturais entre essas duas partes do mundo. Cercada de muralhas, possuía bibliotecas, mosteiros, hospitais, escolas, jardins públicos, hipódromo com capacidade para 60 mil pessoas, palácios, residências de todo tipo, monumentos à maneira de Roma e igrejas.

CRISTIANISMO

Igreja de Santa Sofia. Istambul (Turquia), 2011. (vista interior)

O cristianismo era a religião oficial no mundo romano. Em Bizâncio, o poder religioso subordinava-se ao imperador. O **patriarca**, chefe da Igreja Cristã Oriental, integrava o corpo de funcionários do Estado. O poder de César prevalecia sobre a esfera religiosa. Em função disso, alguns estudiosos costumam definir a integração entre Igreja e Estado no Império Bizantino como **cesaropapismo**.

A arte bizantina estava voltada à fé cristã. Além disso, exprimia o poder do imperador. Os bizantinos valorizavam muito a ornamentação. Prova disso são os **mosaicos**, combinações de pequenas pedras (muitas vezes preciosas ou esmaltadas) de feitio e cores diferentes, formando um desenho.

As cerimônias associavam o imperador à figura divina. Suas roupas douradas e púrpuras, sua posição de destaque, no centro e no alto, criavam ritos imperiais. A exemplo da altura da Igreja de Santa Sofia, iluminada pelas luzes que entravam pelas altas janelas, o imperador surgia como o altíssimo, como o ponto supremo da sociedade e da religião cristã.

Do ponto de vista militar, Justiniano tentou restabelecer o controle de regiões no Mediterrâneo. Suas tropas combatiam as forças germânicas na Península Ibérica, na Península Itálica e no norte da África. Seus sucessores tentaram, em vão, reunificar o Império Romano a partir de Constantinopla. No entanto, os gastos elevados das obras e das campanhas militares obrigaram os governantes bizantinos a abandonar a ofensiva contra os reinos germânicos no século VIII.

O ISLÃ

No século VI, a Península Arábica era ocupada por semitas. Tais povos viviam em clãs, que não possuíam um governo centralizado e habitavam duas regiões da península: a **Arábia Pétrea** e a **Arábia Feliz**. A Arábia Pétrea era formada por desertos pedregosos, vales secos e dunas, com pequenas áreas de vegetação junto a poços ou nascentes de água, os oásis. Eles eram disputados pelos **beduínos**, povos do deserto que criavam carneiros e camelos e que viviam em tribos.

Quando a água de um oásis acabava, os beduínos eram obrigados a sair em busca de novas áreas de pastagem. Dessa forma, para sobreviver, entravam em luta com outros grupos de beduínos. Os rápidos e surpreendentes ataques, realizados contra oásis e caravanas, eram denominados **razias**.

Na Arábia Feliz, área relativamente fértil, praticava-se a agricultura e o pastoreio. As atividades comerciais concentravam-se nas cidades de **Yatreb** (Medina) e **Meca**. Grandes expedições de caravanas transportavam os produtos por meio de rotas que se dirigiam tanto para os portos do Mediterrâneo como para o golfo Pérsico.

Meca também era um centro religioso e de peregrinação. Lá ficava a **Caaba**, santuário dos mais de 300 deuses adorados pelos árabes. Foi na cidade de Meca que nasceu o profeta Maomé, em torno de 570.

TÁ LIGADO

8. Explique o que era o cesaropapismo.
9. Apresente as características da arte bizantina.
10. Os bizantinos, sob Justiniano, tentaram restabelecer o poderio romano no Mediterrâneo. Explique os limites dessa tentativa.

Fonte: Elaborado com base em KINDER, Hermann; HILGEMANN, Werner. *Atlas histórico mundial*. Madri: Akal, 2006.

Clãs
Grupos ligados por relações de parentesco.

MAOMÉ E O MONOTEÍSMO

Maomé abalou as crenças dos clãs do deserto, que veneravam muitos deuses. Órfão, aos 15 anos entrou para o comércio de caravanas e conheceu vários povos e diferentes culturas. Influenciado pelas crenças monoteístas, Maomé inaugurou, entre os beduínos, a crença em um único deus. Com isso, enfrentou a fé dos politeístas. Seus seguidores passaram a ser conhecidos por muçulmanos, isto é, submissos a Alá. Todos deveriam obedecer à vontade divina e ao deus único, Alá. Essa nova organização político-religiosa é denominada Islã.

A religião deveria se espalhar por todo o mundo. Para quem lutasse pela conversão dos fiéis, era prometido o Paraíso: um oásis eterno, com jardins, fontes de água fresca e fartura. Maomé uniu as diversas tribos da Arábia em torno da religião muçulmana. Além de líder religioso, tornou-se líder político da Península Arábica, que passou a ter um governo central.

TÁ LIGADO

11. Explique quem eram os beduínos.
12. Explique o que eram as razias.
13. Aponte a importância da cidade de Meca antes do aparecimento da religião muçulmana.
14. Explique o que é o Alcorão.

A PALAVRA DO ALCORÃO

Para os muçulmanos, a palavra divina foi revelada ao profeta Maomé pelo anjo Gabriel. Maomé transmitiu oralmente a seus seguidores as mensagens recebidas. Alguns de seus discípulos anotaram os ensinamentos do profeta e os reuniram, após a sua morte, num livro considerado sagrado para os islâmicos: o **Alcorão** ou **Corão**, que, em árabe, significa "o que deve ser lido".

Escrito em árabe, o Alcorão é composto de 114 capítulos que tratam da religião e dos costumes a serem seguidos pelos muçulmanos. Estabelece como devem ser: orações, jejuns, esmolas, alimentação, família e herança. O Alcorão orienta os muçulmanos a terem no máximo quatro esposas. As mulheres não têm os mesmos direitos que os homens. Essa é uma discussão muito atual no mundo islâmico. Mesmo assim, no Alcorão, é reconhecido o direito de homens e mulheres se divorciarem. Hoje, em vários países muçulmanos, mulheres exigem igualdade de direitos e oportunidades.

OS SUCESSORES DE MAOMÉ

Maomé era tido como profeta de Deus. Não tinha substituto. A sucessão dos chefes do Estado islâmico foi marcada por diversos conflitos. A crise teve início com o califa Othmã, genro de Maomé e representante das famílias poderosas de Meca. Sofrendo a oposição de muitas tribos de beduínos e dos habitantes de Medina, Othmã foi assassinado por um muçulmano em 656. Ali, primo de Maomé e sucessor de Othmã, foi acusado de envolvimento com o crime. O Islã viveria sua primeira guerra civil.

O califa Ali teve sua autoridade questionada pelo governador da Síria, Muhawya. Como parente de Othmã, segundo os costumes dos árabes, Muhawya exigiu a apuração do crime. Como último recurso, o governador da Síria apareceu com o seu Exército à frente das tropas do califa. Seus soldados traziam o Alcorão na ponta das lanças. Exigiam um julgamento para o assassinato do califa Othmã.

Califa
Sucessor do profeta Maomé.

> **TÁ LIGADO?**
>
> 15. Explique como se formaram os grupos xiitas e sunitas.
> 16. Relacione razia, política expansionista e Guerra Santa.

As divisões

Os seguidores de Ali se dividiram. Muitos não admitiam o julgamento e queriam a morte de Muhawya. Outros pressionaram o califa para estabelecer um conselho de religiosos que fizesse a arbitragem. Ali acabou por ceder e permitiu que se fizesse o julgamento. Setores mais populares entre seus apoiadores rebelaram-se contra ele. Tornaram-se os **caridjitas** ("os que saem"). Seguiram-se conflitos entre as tropas de Ali. A situação tornou-se mais conturbada com a decisão do conselho de religiosos que estabelecia que Ali tivera participação no assassinato de Othmã. O califa perdeu mais alguns seguidores, que passaram a apoiar Muhawya.

Ali acabou sendo assassinado por um caridjita. Muhawya tornou-se califa. No seu governo, fundou a **dinastia Omíada**, tornou o califado hereditário e transferiu a capital de Medina para Damasco, na Síria, longe das areias, dos oásis e dos beduínos da Arábia.

Os seguidores de Ali ficaram conhecidos como **xiitas**. São os defensores da sucessão a partir da família do profeta. O grupo mais numeroso ficou conhecido como **sunita**, aquele que segue a "suna", ou seja, os pronunciamentos do profeta. Os caridjitas foram dizimados ao longo da história por sunitas e xiitas.

A EXPANSÃO DO ISLÃ

Muitas caravanas de mercadores cruzavam os desertos, paravam em cidades, acampavam junto a oásis. Os mercadores viajavam da Arábia até a Europa. Passavam pela África e a Palestina. Chegavam até a Índia e a China.

O deserto do Saara era percorrido por enormes caravanas que chegavam a contar com mais de dez mil camelos. Os empoeirados beduínos, conhecedores do deserto, pareciam ocupar toda a cena de uma vasta paisagem. O mundo parecia ser islâmico. Para os muçulmanos, um milagre de Alá. Após a morte de Maomé, em 632 d.C., os califas se encarregaram de expandir o Islã.

A difusão da fé esteve aliada a uma **política expansionista**. A unidade territorial do Islã era garantida pelo movimento das caravanas que transportavam riquezas e pelas conquistas que ampliavam seu poderio. As guerras internas que dividiam as tribos árabes eram direcionadas para além das fronteiras da Arábia. A guerra santa tornava-se o elemento aglutinador dos grupos árabes. A razia era, agora, a política do Islã.

Os muçulmanos conquistaram territórios que iam das fronteiras da Índia, pelo Oriente, até a Europa, pelo Ocidente. O combate aos infiéis (cristãos e judeus) e aos pagãos (politeístas e outras crenças) impulsionava os muçulmanos. Os que aceitassem Alá e seu profeta se tornavam membros da comunidade dos fiéis.

Fonte: Elaborado com base em JOLLY, Jean. *L'Afrique et son environnement européen et asiatique*. Paris: L'Harmattan, 2008.

A EXPANSÃO MUÇULMANA (SÉCULOS VII-VIII)

OS MUÇULMANOS NA PENÍNSULA IBÉRICA

Do norte da África, comandados por Tarik, os muçulmanos atravessaram o Mediterrâneo pelo estreito que separa o Marrocos da Península Ibérica. A palavra "árabe" ficou gravada na região: *Jibril al Tarik*, "rocha de Tarik", localizada no estreito de Gibraltar. Em menos de cinco anos, os muçulmanos conquistaram quase toda a Península Ibérica.

A influência árabe tornou-se visível em vários aspectos da sociedade ibérica: na arquitetura, na arte, na medicina, na química, na astronomia e na formação da língua portuguesa. Muitas palavras árabes, por exemplo, passaram a compor o nosso vocabulário: algarismo, álcool, alaridos (grito de guerra dos muçulmanos), alferes (antigo cavaleiro árabe), algazarra (gritaria), Algarve (onde se fala a língua árabe), alcatra (peça de carne); oxalá (que Alá o queira; ou "tomara").

Após a conquista, os povos que viviam na Península Ibérica foram submetidos às regras islâmicas. Uma parcela da população subjugada refugiou-se ao norte, em uma região montanhosa que acabou abrigando romanos, celtas, visigodos, bascos e suevos. Lá se formaram pequenos reinos cristãos.

AL-ANDALUZ

No Al-Andaluz, como passou a se denominar a área dominada pelos muçulmanos, as populações cristãs e judaicas puderam manter suas crenças. Eram tidos como os "protegidos", povos que detinham livros sagrados (*Torá* no caso judaico, que reúne os livros do Antigo Testamento, e a Bíblia, no caso cristão). Mediante o pagamento de impostos, cristãos e judeus podiam manter sua fé. Os cristãos eram a maioria da população.

A presença dos muçulmanos desenvolveu a cultura e o comércio na Península Ibérica. A rede mercantil montada pelos árabes se estendia pela China, Índia, Pérsia, Palestina e pelo Oriente Médio. O Mediterrâneo, transformado em um mar árabe, permitia a circulação de produtos de luxo: sedas, porcelanas, marfim, pimentas, ervas, perfumes e açúcar.

O desenvolvimento mercantil provocou o crescimento de cidades ibéricas, que se tornaram grandes mercados. No século X, Córdoba possuía 250 mil habitantes. Era a maior cidade do Ocidente. No mesmo período, Toledo tinha uma área cinco vezes maior que Paris.

O esplendor das cidades ibéricas atraiu poetas, letrados e músicos, estimulando o ambiente intelectual do Al-Andaluz. Traduzidas para o árabe, obras da Grécia Antiga chegavam até a Península Ibérica. Toledo, no século XII, tornou-se o principal centro de traduções da Europa.

TÁ LIGADO?

17. Com a conquista islâmica, o que aconteceu aos cristãos da Península Ibérica?

18. Do ponto de vista econômico, quais foram as consequências da conquista da Península Ibérica pelos muçulmanos?

Os sucessores de Maomé, ad-Dailami. Iluminura extraída do manuscrito *Dschami: Haft Aurang*, 1556.

TÁ LIGADO

19. Analise o mapa desta página e identifique as características das rotas mercantis africanas articuladas ao mundo islâmico.

OS MUÇULMANOS NA ÁFRICA

No seu processo de expansão, o islamismo espalhou-se por diversas partes da África. Muitas minas de metais e pedras preciosas, dispersas e ocultas no interior das grandes florestas, acabaram integradas pelo comércio. Alguns povos africanos foram fortemente influenciados pela cultura islâmica. Outros apenas forneciam mercadorias que acabavam entre os carregamentos variados dos comerciantes muçulmanos.

Estabelecia-se um grande sistema de trocas que ligava regiões distantes e populações diversas. Os mercadores muçulmanos não penetravam no coração da África, circulavam por suas bordas, nos limites do Saara, no litoral do Oceano Índico e em áreas de florestas menos densas.

Durante cerca de quatro séculos, a partir da tomada do Egito (639), a religião muçulmana se tornou a fé predominante no norte da África, se propagou pelo Saara e criou raízes na África ocidental e na África oriental. A faixa mediterrânea foi integrada ao mundo islâmico e serviu de base para os avanços na Península Ibérica e na Sicília, por um lado, e para o Saara e o Sudão, por outro.

Do Egito, o Islã expandiu-se para o sul, rumo às regiões da Núbia e do Sudão oriental (Etiópia). A cultura islâmica também penetrou regiões ao sul pelo Mar Vermelho.

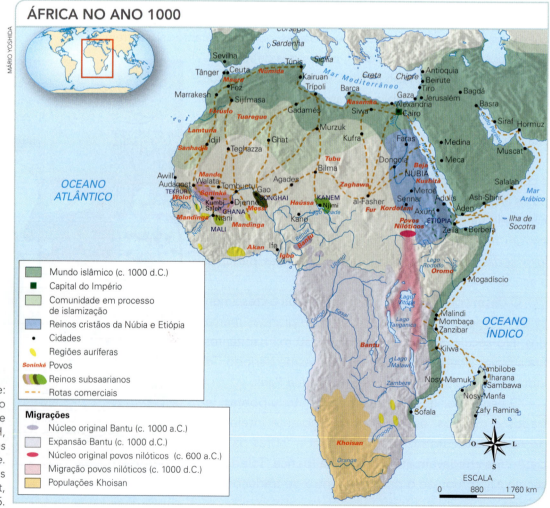

Fonte: Elaborado com base em SMITH, Stephen. *Atlas de l'Afrique*. Paris: Editions Autrement, 2005.

A SOCIEDADE FEUDAL

Príncipes encantados, espadas mágicas, poções milagrosas, espelhos que falam, castelos mal-assombrados, dragões, gigantes, fadas, bruxas. Durante a Idade Média (séculos V a XV), os europeus acreditavam em elementos maravilhosos e sobrenaturais.

Diante de um mundo que lhe parecia perigoso, o homem medieval combatia. A escuridão era ameaçadora. Acreditava-se que as forças do mal viviam nas trevas e saíam à noite para atacar suas vítimas. As florestas eram vistas como morada de seres fantásticos, refúgio de ladrões e a porta de entrada de invasores e desconhecidos. A sociedade europeia medieval mostrava-se guerreira, em luta constante.

Acreditava-se que em lugares distantes da Europa viviam seres humanos deformados e assustadores. Homens com corpos de animais, com orelhas gigantes, dragões, monstros marinhos, unicórnios e centauros.

Alexandre, o Grande, enfrentando os Blemmyes, anônimo. Iluminura extraída do manuscrito *Poemas e romances*, Talbot Shrewsbury, 1444-1445.

O CENTAURO

De todos os seres mágicos e monstruosos imaginados, o centauro foi um dos seres mitológicos mais representados em imagens e textos medievais. Homem da cintura para cima e cavalo da cintura para baixo, o centauro pode ser visto também como uma representação da força militar dos cavaleiros na Idade Média.

O centauro seria um morador das florestas, perseguidor de mulheres e incansável guerreiro. A partir do século XI, ao mesmo tempo em que o prestígio dos centauros imaginários crescia, os cavaleiros medievais tornavam-se senhores da Europa. E a sociedade feudal começou a ser representada com base na divisão em três grandes classes sociais: **trabalhadores**, **guerreiros** e **clero**.

O caçador, a virgem e o unicórnio, anônimo. Iluminura extraída do manuscrito *Bestiário de Rochester*, 1220-1240.

OS GUERREIROS

A invenção do estribo permitiu que os cavaleiros pudessem se manter firmes sobre seus cavalos, apesar de suas pesadas armaduras. Apoiado pelo estribo, o cavaleiro segurava com uma das mãos as rédeas do animal, encaixava o escudo no seu braço e, com a outra mão, achava-se livre para usar a lança ou a espada. O estribo foi um invento medieval que modificou a arte da guerra.

O cavaleiro e seu cavalo formavam uma poderosa arma de guerra. Como o guerreiro, o animal também era recoberto de metal para que ficasse protegido durante os combates.

Os cavaleiros pertenciam a um grupo social que vivia do combate. Os guerreiros lutavam contra os invasores e mantinham o controle militar sobre o restante da população. Possuidores de terras, cavalos, armaduras, lanças e escudos, formavam os exércitos que enfrentavam outros guerreiros, cristãos e não cristãos.

Partida de Hector, anônimo. Iluminura extraída do manuscrito *Epístola de Othéa a Hector*, Christine de Pisan, 1399-1400.

> **TÁ LIGADO**
>
> **20.** Aponte a divisão social pela qual a sociedade feudal passou a ser representada a partir do século IX.
>
> **21.** Explique o funcionamento das relações de suserania e vassalagem.

Os monarcas

De modo geral, toda a terra de determinado reino pertencia ao **monarca**. Sua pessoa confundia-se com a instituição da qual estava à frente: a monarquia.

Ocorre que, em um processo de séculos, iniciado com a crise do Império Romano do Ocidente, no século III, o Estado perdeu a capacidade de manter a unidade dos seus territórios. Houve uma fragmentação do poder. Os monarcas cederam territórios a seus guerreiros em troca de compromissos de lealdade. Com isso, em momentos de campanhas militares, podiam formar exércitos que tinham como objetivo conquistar mais terras.

A luta pela terra levou ao aumento desses compromissos. Não só entre os reis e seus súditos, mas também entre os nobres, interessados em ampliar seu poderio militar e, com isso, sua capacidade de obter mais terras e defender seus domínios.

Formaram-se então, no interior da nobreza, **relações de suserania** e **vassalagem**. Por meio delas, um suserano cedia um bem – o chamado **feudo** –, em geral uma extensão de terras, em troca de auxílio militar.

O CLERO

Durante a Idade Média, os **clérigos** lutavam contra o pecado, contra o demônio e contra os inimigos da fé cristã. Em nome de Deus, monges enfrentavam os perigos das trevas. No meio da noite, faziam suas orações, evocando forças celestiais. Recolhiam-se no interior das florestas e formavam comunidades religiosas orientadas por regras extremamente rígidas. Geralmente renunciavam à riqueza da Igreja e viviam de forma simples, longe da vida luxuosa do alto clero. Essa forma de vida dos monges, em comunidades e com bastante simplicidade, era chamada de vida monástica.

Os padres viviam nas cidades e vilas. Cuidavam das comunidades de fiéis. Ministravam as missas. Batizavam os recém-nascidos. Combatiam os pecados.

Ministrar
Executar, realizar.

A religião cristã tornou-se cada vez mais forte na Europa durante a Idade Média. A Igreja passou a ter grandes extensões de terras. Para os cristãos, Deus tinha enviado seu filho Jesus Cristo para salvar toda a humanidade. Pecadores e descrentes, os homens não reconheceram Jesus como o Salvador e o crucificaram.

No entanto, alguns teriam se tornado seus fiéis seguidores: acreditavam em suas palavras. Acataram seu mandamento de "amar ao próximo como a si mesmo" e presenciaram seus milagres, acompanharam seus sofrimentos e teriam testemunhado sua ressurreição.

Nesse contexto, os clérigos apresentavam-se como **intermediários** entre Deus e a humanidade. Eram verdadeiros soldados de Cristo que acreditavam estar em guerra contra as forças do mal. A batina era a armadura. O crucifixo, os sacramentos e a doutrina, suas armas.

A nobreza

Guimarães, Laon, York, Villeneuve, Bragança. Os nomes das principais famílias medievais, de onde saíram guerreiros e clérigos, confundiam-se com a denominação dos territórios sob seu domínio. Como se os membros dessas famílias fossem feitos da própria terra que habitavam, como Adão, o primeiro homem bíblico, que teria sido feito do barro. Aliás, *Adamah*, em hebraico, significa "o que vem do solo".

As dignidades dos guerreiros eram hierarquicamente organizadas e estavam relacionadas com o domínio sobre determinadas áreas. Na base da nobreza, encontravam-se os **castelãos**, senhores feudais que fortificavam suas residências e que assumiam o governo e a administração da área em torno de seu castelo. A seguir, vinham os **barões**, detentores de baronias ou baronatos. Tratava-se de pequenos territórios onde poderia haver um ou mais castelos de nobres.

Acima desses encontravam-se os condes, senhores dos condados, territórios mais amplos que englobavam grandes extensões de terras e cidades. Os territórios de fronteira eram chamados marcas ou marquesados e suas tropas ficavam sob o comando de um marquês. O título mais elevado, abaixo dos príncipes, era o de duque. Derivado da função de comando militar romana (*dux*), seu vasto território, o ducado, tinha completa autonomia em relação aos monarcas.

O estabelecimento da hierarquia entre os guerreiros e a criação de histórias de famílias (as genealogias) deram origem à chamada nobreza, uma classe social guerreira que se apresentava como superior a todos os demais grupos sociais.

Iluminura extraída de manuscrito preservado na Biblioteca de Santa Escolástica, Subiaco, Itália, s/d.

Fonte: Elaborado com base em DEVAILLY, Guy. *L'Óccidente: X siécle au milieu du XIII siécle*. Paris: Armand Colin, 1970.

O senhorio

❶ A reserva senhorial

Nela estavam localizados os principais terrenos para a agricultura, o castelo e as demais instalações: celeiros, fornos, moinhos e estábulos. Era para o detentor do castelo, o nobre, que se destinava a produção. Trabalhadores dedicavam-se ao cultivo da terra, cuidavam de rebanhos e serviam no castelo.

❷ O manso servil

As terras dos camponeses eram divididas em diversos campos. Os trabalhadores não eram seus proprietários. Detinham a posse hereditária dos terrenos para o sustento de suas famílias e destinavam parte da produção ao seu senhor, fosse ele integrante da nobreza ou membro de uma comunidade de clérigos.

❸ As terras comunais

Podiam ser utilizadas por todos que viviam no senhorio e eram compostas de pequenos bosques. Áreas de pastagens garantiam a complementação da difícil vida dos trabalhadores. Nelas podiam obter lenha para se aquecer durante o inverno e praticar a caça de pequenos animais.

O SENHORIO

A terra, o principal bem da sociedade feudal, era controlada, principalmente, pelos dois grupos sociais dominantes da época, a **nobreza** e o **clero**. Chamava-se **senhor** o possuidor da terra.

O **senhorio** era a unidade de produção da sociedade feudal, ou seja, o lugar onde se produzia aquilo que era indispensável para a sobrevivência de homens e mulheres medievais: gêneros agrícolas, gado, artesanato. O senhorio possuía determinada extensão de terra e era composto de três partes: a reserva senhorial, o manso servil e as terras comunais.

O mosteiro era outro tipo de senhorio. Tratava-se de uma comunidade de monges que, muitas vezes, também detinha terras trabalhadas por camponeses.

Os senhorios eram a expressão do poder da grande nobreza. Além de importante fonte de riquezas, representavam o controle cotidiano sobre os camponeses. Nos senhorios eram exercidas as principais atribuições da nobreza: justiça, a cobrança de taxas e o exercício da força militar. Os castelos altos e imponentes simbolizavam a diferenciação social entre os "honrados" nobres, que não se dedicavam aos trabalhos manuais, e os trabalhadores, que se ocupavam da terra e do artesanato.

OS TRABALHADORES

Além das duas classes sociais dominantes, a do clero e a dos guerreiros, figuravam todos os **trabalhadores**. Social e politicamente submetidos aos guerreiros e aos clérigos, os trabalhadores formavam a imensa maioria da população. Eram encarregados de todas as atividades manuais necessárias à sua sobrevivência e ao sustento dos grupos dominantes da sociedade feudal.

> **TÁ LIGADO**
> 22. Explique o que era o senhorio.

A maior parte dos trabalhadores do senhorio era composta de **servos**, chamados "homens de corpo" dos senhores feudais. Não eram livres. Não podiam sair dos domínios do senhor do castelo sem permissão. Os servos estavam presos à terra que cultivavam. Eram obrigados a dar uma parte de sua produção (**talha**) ou trabalhar alguns dias nas terras do senhor (**corveia**). A escravidão, em que o trabalhador era propriedade de seu senhor, foi substituída pela servidão ao longo da Idade Média. Nessa relação, o trabalhador não era propriedade, não era uma mercadoria que pudesse ser comprada ou vendida.

Alguns camponeses possuíam pequenas extensões de terra. Por necessidade de segurança ou pela imposição do senhor, podiam incorporar suas terras ao senhorio. Em troca, deviam parte da produção ao senhor, uma renda fixada em produtos ou em dinheiro. Por isso, esses camponeses eram chamados de **rendeiros** e gozavam de certa autonomia econômica em relação ao senhor feudal.

DIREITOS SENHORIAIS

Os senhores feudais detinham uma série de direitos. Por exemplo, se possuíssem uma ponte sobre um rio poderiam cobrar uma taxa pela "passagem", um pedágio particular que recaía sobre servos e comerciantes.

Além dos pedágios, os servos estavam sujeitos a uma série de obrigações. Para usar o forno ou o moinho do senhor feudal, tinham de deixar uma parte de sua produção. Essa taxa chamava-se **banalidade**. Se morresse algum adulto da família do servo, mais uma taxa a ser cobrada: **mão-morta**, o que significava uma mão a menos para os trabalhos devidos ao senhor. Nas primeiras colheitas ou na primeira cria dos animais do servo, mais uma taxa: as **primícias**. Essas eram pagas para as autoridades religiosas, que também recolhiam o **dízimo**, ou seja, a décima parte de toda a produção.

O FEUDALISMO E A SOCIEDADE DE ORDENS

O feudalismo é o sistema que se estabeleceu na Europa a partir do final do século X. Em termos econômicos, baseava-se no senhorio e na produção agrícola. Em termos sociais, apresentava-se como uma sociedade de ordens. Em termos políticos, caracterizava-se pelo poder descentralizado, exercido pela nobreza. Em termos de mentalidade, era marcado pela religiosidade. Do ponto de vista das relações sociais, havia dois tipos principais: as relações de suserania e vassalagem e as relações servis.

Na sociedade feudal havia **pouca mobilidade social**, ou seja, uma pequena chance de se mudar de classe social. Quem nascesse em uma família nobre poderia ser membro do clero ou da nobreza. Quem nascesse trabalhador quase sempre iria morrer como trabalhador. Tratava-se de uma sociedade cuja divisão social era justificada como uma Ordem Divina. Uma sociedade de três ordens – clero, nobreza e trabalhadores –, que obedecia a essa determinação de Deus.

TÁ LIGADO

23. Aponte três obrigações dos servos com relação a seus senhores.

24. Compare a condição social do servo à do escravizado.

25. Defina o feudalismo:
    a) em termos econômicos;
    b) em termos políticos;
    c) em termos de mentalidade.

26. Explique a proximidade social entre clérigos e nobres na sociedade feudal.

ANÁLISE DE IMAGEM

A bênção do bispo na feira de Saint Donnis

Material: iluminura em pergaminho (pele de bezerro)

Dimensões: 30,5 cm de altura × 22 cm de largura

Datação: c. 1394-1396

Autor: Tomás III, Marquês de Saluzzo

Iluminador: Mestre da Cidade das Damas

Um dos textos mais importantes da Cavalaria Medieval, o manuscrito intitulado *O livro do cavaleiro errante*, escrito por Tomás III, Marquês de Saluzzo, trata das aventuras de um cavaleiro anônimo. As histórias misturam memórias históricas e ficção. O manuscrito iluminado foi encomendado pelo Marquês de Saluzzo durante sua estada em Paris, provavelmente entre 1403-1405, no estúdio de um iluminador conhecido como Mestre da Cidade das Damas.

O fólio reproduzido abaixo, de número 264, encontra-se preservado atualmente na Biblioteca Nacional de Paris (França).

1 Primeiro olhar:
Iluminura é um tipo de pintura decorativa, geralmente aplicada às letras capitulares no início dos capítulos dos códices de pergaminho medievais. O termo também pode ser aplicado ao conjunto de elementos decorativos e representações feitas nos manuscritos com vários motivos, que iam das flores e estrelas aos pássaros, monstros e outras criaturas.

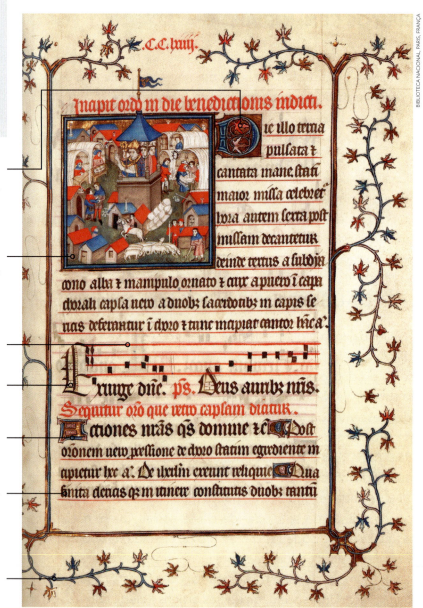

Capitular iluminada: primeira letra de um texto – é ricamente decorada nas iluminuras medievais.

Iluminura: a cena representa o momento da bênção do Bispo de Saint Dennis à feira da cidade, uma das maiores e mais importantes feiras da França e que era uma combinação de comércio, diversão e festa religiosa.

quatro linhas vermelhas com notação musical

Capitular: primeira letra do parágrafo.

Capitular decorada: caracterizada pelas cores azul, vermelho e dourado.

texto

Borda iluminada: as bordas do texto medieval eram iluminadas, ou seja, decoradas com motivos figurativos ou não.

Clérigos e nobres

Os clérigos e nobres tinham muitas coisas em comum. Eram os grandes detentores de terras na Europa medieval, combatiam, cada qual a seu modo, seus inimigos e, principalmente, tinham a mesma origem social.

Ainda assim, nascer em uma família de nobres não era garantia de uma vida confortável. A herança maior, o título de nobreza e o castelo, era destinada ao primeiro filho, o primogênito. O segundo filho, em geral, tornava-se um clérigo. Poderia virar abade de um mosteiro, bispo e até mesmo papa. Os demais filhos entravam para a vida religiosa ou tornavam-se cavaleiros. Ao optar por ser cavaleiro, o nobre partia em busca de aventuras, proezas, combates e um bom casamento que lhe garantisse riquezas.

> **TÁ LIGADO**
> 27. Qual era a semelhança social entre clérigos e nobres?
> 28. Explique o que foi a expansão feudal.

A EXPANSÃO FEUDAL

Uma grande transformação começou a ocorrer em torno do ano 1000. Durante quase trezentos anos, os europeus puderam contar com boas colheitas, com o fim das invasões e com o aumento da área de cultivo.

Devido a isso, produziam mais, comiam melhor, tinham mais saúde, viviam mais tempo. A população europeia cresceu e aumentou a produção agrícola e pecuária.

Até o ano 1000, produzia-se somente o necessário para a alimentação e sobrevivência das pessoas que viviam num certo senhorio. Depois dessa data, havia uma produção que podia ser vendida ou trocada.

A introdução de novas técnicas agrícolas – rotação trienal de culturas, que evitava o esgotamento da terra; arado de ferro; ferradura e novas formas de atrelagem de animais – ampliou a capacidade produtiva da Europa medieval. Com o desenvolvimento da produção agrícola, a desnutrição dos camponeses diminuiu e, consequentemente, a mortandade.

A economia ainda apresentava uma tendência à autossuficiência. Isso quer dizer que cada senhorio, cada aldeia de camponeses e cada pequena moradia procuravam produzir todos os produtos necessários aos seus integrantes. As trocas de mercadorias eram raras e ocasionais.

> **TÁ NA REDE!**
> **COMO FAZER UM MANUSCRITO MEDIEVAL**
> Digite o endereço abaixo na barra do navegador de internet: <https://bit.ly/2Q3aCgb>. Você pode também tirar uma foto com um aplicativo de QrCode para saber mais sobre o assunto. Acesso em: 12 mar. 2018. Em inglês
>
>
>
> A reconstrução da animação interativa é baseada em uma página de um livro do início do século XIV.

A rotação trienal

Os trabalhos agrícolas eram realizados em campos abertos. Cada camponês recebia um pequeno lote em cada um desses campos. O trabalho em conjunto aumentava a produtividade. Uma das maiores inovações técnicas na Idade Média foi a adoção da rotação trienal de culturas. Os campos eram divididos em três partes. A cada ano, um desses campos permanecia em repouso enquanto os demais eram cultivados. Assim, ao final do período de três anos, alterna-se o cultivo de cereais e garante-se um ano de descanso para o solo. Entre uma safra e outra, os campos em repouso tornavam-se áreas coletivas de pastagens para o gado.

Quadro de rotação trienal			
	1º ano	2º ano	3º ano
Campo 1	Trigo	Repouso	Cevada
Campo 2	Cevada	Trigo	Repouso
Campo 3	Repouso	Cevada	Trigo

> **TÁ LIGADO?**
>
> **29.** Enumere as mudanças ocorridas no mundo feudal por volta do ano 1000.

O COMÉRCIO

Ao longo da Alta Idade Média (séculos V a X), o comércio não chegou a desaparecer completamente na Europa. A partir do século XI, no entanto, teve início um grande desenvolvimento mercantil.

O comércio pode ser compreendido como brasas em uma fogueira quase apagada que, ao receberem um novo sopro de ar, fazem o fogo alastrar-se. E esse fogo iria promover um forte crescimento econômico até o século XIII.

Uma família de camponeses, por exemplo, plantava trigo, cevada, legumes e podia possuir um pequeno número de animais, muitas vezes em parceria com outros camponeses. As roupas de tecidos rústicos e os calçados de peles de animais eram feitos nas aldeias, muitas vezes pelos próprios camponeses. Ou então, alguns poucos artesãos abasteciam a comunidade com seus produtos. Em troca de alimentos, objetos, ferramentas e, mais raramente, moedas.

Com mão de obra disponível, a sociedade feudal passou a produzir ainda mais, ampliando as áreas de cultivo. Maiores produções geraram o aumento do excedente agrícola, que passou a ser trocado em feiras e em pequenas cidades que foram se formando.

O crescimento econômico fez surgir inúmeras feiras, onde ocorriam trocas de mercadorias vindas de vários pontos da Europa, da África e da Ásia. E também surgiram novas cidades, para onde eram levadas as mercadorias e onde muitos camponeses tentavam morar. O aumento da produção agrícola tornou-se o sopro que incendiou a economia feudal.

Em termos arquitetônicos, dois tipos de construção deram expressão a esse período: os castelos e as catedrais. Os castelos, símbolos de prestígio e objetos de conquistas militares, traduziam o poder terreno. As catedrais, por sua vez, com suas torres apontando para o céu, demarcavam a força do poder espiritual da Igreja e indicavam a direção final para os homens.

Essas novas cidades estabeleciam-se em terras dos senhores feudais, muitas vezes, ao lado dos castelos. Para se proteger, os senhores mandavam erguer altos muros. Os muros das cidades começaram a cercar os muros de alguns castelos.

Feiras

Apesar do trânsito e da falta de espaço, em todas as cidades brasileiras há feiras: de ricos, de pobres, de classe média, de artesanato, de antiguidades e de automóveis. Na Idade Média, muitas cidades surgiram de feiras que acabaram se tornando permanentes. As mais importantes eram as feiras de Champagne, na França. Eram seis feiras que duravam 49 dias cada uma. Só não funcionavam durante a Quaresma e em alguns dias de festas religiosas.

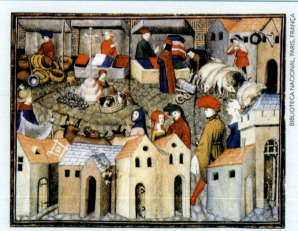

Praça central da feira de Champagne, anônimo. Iluminura extraída do manuscrito *Le chevalier errant*, c. 1410.

AS CIDADES

As cidades europeias, na Idade Média, pagavam impostos aos senhores feudais. Algumas conseguiram comprar sua liberdade por meio de **cartas de franquia**. Mas a liberdade nunca era total. Os bispos sempre mantiveram o controle sobre a religião nessas cidades. Os poderosos senhores feudais controlavam os principais casos de justiça.

Ao contrário dos senhorios, as cidades não eram autossuficientes. Dependiam do mundo rural para obter matérias-primas, gêneros agrícolas e mão de obra para os trabalhos urbanos. Nas cidades, começaram a se desenvolver diversas profissões, como a de construtores e de pedreiros para os edifícios e muros. Além desses, surgiram sapateiros, alfaiates, ferreiros, carpinteiros, tecelões e todo tipo de atividade necessária à produção de mercadorias para os seus habitantes.

> **TÁ LIGADO?**
> 30. Explique o que eram as corporações de ofícios.
> 31. Aponte quem compunha a burguesia na Idade Média.

AS CORPORAÇÕES DE OFÍCIOS E A BURGUESIA

As oficinas dos artesãos eram controladas pelas chamadas **corporações de ofícios**. Cada profissão tinha uma espécie de órgão fiscalizador que definia o número de artesãos autorizados a trabalhar em uma cidade, conferia a qualidade das mercadorias produzidas e estabelecia os preços dos produtos.

A habilidade profissional definia o papel de cada um nas oficinas. Os **mestres** eram aqueles que dominavam as técnicas da produção. Eram eles que podiam participar das corporações de ofícios. Havia ainda os **companheiros**, que dominavam as técnicas, mas não tinham o título de mestres. E, por fim, os **aprendizes**, que ainda estavam em fase de formação.

Como os castelos eram também conhecidos pelo nome de **burgos**, as povoações que surgiram a seu lado receberam a mesma denominação. Sua população passou a ser conhecida, em geral, por burguesia. Na verdade, a burguesia era formada pelos **comerciantes** que viviam nas cidades. Além deles, artesãos, trabalhadores livres, membros da nobreza e representantes do clero também moravam nas cidades.

A CIDADE E AS AUTORIDADES DE DEUS

A cidade era um terreno hostil ao clero. Apesar do controle dos bispos, da edificação de igrejas e da presença dos monges, a cidade era vista como lugar de pecado. Uma espécie de campo adversário.

Os clérigos das cidades diziam que era mais difícil manter-se no caminho indicado por Cristo quando se está cercado pelos vícios, pelas tentações e pelos pecados das cidades. Criticavam, assim, outros clérigos que preferiam viver em mosteiros, em comunidades rurais isoladas.

As lutas que o clero urbano enfrentava eram mais duras. Para vencê-las, tinham de impor sua visão de mundo. Procuravam fazer com que homens e mulheres temessem a Deus. Que a religião tivesse um lugar central na vida da cidade. Para acolher a grande massa de fiéis, foram construídas catedrais mais espaçosas, de grandes dimensões. Em suas construções, durante a Idade Média, os europeus criaram dois estilos de arte e arquitetura: o **românico** e o **gótico**.

EM DESTAQUE — OBSERVE AS IMAGENS

O românico e o gótico

Abadia de Saint Michel de Cuxa. Codalet (França), 2018. (vista lateral)

Abadia de Saint Michel de Cuxa. Codalet (França), 2010. (vista interior)

Abadia de Saint Michel de Cuxa. Codalet (França), 2010. (vista interior)

No seu caderno, organize um quadro com as características de cada uma das construções observadas durante a análise. Sugerimos que você destaque pelo menos dois aspectos: detalhes da fachada e elementos do interior dessas construções.

A abadia beneditina de Saint Michel de Cuxa foi fundada no século IX. A igreja dedicada a Saint Michel foi erguida no ano de 940. Costuma-se identificar seu estilo arquitetônico com o românico.

A Catedral de Notre-Dame de Reims é tida como uma das mais importantes construções góticas da França e foi erguida no século XIII. Sua construção levou cerca de 70 anos.

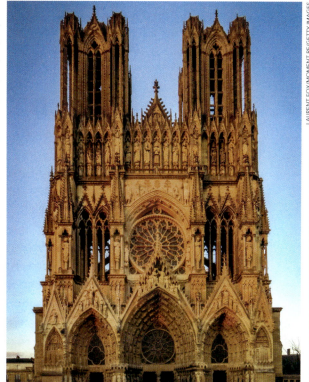

Catedral de Notre-Dame de Reims. Reims (França), 2006. (fachada)

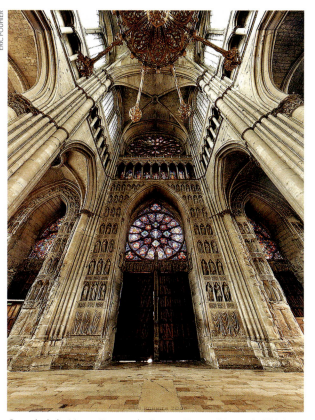

Catedral de Notre-Dame de Reims. Reims (França), 2006. (vista interior)

Catedral de Notre-Dame de Reims. Reims (França), 2006. (vista interior)

TÁ LIGADO?

32. Aponte duas consequências do crescimento econômico feudal.

33. Explique o ingresso de setores da burguesia no interior da nobreza.

MOBILIDADE SOCIAL

O crescimento econômico promoveu modificações nas relações comunitárias entre os camponeses. Terras comunais (ou coletivas) foram transformadas em campos de cultivo. Alguns servos, com a venda dos produtos agrícolas, acumularam recursos e compraram a liberdade junto aos seus senhores feudais.

As aldeias também passaram a comprar sua autonomia, como ocorria nas cidades. Com isso, camponeses que detinham pequenas extensões de terras ampliaram seu patrimônio, dominando politicamente as aldeias e incorporando partes das antigas terras coletivas para seu cultivo particular ou como campo de pastagem para seu gado.

À sombra das enormes muralhas dos castelos e das cidades, erguiam-se cercas nas terras comunais. Símbolos da apropriação individual, as cercas impediam a criação coletiva do gado e indicavam o surgimento das propriedades privadas.

Reunidos em assembleias, os camponeses mais pobres procuravam manter as regras de uso comum dessas áreas. O controle da terra começava a colocar camponês contra camponês.

A cobiça dos senhores feudais também foi estimulada com o crescimento econômico. Alguns conseguiram impor o direito de participar da exploração das terras comunais. Outros cercaram parte dessas terras e tornaram-nas de seu uso exclusivo.

O resultado foi a diminuição das pastagens comuns. O levantamento de cercas reduziu a extensão das terras comunais. Uma maior mobilidade social começava a se registrar. Nas cidades, burgueses enriquecidos procuravam ingressar na nobreza por meio do casamento de seus filhos. Membros da pequena nobreza conseguiam ampliar sua posição social por meio da vida urbana e da união com famílias ricas da burguesia.

No mundo rural, camponeses que haviam enriquecido distanciavam-se bastante dos camponeses mais pobres e, principalmente, dos servos. Muitos destes, em virtude da diminuição progressiva das terras comunais, experimentaram um agravamento de sua condição social. Alguns camponeses deixaram as terras dos senhorios em busca de trabalho nas cidades. Outros vagavam pelos campos de cultivos, recebendo por jornada. Trabalhadores sem terra só possuíam seu corpo e sua força de trabalho.

Ordenha de ovelhas, anônimo. Iluminura extraída do manuscrito *Saltério de Luttrell*, 1340. (detalhe)

O estabelecimento de cercas em partes das terras comuns apontava uma lenta, mas profunda transformação na forma de divisão das terras camponesas. Na imagem, as ovelhas são mantidas em espaço fechado.

AS CRUZADAS

Jerusalém, situada na Palestina, é tida como cidade sagrada por judeus, cristãos e muçulmanos. Grande parte dos eventos descritos pelo Antigo Testamento transcorreu nessa região. Além disso, parte da vida de Jesus, desde o seu nascimento, em Belém, até a crucificação, se passou em Jerusalém. Lá também está o Santo Sepulcro, considerado o túmulo de Jesus.

No século VII, com a expansão islâmica, a Palestina passou ao controle dos muçulmanos. Os cristãos continuaram a peregrinar até a região. A partir de 1070, com a conquista dos turcos muçulmanos, os cristãos foram impedidos de visitar Jerusalém.

Fonte: Elaborado com base em ALBERT, J. *Petit Atlas Historique du Moyen Age*. Paris: Armand Collin, 2007.

Em um contexto de expansão econômica e crescimento populacional, os cristãos organizaram as Cruzadas. Tratava-se de peregrinações armadas que, em nome da fé, levavam os cristãos a partir em busca de mais terras e riquezas. Entre os séculos XI e XIII, organizaram-se mais de vinte dessas expedições. A maior parte delas com destino à Palestina.

Além da intensa religiosidade vivida pelas pessoas na época medieval, uma série de outras motivações esteve por trás das expedições armadas com destino à Terra Santa. Controle das rotas do comércio no Mediterrâneo, possibilidade do fortalecimento do poder dos monarcas feudais, oportunidade de conquistar novas regiões e ampliação do poder da Igreja são algumas dessas motivações.

POBRES E MARGINALIZADOS

As Cruzadas enviavam para fora da cristandade duas fontes de tensão social. A primeira referia-se a grupos empobrecidos e marginalizados, capazes de envolver-se em revoltas populares. A segunda era provocada por representantes da pequena nobreza, sem terras ou de poucos recursos, que viviam da pilhagem a senhorios e do assalto a comunidades camponesas.

Ao mesmo tempo que realizavam as peregrinações à Palestina, os cristãos mantinham-se atraídos pelas imagens de abundância do Paraíso Terrestre. A terra de onde sairiam rios de leite e mel também possuiria a Árvore da Vida e a fonte da juventude, que impediriam a morte e o envelhecimento. Ademais, a Palestina teria ouro, prata e todas as pedras preciosas em quantidades extraordinárias.

Pelas descrições bíblicas, acreditava-se que o Éden (o Paraíso) localizava-se sobre a mais alta montanha do Oriente, próximo à Palestina.

Mais do que simples fantasia de uma sociedade extremamente religiosa, as representações do Paraíso continham os desejos e as expectativas das pessoas da época medieval.

TÁ LIGADO

34. Analise o mapa desta página e aponte as razões para as Cruzadas terem seguido rotas tão diferentes.

35. Sobre as Cruzadas, aponte as motivações:
a) econômicas
b) religiosas
c) sociais

A RECONQUISTA IBÉRICA

A RECONQUISTA CRISTÃ (SÉCULOS XIII-XV)

- Reinos cristãos no início do século XIII
- Limites da Reconquista no início do século XIII
- Reconquista cristã no século XIII
- Reino muçulmano de Granada (conquistado pelos cristãos em 1492)
- Domínios muçulmanos
- Avanço cristão

Fonte: Elaborado com base em DUBY, G. *Atlas Historique*. Paris: Larousse, 1987.

No século IX, começou a circular a notícia de uma milagrosa descoberta. Em Compostela, uma pequena localidade da Península Ibérica, teriam sido encontrados os restos mortais de Tiago, um dos seguidores de Jesus.

Segundo as crenças cristãs, ao retornar à Palestina, Tiago foi preso e decapitado. Dois de seus discípulos teriam recolhido e levado seu corpo até a Península Ibérica, onde o sepultaram. Lá enfrentaram um dragão, domaram dois touros selvagens e, depois de realizadas as façanhas, escolheram uma colina para receber o corpo sagrado. Nela ergueram uma pequena igreja que serviu de centro de conversão ao cristianismo. Essa igreja acabou destruída por pagãos e suas ruínas só teriam sido descobertas em 813 por um devoto cristão.

PEREGRINAÇÕES

Para os cristãos, não havia dúvidas a respeito da descoberta. A localidade passou a ser chamada de Santiago de Compostela e milhares de peregrinos cristãos começaram a dirigir-se à cidade para aproximar-se da relíquia sagrada.

A peregrinação para os cristãos tinha uma função purificadora. O peregrino acreditava que os sofrimentos de sua viagem, a fome, o cansaço, a dor seriam formas de aliviar seus pecados. Quanto mais sofresse, mais próximo estaria da vida de Cristo, que também sofrera para salvar a humanidade.

Compostela, além da relíquia, oferecia outro atrativo. A Península Ibérica fora tomada pelos muçulmanos, inimigos que não acreditavam que Cristo fosse o filho de Deus e consideravam Maomé o seu verdadeiro profeta. Ir até Santiago significava arriscar-se pela religião cristã. Um verdadeiro sacrifício que poderia levar a uma morte purificadora e ao reino de Deus.

Desejosos de aventuras e estimulados pelo combate aos muçulmanos, muitos cavaleiros cristãos se dirigiram a Compostela, vindos de distantes lugares da Europa. O Caminho de Santiago, sempre movimentado, acabou tomado por pequenas vilas, hospedarias, mosteiros e estalagens. A peregrinação trouxe um reforço econômico para a região.

Fortalecidos, os pequenos reinos cristãos iniciaram sua ofensiva sobre os domínios islâmicos. Tinha início a **Reconquista Ibérica**. Durante séculos, os cavaleiros cristãos enfrentaram os cavaleiros muçulmanos pelo domínio da península.

À medida que ampliavam seus territórios, os cristãos alteravam a forma de organização das populações submetidas. Muitos muçulmanos, denominados **mouros** pelos cristãos, foram escravizados.

A CENTRALIZAÇÃO POLÍTICA

A conquista de novas terras alterou a situação dos reinos cristãos da Península Ibérica. Os reis, comandando os exércitos de nobres, dispunham de mais terras para oferecer a seus vassalos. Além disso, passaram a conceder títulos de cavaleiro a cristãos que aceitassem lutar contra os muçulmanos.

Assim, os reis puderam controlar a nobreza e iniciar o processo de **centralização monárquica**, assumindo as funções militares, jurídicas e políticas das terras conquistadas. A Reconquista, assim, fortaleceu o poder dos reis ibéricos, que logo começaram a se definir como auxiliares de Deus na obra da salvação.

Os interesses políticos impediram a formação de uma única monarquia cristã. No século XII surgia um novo reino: Portugal. Domínio de Leão e Castela, o Condado Portucalense tornou-se independente após as batalhas de São Mamede (1128), contra Castela, e de Ourique (1139), contra os muçulmanos.

> **TÁ LIGADO?**
>
> **36.** Estabeleça a relação entre a Reconquista e a centralização monárquica na Península Ibérica.
>
> **37.** Identifique a característica da Reconquista e dos Estados ibéricos presente na lenda de Ourique.

Portugal

Na noite anterior à batalha de Ourique, Cristo teria aparecido a Afonso Henriques, o primeiro rei português, e lhe prometido a vitória: "Eu sou o fundador e o destruidor dos impérios e reinos, e quero fundar em ti e em tua geração um império, para que meu nome seja levado a gentes estranhas".

De acordo com a lenda, os portugueses haviam sido escolhidos por Deus. O Império Português era o império do próprio Cristo. Portugal seria um instrumento da divulgação da palavra divina e o rei, um sacerdote de Deus.

Ao final do século XIII, os portugueses tomavam a região do Algarve, ao sul da península. Com a centralização de poder e a conquista de novas terras, a monarquia arrecadava mais tributos, dispunha de mais recursos. Assim, o rei pôde contar com tropas contratadas, os **mercenários**, e investir no desenvolvimento da navegação.

Leão e Castela

A unificação prosseguiu em 1479 com Isabel, rainha de Leão e Castela, e Fernando, rei de Aragão. O reino de Navarra acabou incorporado alguns anos mais tarde.

Em janeiro de 1492, os castelhanos encerraram a Reconquista com a vitória sobre Granada, o último reduto muçulmano. Pelo seu fervor religioso e pelo combate aos muçulmanos, Isabel e Fernando ficaram conhecidos como os **reis católicos**.

No mesmo ano, sob o comando de Cristóvão Colombo, navios espanhóis atravessaram o Atlântico e chegaram às ilhas do Caribe, às portas do continente que viria a ser denominado **América**.

Em 1415, os portugueses atravessaram o estreito de Gibraltar e desembarcaram no norte da África, em Ceuta. Os conquistadores transformaram uma mesquita muçulmana em igreja cristã. Fizeram tremular a bandeira de Portugal, com suas cinco quinas, que representavam as cinco chagas de Cristo durante seu sacrifício. E passaram a explorar a costa africana, de onde retiraram riquezas e escravizados, para sustentar seu poderio e difundir a palavra cristã.

O rei Afonso IX (1171-1230) foi retratado como um cavaleiro a galope, com um leão estampado em seu escudo e lança em riste. Na parte inferior da iluminura, aparece o leão, símbolo do rei e de seus sucessores. As lutas contra os muçulmanos e entre os reis cristãos fortaleciam os poderes monárquicos e simbólicos da monarquia.

Afonso IX, rei de Leão, anônimo. Iluminura, c. 1190.

QUEBRA-CABEÇA

1. Releia o quadro complementar "A nobreza" (p. 203).
   a) Relacione o nome de determinadas localidades europeias a nomes de famílias da nobreza medieval.
   b) Explique as características do poder dos duques.

2. Defina cada um dos conceitos abaixo e organize um pequeno dicionário conceitual em seu caderno:
   - prefeito do palácio (mordomo)
   - cesaropapismo
   - razias
   - xiitas
   - sunitas
   - suserania e vassalagem
   - relações servis
   - senhorio
   - talha
   - corveia
   - banalidade
   - mão-morta
   - primícias
   - dízimo

3. Esclareça a relação entre o crescimento do comércio e o das cidades na sociedade feudal a partir do ano 1000.

4. Identifique e explique as possíveis semelhanças entre as Cruzadas e a Reconquista Ibérica.

5. Faça a conversão das seguintes datas para séculos em números romanos:
   - 570 d.C.; 632 d.C.; 768 d.C.; 711 d.C.; 929 d.C.

6. Em algarismos romanos, elabore uma linha do tempo com os seguintes elementos:
   - Queda do Império Romano do Ocidente
   - Início da dinastia carolíngia
   - Governo de Justiniano
   - Início da expansão islâmica
   - Conquista da Península Ibérica pelos islâmicos

7. Com base nas informações e nas imagens de seres monstruosos e de cavaleiros do capítulo, escreva uma história em quadrinhos sobre os elementos fantásticos e maravilhosos da cultura medieval.
   a) Elabore as características do seu cavaleiro, sua personagem principal:
      - Crie um nome, escolha as cores e as imagens de seu escudo.
      - Com base no mapa da página 203, escolha um território a que ele estaria vinculado.
   b) Elabore o enredo da sua história:
      - Com base nos mapas do capítulo, estabeleça o percurso trilhado pelo seu cavaleiro.
      - Estabeleça os motivos do início da aventura de seu cavaleiro.
      - Crie as personagens necessárias para sua história.
      - Estabeleça as façanhas vividas pelo seu cavaleiro.
      - Em cada situação vivida, fique atento à ambientação e procure desenhar também: cidades, feiras, castelos, florestas, igrejas, mosteiros, campos de cultivo, estradas.
      - Estabeleça um fim para sua história.
   c) Sua história pode ser contada em uma ou duas páginas de uma folha em branco. É importante que você planeje o número de quadrinhos (divisão que você fará nessas páginas) e o tamanho deles.
   d) Se você preferir elaborar a sua história no computador, pode utilizar aplicativos que auxiliam nessa tarefa. Veja, por exemplo: <http://goo.gl/bdMRD7>. Acesso em: 29 jun. 2018.

8. Vamos construir nossos *tags*. Siga as instruções do *Pesquisando na internet*, na seção **Passo a passo** (p. 7), utilizando as palavras-chave abaixo:

   Medina   **Alcorão**   **sunitas**   **Meca**
   xiitas   **caradjitas**

LEITURA COMPLEMENTAR

Leia com atenção o texto a seguir e depois responda no seu caderno às questões propostas.

AS TRÊS ORDENS

A casa de Deus, que acreditam uma, está pois dividida em três: uns oram, outros combatem, outros, enfim, trabalham. Estas três partes que coexistem não suportam ser separadas; os serviços prestados por uma são a condição das obras das outras duas; cada um por sua vez encarrega-se de aliviar o conjunto. Por conseguinte, este triplo conjunto não deixa de ser um; e é assim que a lei pode triunfar, e o mundo gozar da paz.

(Adalberon, bispo de Laon, século XI)
PEDRERO-SÁNCHEZ, M. G. *História da Idade Média – textos e testemunhas*. São Paulo: Editora Unesp, 2000. p. 91.

1. Quando foi escrito o texto que você acabou de ler? Quem o escreveu? Qual era sua posição na sociedade feudal?
2. Como a sociedade feudal é apresentada no texto?
3. Nessa sociedade as pessoas conseguem mudar sua condição social? Justifique sua resposta.
4. Esse texto pode ser considerado um documento histórico? Justifique.
5. Faça um desenho que represente as divisões da sociedade feudal.

PONTO DE VISTA

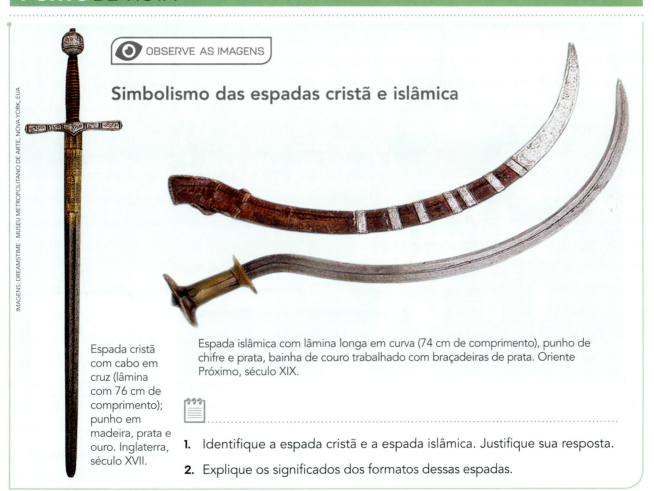

OBSERVE AS IMAGENS

Simbolismo das espadas cristã e islâmica

Espada cristã com cabo em cruz (lâmina com 76 cm de comprimento); punho em madeira, prata e ouro. Inglaterra, século XVII.

Espada islâmica com lâmina longa em curva (74 cm de comprimento), punho de chifre e prata, bainha de couro trabalhado com braçadeiras de prata. Oriente Próximo, século XIX.

1. Identifique a espada cristã e a espada islâmica. Justifique sua resposta.
2. Explique os significados dos formatos dessas espadas.

PERMANÊNCIAS E RUPTURAS

Jerusalém: judeus, cristãos e muçulmanos

> OBSERVE AS IMAGENS

No primeiro plano vemos a Igreja de Maria Madalena, logo atrás, o Muro das Lamentações e, ao fundo, a Mesquita de Al-Aqsa.

Igreja de Maria Madalena e Mesquita Al-Aqsa, Muro das Lamentações. Jerusalém, Israel, 2006. (vista do Monte das Oliveiras)

a. Igreja de Maria Madalena
b. Muro das Lamentações
c. Mesquita de Al-Aqsa

CONFLITO ISRAEL-PALESTINO

Fonte: Elaborado com base em KINDER, Hermann; HILGEMANN, Werner. *Atlas histórico mundial*. Madri: Akal, 2006.

1. Identifique a religião representada em cada uma das construções mostradas na fotografia.
2. Pesquise sobre a situação política da cidade de Jerusalém nos dias de hoje.
3. Atualmente, os grupos em conflito nessa região são os mesmos do tempo das Cruzadas? Justifique sua resposta.

TRÉPLICA

Filmes

A espada era a lei
EUA, 1963.
Direção de Wolfgang Reitherman.

Nessa animação da Disney sobre a lenda do rei Artur, a espada Excalibur está presa em uma pedra e só o verdadeiro rei pode retirá-la. O Artur desse filme é um jovem e desengonçado cavalariço que com a ajuda do mago Merlin se transformará no rei Artur.

Osama
Afeganistão, 2003.
Direção de Siddiq Barmak.

Em pleno regime Talibã no Afeganistão, uma menina é obrigada a cortar o cabelo e se vestir como se fosse um menino para ajudar sua família composta apenas de mulheres.

Livros

As mil e uma noites

LADEIRA, J. G. São Paulo: Scipione, 2007. (adaptação)

O rei Artur e os cavaleiros da Távola Redonda

MALORY, Thomas. Adaptação de Ana Maria Machado. São Paulo: Scipione, 2004.

Sites

(Acessos em: 29 jun. 2018)

<http://goo.gl/7JKAgQ>

O portal do Museu Nacional da Idade Média, também conhecido como Museu de Cluny, possui coleções de peças, esculturas góticas, relevos, pinturas, iluminuras, vitrais, tapeçarias e tecidos medievais. A visita virtual permite a apreensão de elementos que compunham a vida cotidiana na França durante a Idade Média. O *site* pode ser consultado em francês, inglês ou espanhol.

Índice remissivo

Abraão, 65, 75, 78, 157
Afonso Henriques, 215
Afrodite, 140
Agamenon, 113
Akhenaton, 95, 100, 103 (ver Amenófis IV)
Alá, 197, 198, 199
Alexandre, 119, 127, 128, 175, 177
Ali, 197, 198
Amenemhat IV, 95
Amenófis IV, 95, 100, 103 (ver Akhenaton)
Ammit, 98, 99
Amon-Rá, 100, 128, 175
Aníbal, 144, 145, 146
Anquises, 140
Antropozoomórfico, 105
Anúbis, 98, 99
Apolo, 133
Aquiles, 113, 140
Ares, 133, 140
Ariadne, 111
Aristocracia, 79, 113, 115, 116, 124, 142, 148, 165, 172, 192
Aristóteles, 119, 127
Arquimedes de Siracusa, 177
Ascânio, 140
Assurbanipal, 74
Astecas, 78, 80
Atena, 114, 125, 129, 133
Atenodoro, 129
Átlios, 120
Augusto (título), 151, 165

Baal, 74
Banalidade, 205, 216
Brâmanes, 131, 133
Bramanismo, 131, 133
Buda, 130, 131
Budismo, 130, 133
Bulé, 124, 133, 135

Caio Graco, 148
Caio Júlio César, 150, 151 (ver César e Júlio César)
Caio Júlio César Otávio, 151 (ver Otávio e Otávio Augusto)
Caio Mário, 150
Carlos Magno, 194
César, 95, 136, 150, 153, 165, 196 (ver Caio Júlio César e Júlio César)
César (título), 151
Cesaropapismo, 196, 216
Charles Leonard Wooley, 62
Chátrias, 131, 133
Cidade(s)-Estado, 64, 65, 67, 69, 73, 74, 80, 110, 114, 117, 121, 123, 125, 126, 127, 128, 131, 133, 144, 173
Ciro (Ciro II), 122
Cláudio Galeno, 177
Cláudio Ptolomeu, 177
Clóvis, 193, 194, 195
Corveia, 205, 216
Cristóvão Colombo, 215

Dario I, 122, 123, 130
Davi, 77
Davi, 174 (ver Menelik I)
David, 174
Demagogos, 149, 150, 165
Democracia, 110, 115, 116, 117, 119, 124, 133, 134, 135, 143
Diocleciano, 158, 161
Dionísio, 115, 116
Divisão sexual do trabalho, 58, 80, 183
Dízimo, 205, 216
Documento(s) histórico(s), 12, 16, 26, 27, 30, 47, 75, 80, 107, 190, 217
Drácon, 115

Eclésia (*ecclesia*), 124, 133, 135
Elizabeth Taylor, 106, 107
Eneias, 140
Epicuro, 120
Escravismo (romano), 147, 161, 165
Espártaco, 147, 148
Estado, 62, 63, 76, 77, 80, 94, 96, 97, 117, 118, 124, 143, 146, 148, 149, 151, 154, 156, 157, 161, 173, 193, 196, 197, 202
Estado teocrático (teocracia), 98, 99
Estratégia, 124, 133, 135
Euclides de Alexandria, 177
Eupátridas, 113, 114, 115, 133
Eurocentrista, 51, 52
Excedente de produção, 61, 80, 93, 208

Federados, 160, 161, 165
Fidípides, 123
Filipe II, 127
Filosofia, 110, 119, 120, 130, 133
Freya, 160, 167

Gilgamesh, 66, 80, 85

Haddock Lobo, 26
Hagesandro, 129
Hamurábi, 68, 69, 80, 81
Hapi, 90
Hatshepsut, 95, 173
Helena (Troia), 113
Heráclito, 120
Hércules, 144
Heródoto, 105, 177, 178
Hieróglifo(s), 93, 94, 104, 105
Hilotas, 117, 133
Hipátia, 120, 162
Homero, 110, 112, 127
Hominização, 38, 52
Hórus, 92, 93, 95, 98, 105, 176

Iavé (Iahweh, Yahweh), 75, 76, 77, 83, 186
Imperador(es) (romano; romanos), 95, 129, 151, 153, 154, 157, 158, 162, 167
Império, 50, 65, 67, 68, 69, 70, 74, 77, 79, 80, 100, 101, 102, 103, 122, 127, 128, 130, 132, 133, 144, 147, 149, 150, 151, 152, 153, 154, 155, 156, 157, 158, 159, 160, 161, 162, 163, 165, 167, 168, 171, 172, 173, 175, 177, 192, 193, 194, 195, 196, 202, 215, 216
Imperium, 150, 165
Incas, 78, 79, 80
Ísis 92, 105, 106, 176

Jesus (Cristo), 23, 54, 157, 158, 202, 213, 214
Johan Huizinga, 36
Júlio César, 95, 136, 150, 151 (ver César e Caio Júlio César)
Justiniano, 195, 196, 216

K

Kung-Fu-Tzu, 130
Kushitas, 102, 103, 172, 186

L

Laconismo, 118, 133
Latifúndio(s), 147, 165
Latino, 140
Lavínia, 140
Licurgo, 117

Liga de Delos, 125, 126, 133
Liga do Peloponeso, 117, 125, 133
Lúcio Cornélio Sila, 150
Luzia, 41, 46, 50

Maias, 78, 80
Mandarins, 132, 133
Maomé, 188, 196, 197, 198, 214
Mão-morta, 205, 216
Marajoara, 50, 80
Marc Bloch, 14
Marco Antônio, 95, 151, 177
Marco Emílio Lépido, 151
Marco Júnio Bruto, 151
Menelau, 113
Menelik I, 174 (ver Davi)
Menés, 93
Meroveu, 193
Metecos, 114, 133
Micenas, 112, 113
Michelangelo Buonarroti, 129
Minos, 111
Minotauro, 111
Mobilidade social, 205, 212
Moisés, 75, 76, 188
Muhawya, 197, 198

Nabucodonosor, 69, 70, 80, 82
Nabucodonosor II, 77
Napoleão Bonaparte, 129
Narmer, 93
Nefertári, 95, 104, 107
Nefertiti, 95, 100
Neftis, 92
Netuno, 140
Noé, 72, 82, 188
Nomadismo, 48, 52, 55
Nomo(s), 91, 93, 100, 105

Odin, 160, 167 (ver Wotan)
Odisseu, 113
Odoacro, 162
Oikos, 112, 113, 133
Olmecas, 78
Ordálio, 159, 161, 165
Osíris, 92, 98, 99, 100, 104, 176
Otávio, 151, 152, 177 (ver Caio Júlio César Otávio e Otávio Augusto)
Otávio Augusto, 151, 152, 157 (ver Caio Júlio César Otávio e Otávio)
Othmã, 197, 198

Papa Júlio II, 129
Párias, 131, 133
Pasífae, 111
Pater familias, 112, 113, 133
Patrícios, 140, 142, 143, 147, 148, 149, 165
Paz Romana, 153, 156, 165
Pereu, 113
Péricles, 124, 130
Periecos, 117, 133
Pitágoras, 120
Platão, 119, 120, 130, 133, 162
Plebeus, 142, 143, 148, 154, 157, 165
Plebiscito(s), 143, 165
Plínio (o Velho), 129
Polidoro, 129
Pólis, póleis, 110, 113, 114, 118, 119, 121, 133
Politeísmo, 66, 80, 100, 163, 192
Poseidon, 111, 114, 133, 140
Primícias, 205, 216
Proletários romanos, 165
Psístrato, 115, 116
Ptolomaico, 175
Ptolomeu (I), 95, 175, 177

Rá, 98, 100, 128, 175 (ver Amon-Rá)
Rainha Makeda (Sabá), 174, 175, 186
Razias, 196, 198, 216
Relações servis, 205, 216
Remo, 140, 141
Rômulo, 140, 141
Rômulo Augusto, 162

Salomão, 77, 174, 175, 186, 188
Santo Ambrósio, 163
Satrapias, 122, 133
Saturno, 22, 167
Sebekneferu, 95
Sedentarização, 48, 52, 84, 153, 180
Senet, 99, 104, 105, 107
Senhorio, 204, 205, 207, 216
Set, 92
Sidarta Gautama, 130, 131
Sítio(s) arqueológico(s), 37, 38, 39, 40, 41, 43, 44, 45, 46, 52, 55, 85
Sociedade de castas, 131, 133
Sócrates, 119, 120, 128, 130
Sólon, 115, 116, 126
Sudras, 131, 133
Sunitas, 198, 216

Talha, 205, 216
Tamuz, 66
Tanit, 74
Tempo circular, 21, 22, 26
Tempo contínuo, 22, 26
Teocracia, 98, 105
Teseu, 111
Téspis, 116
Tétis, 113
Thor, 159, 160, 167
Thot (Thoth), 86, 94, 98
Tiago, 214
Tibério Graco, 148
Tito (imperador), 129
Tiwaz, 159, 167
Tribuno da plebe, 148, 165 (ver Tibério Graco)
Tutmósis I, 95
Tutmósis II, 95

Ulisses, 113, 134
Uta-Napishtim-Ruqu, 66, 80

Vaixás, 131, 133
Valhala, 160
Virgílio, 129, 151

Wotan, 160 (ver Odin)

Xerxes, 123, 130
Xiitas, 198, 216

Zenão, 163
Zeus, 114, 120, 133, 176

Referências bibliográficas

ABRAMSON, M.; GUREVITCH, A.; KOLESNITSKI, N. *História da Idade Média: a Alta Idade Média*. Lisboa: Estampa, 1978.

ADÉKÒYÀ, O. *Yoruba: tradição oral e História*. São Paulo: Terceira Mensagem, 1999.

ALCANTUD, J. A. G. *Tractatus ludorum: una antropológica del juego*. Barcelona: Antrhropos, 1993.

ALFOLDY, G. *A história social de Roma*. Lisboa: Editorial Presença, 1989.

ALTER, R.; KERMODE, F. *Guia Literário da Bíblia*. São Paulo: Unesp, 1997.

ANDERSON, P. *Passagens da Antiguidade ao Feudalismo*. Porto: Afrontamento, 1982.

ANDRADE FILHO, R. *Os muçulmanos na Península Ibérica*. São Paulo: Contexto, 1989.

ANDRADE LIMA, T. Em busca dos frutos do mar: os pescadores/coletores do litoral centro-meridional brasileiro. In: *Revista USP, Dossiê Antes de Cabral: Arqueologia Brasileira*, São Paulo, v. 2, 2000.

_____; SILVA, R. C. P. 1898-1998: a pré-história brasileira em cem anos de livros didáticos. In: *Fronteiras – Revista de História da UFMS*, Corumbá, v. 3, n. 6, p. 91-134, 1999.

ARIÈS, P. *O tempo da História*. Rio de Janeiro: Francisco Alves, 1989.

_____ et al. (Dirs.). *História da vida privada: do Império Romano ao ano mil*. São Paulo: Cia. das Letras, 1992. v. 1.

ASHERI, D. *O Estado Persa*. São Paulo: Perspectiva, 2006.

ASIMOV, I. *Cronologia das ciências e das descobertas*. Rio de Janeiro: Civilização Brasileira, 1993.

AZEVEDO, A. C. do A. *Dicionário de nomes, termos e conceitos históricos*. Rio de Janeiro: Nova Fronteira, 1997.

BAHN, P.; RENFREW, C. *Arqueología: teorías, métodos y prácticas*. Torrejón de Ardoz (Madrid): Akal, 1993.

BALSDON, J. P. V. D. (Org.). *O mundo romano*. Rio de Janeiro: Zahar, 1968.

BARK, W. C. *Origens da Idade Média*. Rio de Janeiro: Zahar, 1979.

BARREAU, J-J.; MORNE, J-J. *Epistemología y antropología del deporte*. Madrid: Alianza Deporte, 1991.

BELLINGHAM, D. *Introdução à mitologia céltica*. Lisboa: Estampa, 1999.

BERNARDI, A.; SCIPIONE, G. *Diccionario de Historia*. Madrid: Anaya, 1997.

BERTHOLD, M. *História mundial do teatro*. São Paulo: Perspectiva, 2000.

BEYLIE, C. *Os filmes-chave do cinema*. Lisboa: Pergaminho, 1997.

Bíblia de Jerusalém. São Paulo: Paulinas, 1985.

BLOCH, M. *A sociedade feudal*. Lisboa: Edições 70, 1982.

_____. *Introdução à História*. Trad. Mem Martins. Lisboa: Europa-América, s/d.

BOBBIO, N.; MATTEUCCI, N.; PASQUINO, G. *Dicionário de Política*. Brasília: Editora UnB, 1991.

BOUZON, E. *O código de Hamurabi*. Rio de Janeiro: Vozes, 2000.

BRANDÃO, J. *Mitologia e Religião Romana. Dicionário Mítico-Etimológico*. 2. ed. Petrópolis: Vozes, 1993.

_____. *Mitologia Grega. Dicionário Mítico-Etimológico*. 3. ed. Petrópolis: Vozes, 2000. 2 v.

BRIGHT, J. *História de Israel*. São Paulo: Paulus, 2003.

BRONOWSKI, J. *A escalada do homem*. São Paulo: Martins Fontes, 1992.

BROWN, P. *A ascensão do cristianismo no Ocidente*. Lisboa: Presença, 1999.

_____. *O fim do mundo clássico*. Lisboa: Verbo, 1972.

BULFINCH, T. *O livro de ouro da mitologia: histórias de deuses e heróis*. São Paulo: Ediouro, 2000.

BURKE, P. *O que é história cultural?* Rio de Janeiro: Zahar, 2005.

CAILLOIS, R. (Org.). *Jeux et sports*. Paris: Gallimard, 1967.

_____. *Les jeux et les hommes. Le masque et le vertige*. Paris: Gallimard, 1958.

CARCOPINO, J. *A vida cotidiana em Roma e no auge do Império*. São Paulo: Cia. das Letras, 1988.

CARDOSO, C. F. *A cidade-Estado antiga*. São Paulo: Ática, 1985.

_____. *Modo de produção asiático*. Rio de Janeiro: Campus, 1990.

_____. *O Egito Antigo*. São Paulo: Brasiliense, 1986.

_____. *Sete olhares sobre a Antiguidade*. Brasília: Editora da UnB, 1994.

_____. *Sociedades do Antigo Oriente Próximo*. São Paulo: Ática, 1986.

_____. *Trabalho compulsório na Antiguidade*. Rio de Janeiro: Graal, 1984.

CARREIRA, J. N. *História antes de Heródoto*. Lisboa: Edições Cosmos, 1993.

CHALLAYE, F. *Pequena História das Grandes Religiões*. São Paulo: Difusão Cultural, 1967.

CHAMOUX, F. *A civilização grega*. Lisboa: Ed. 70, 2003.

CHATELET, F.; DUHAMEL, O.; KOUCHNE, R. E. *História das Ideias Políticas*. Rio de Janeiro: Zahar, 1982.

CHAUNCEY, G. Chá e simpatia. In: CARNES, Mark C. *Passado imperfeito: a história do cinema*. Rio de Janeiro: Record, 1997.

CHELIK, M. *História Antiga: de seus primórdios à queda de Roma*. Rio de Janeiro: Zahar, 1984.

CHILDE, G. *A Pré-História da Sociedade Europeia*. Lisboa: Europa-América, 1962.

_____. *A Revolução Urbana*. Rio de Janeiro: Zahar, 1963.

_____. *O que aconteceu na História*. Rio de Janeiro: Zahar, 1973.

CÍCERO. Da República. In: *Os Pensadores*. São Paulo: Abril Cultural, 1983. v. 5.

CLARO, R. *Olhar a África: fontes visuais para sala de aula*. São Paulo: Hedra Educação, 2012.

COHEN, M. N. *La crisis alimentaria de la prehistoria*. Madrid: Alianza Editorial, 1981.

COTTEREL, A. *Classical Civilisations*. New York: Penguin Books, 1995.

CROIX, G. *La lucha de clases en el Mundo Griego Antiguo*. Barcelona: Editorial Crítica, 1988.

CROUZET, M. *História Geral da Civilização*. Rio de Janeiro: Bertrand, 1993. 3 v.

CUCHE, D. *A noção de cultura nas Ciências Sociais*. Bauru: Edusc, 1999.

DALLEY, S. *Myths from Mesopotamia: creation, the flood, Gilgamesh and others*. Oxford: Oxford University Press, 1991.

DAVIS, D. B. *O problema da escravidão na cultura ocidental*. Rio de Janeiro: Civilização Brasileira, 2001.

DONINI, A. *História do cristianismo: das origens a Justiniano*. Lisboa: Ed. 70, 1980.

DONNER, H. *História de Israel e dos povos vizinhos*. Petrópolis: Vozes; São Leopoldo Sinodal, 1997. 2 v.

DUÉ, A. *Atlas histórico do cristianismo*. Petrópolis: Vozes, 1999.

DUNCAN, D. E. *Calendário. A epopeia da humanidade para determinar um ano verdadeiro e exato*. Rio de Janeiro: Ediouro, 1999.

EHRENREICH, B. *Ritos de Sangue*. Rio de Janeiro: Record, 2000.

ELIADE, M. *História das crenças e das ideias religiosas*. 2. ed. Rio de Janeiro: Zahar, 1983-1984. Tomos I, II e III.

_____. *Mito e realidade*. São Paulo: Perspectiva, 1972.

_____. *O Mito do eterno retorno*. Lisboa: Edições 70, 1984.

_____. *O sagrado e o profano*. Lisboa: Livros do Brasil, s/d.

Enciclopédia Einaudi – Anthropos/Homem. Lisboa: Imprensa Nacional/Casa da Moeda, 1985. v. 5.

Enciclopédia Einaudi – Mythos/Logos – Sagrado/Profano. Lisboa: Imprensa Nacional/Casa da Moeda, 1987. v. 12.

FAGE, J. D. *História da África*. Lisboa: Edições 70, 1995.

FARIA, J. F. (Org.). *História de Israel e as pesquisas mais recentes*. Petrópolis: Vozes, 2003.

FAUKENER, R. (Org.). *The egyptian Book of the Dead: the book of going forth by day*. San Francisco: Chronicle Books, 1998.

FERREIRA, J. R. *A Grécia Antiga. Sociedade e política*. Lisboa: Edições 70, 1992.

FINLEY, M. I. *Aspectos da Antiguidade*. São Paulo: Martins Fontes, 1991.

_____. *Economia e sociedade na Grécia Antiga*. São Paulo: Martins Fontes, 1989.

_____. *História Antiga: testemunho e modelos*. São Paulo: Martins Fontes, 1991.

_____. *O mundo de Ulisses*. Lisboa: Presença, 1982.

_____. *Os gregos antigos*. Lisboa: Edições 70, 1984.

_____. *Política no mundo antigo*. Lisboa: Edições 70, 1997.

FLORENZANO, M. B. B. *O mundo antigo: economia e sociedade*. São Paulo: Brasiliense, 1982.

_____. *Nascer, viver e morrer na Grécia Antiga*. São Paulo: Atual, 1996.

FORDE, D. (Org.). *Mundos Africanos. Estudios sobre las ideas cosmológicas y los valores sociales de algunos pueblos de África*. Trad. México: Fondo de Cultura Económica, 1975.

FRANCO JÚNIOR, H.; ANDRADE FILHO, R. de O. *Atlas. História Geral*. 5. ed. São Paulo: Scipione, 2006.

FRASCHETTI, A. *O mundo romano*. In: *História dos jovens*. São Paulo: Cia. das Letras, 1996. v. 1.

FREUD, S. *Moisés y la religión monoteísta*. Buenos Aires: Losada, 1933.

FROBENIUS, L.; FOX, D. *A gênese africana. Contos, mitos e lendas da África*. São Paulo: Landy, 2005.

FUNARI, P. P. *Antiguidade Clássica. A história e a cultura a partir de documentos*. Campinas: Ed. Unicamp, 1995.

_____. Antiguidade, proposta curricular e formação de uma cidadania democrática. In: *Revista Brasileira de História*, São Paulo, v. 7, n. 14, 261-262, 1987.

_____. *Arqueologia*. São Paulo: Contexto, 2003.

_____. *Cultura popular na antiguidade*. São Paulo: Contexto, 2006.

_____. *Grécia e Roma*. São Paulo: Contexto, 2006.

GARELLI, P. *Oriente próximo asiático, impérios mesopotâmicos, Israel*. São Paulo: Pioneira, 1982.

GARRAFFONI, R. S. *Gladiadores na Roma Antiga: dos combates às paixões cotidianas*. São Paulo: Anablume, 2005.

GASPAR, M. D. *Sambaqui: arqueologia do litoral brasileiro*. Rio de Janeiro: Zahar, 2002.

GIBBON, E. *O declínio do Império Romano*. São Paulo: Cia. das Letras, 1989.

GIORDANI, M. C. *História da África: anterior aos descobrimentos*. São Paulo: Vozes, 1993.

_____. *História dos reinos bárbaros*. Rio de Janeiro: Vozes, 1970.

GLOTZ, G. *A cidade grega*. São Paulo: Difel, 1980.

GODOY, L. *Os Jogos Olímpicos na Grécia Antiga*. São Paulo: Nova Alexandria, 1996.

GOMBRICH, E. H. *História da arte*. Rio de Janeiro: Zahar, 1999.

GRANT, J. *Introdução à mitologia viking*. Lisboa: Estampa, 2000.

GRIMAL, P. *A mitologia grega*. São Paulo: Brasiliense, 1982.

_____. *O Império Romano*. Lisboa: Edições 70, 1999.

_____. *Virgílio ou O segundo nascimento de Roma*. São Paulo: Martins Fontes, 1992.

GUARINELLO, N. *Imperialismo greco-romano*. São Paulo: Ática, 1987.

HARDEM, D. *Os fenícios*. Lisboa: Verbo, 1980.

HAUSER, A. *História Social da Literatura e da Arte*. São Paulo: Mestre Jou, 1972.

HAYWOOD, J. *Historical Atlas of the Ancient World – 4.000.000-500 b.C.* Oxford: Andromeda, 1998.

HERNANDEZ, L. L. *A África na sala de aula. Visita à História Contemporânea*. São Paulo: Selo Negro, 2005.

HILGEMANN, W.; KINDER, H. *Atlas historique*. Paris: Perrin, 1992. 2 v.

HUBBE, M.; NEVES, W. Luzia e a saga dos primeiros americanos. In: *Scientific American Brasil*, São Paulo, n. 15, p. 24-31, 2003.

HUBBE, M.; MAZZUIA, E. A.; ATUI, J. P. V.; NEVES, W. *A primeira descoberta das Américas*. Ribeirão Preto: Editora da Sociedade Brasileira de Genética, 2003.

HUIZINGA, J. *Homo ludens: o jogo como elemento da cultura*. São Paulo: Perspectiva, 2000.

IKRAM, S. *Death and Burial in Ancient Egypt*. Londres: Pearson Education, 2003.

ILIFFE, J. *Os Africanos: História dum continente*. Lisboa: Terramar, 1995.

JACOBSEN, T. *The Treasures of Darkness*. New Haven: Yale University Press, 1976.

JAEGER, W. *Cristianismo primitivo e paideia grega*. Lisboa: Edições 70, 2002.

JAGUARIBE, H. *Um estudo crítico da História*. Rio de Janeiro: Paz e Terra, 1998.

JANSON, H. W. *História da arte*. São Paulo: Martins Fontes, 1992.

JOHNSON, A. G. *Dicionário de Sociologia*. Rio de Janeiro: Zahar, 1997.

JONES, P. *O mundo de Atenas*. São Paulo: Martins Fontes, 1997.

KATY, S. *Meu lugar no mundo*. São Paulo: Ática, 2004.

KERÉNYI, K. *Os heróis gregos*. São Paulo: Cultrix, 1998.

_____. *Os deuses gregos*. São Paulo: Cultrix, 2000.

KI-ZERBO, J. (Org.). *História Geral da África: metodologia e pré-história da África*. São Paulo: Ática/Unesco, 1982. v. 1.

Referências bibliográficas (cont.)

_____. *Histórias da África Negra*. Trad. Mem Martins. Lisboa: Europa-América, 1999. v. 1.

_____. *Para quando África*. Rio de Janeiro: Pallas, 2006.

KUPER, A. *Cultura: a visão dos antropólogos*. Bauru: Edusc, 2002.

LABURTHE-TOIRA, P.; WARNIER, J-P. *Etnologia – Antropologia*. Petrópolis: Vozes, 1999.

LAS CASAS, Bartolomé de. Brevíssima relação da destruição das Índias. In: _____. *O Paraíso destruído; a sangrenta história da conquista da América Espanhola*. Porto Alegre: L&PM, 1984.

LE GOFF, J. *História e Memória*. Lisboa: Ed. 70, 2000. 2 v.

LEICK, G. *Mesopotâmia: a invenção da cidade*. São Paulo: Imago, 2003.

LEVEQUE, P. (Org.). *As primeiras civilizações*. Lisboa: Edições 70, 1987.

LÉVIS-TRAUSS, C. *História e Etnologia*. Campinas: Unicamp, 1999. (Textos Didáticos.)

LIGHTMAN, A. *Os sonhos de Einstein*. São Paulo: Cia. das Letras, 1993.

MAESTRE FILHO, M. J. *O Escravismo Antigo*. São Paulo: Atual, 1988.

MAFFRE, J-J. *A Vida na Grécia Clássica*. Rio de Janeiro: Zahar, 1989.

MALLOWAN, M. E. L. *Mesopotâmia e Irão*. Lisboa: Verbo, 1965.

MANTRAN, R. *A expansão muçulmana: séculos VII-XI*. São Paulo: Pioneira, 1977.

MARTIN, G. *Pré-História do Nordeste do Brasil*. Recife: Ed. UFPE, 1999.

MARTINS, W. *A palavra escrita: história do livro, da imprensa e da biblioteca*. 2. ed. São Paulo: Ática, 1996.

MELEIRO, M. L. F. *A mitologia dos povos germânicos*. Lisboa: Presença, 1994.

MEZAN, R. (Org.). *Caminhos do povo judeu*. São Paulo: Federação Israelita do Estado de São Paulo, 1982. v. 3.

MOKNTAR, G. (Coord.). *História Geral da África: a África Antiga*. São Paulo: Ática/Unesco, 1983. v. 2.

_____. *Terra grávida*. Rio de Janeiro: Rosa dos Tempos, 1999.

MUNFORD, L. *A cidade na história*. São Paulo: Martins Fontes, 1998.

NIEDMER, H. *Mitologia nórdica*. Barcelona: Edicomunicación, 1997.

NOVAES, A. (Org.). *Tempo e História*. São Paulo: Cia. das Letras, 1992.

ONG, W. *Oralidade e cultura escrita: a tecnologização da palavra*. São Paulo: Papirus, 1998.

PEDRERO-SÁNCHEZ, M. G. *História da Idade Média: textos e testemunhas*. São Paulo: Unesp, 2000.

PEREIRA, E. da S. *Arte rupestre na Amazônia – Pará*. Belém: Museu Paraense Emílio Goeldi; São Paulo: Unesp, 2004.

PERRY, M. *Civilização Ocidental*. São Paulo: Martins Fontes, 1985.

PESSIS, A. M. *Imagens da Pré-História*. São Paulo: Fundham, 2003.

PIAGET, J. *A noção de tempo na criança*. São Paulo: Record, 2002.

PIGANIOL, A. *Recherches sur les jeux romains. Notes d'archéologie et d'histoire Religieuse*. Strasburg: Librarie Istra, 1923.

PINSKY, J. *As primeiras civilizações*. São Paulo: Atual, 1987.

PIRENNE, H. *Maomé e Carlos Magno*. Lisboa: Dom Quixote, s/d.

PIRES, F. M. *Mithistória*. São Paulo: Humanitas/Fapesp, 1999.

PRITCHARD, J. B. *Ancient Near Eastern Texts Relating to the Old Testament*. Princeton: University Press, 1955.

PROUS, A. *Arqueologia brasileira*. Brasília: Ed. UnB, 1992.

RICHÉ, P. *As invasões bárbaras*. Lisboa: Europa-América, s/d.

_____. *Grandes invasões e impérios: séculos V ao X*. Lisboa: Dom Quixote, 1980.

RONAN, C. A. *História Ilustrada da Ciência*. Rio de Janeiro: Zahar, 1987.

ROSTOVTZEFF, M. *História de Roma*. Rio de Janeiro: Zahar, 1983.

RUSSELL, B. *História da filosofia ocidental*. São Paulo: Nacional, 1957.

SAGAN, C. *O mundo assombrado pelos demônios*. São Paulo: Cia. das Letras, 1997.

_____. *Os dragões do Éden*. São Paulo: Círculo do Livro, 1981.

SANTOS, R. *A noção de valor no período patriarcal*. São Paulo: Humanitas, 2001.

SAID, E. W. *Orientalismo: o Oriente como invenção do Ocidente*. São Paulo: Cia. das Letras, 1996.

SCHULZ, R.; SEIDEL, M. (Org.). *Egypt: the world of the Pharaohs*. Colonia: Könemann Verlagsgesellschaft, 1998.

SCLIAR, M. *A paixão transformada*. São Paulo: Cia. das Letras, 1996.

SELLIER, J. *Atlas dos povos da África*. Lisboa: Campo da Comunicação, 2004.

SNODGRASS, A. M. *The Dark Age of Greece*. Nova York: Routledge, 2000.

SOUSTELLE, J. *A vida cotidiana dos astecas nas vésperas da conquista espanhola*. Lisboa: Ed. Livros do Brasil, 2001.

SOUZA, M. L. *A África tem uma história*. In: *Afro-Ásia*, Salvador, v. 46, p. 279-288, 2012.

_____. *Sons de tambores na nossa memória: o ensino de História Africana e afro-brasileira*. In: *Boletim do Programa Salto Para o Futuro*, Rio de Janeiro, 2006.

_____. *História da África: temas e questões para a sala de aula*. In: *Cadernos PENESB*, Rio de Janeiro / Niterói, v. 1, p. 71-105, 2006.

_____. *Enfrentando os desafios: a história da África e dos Africanos no Brasil nas nossas salas de aula*. In: SEED/DED/NEDIC. (Org.). *As relações étnico-raciais. História e cultura afro-brasileira e africana na Educação Básica de Sergipe*. 1. ed. Aracaju: Secretaria Estadual de Educação de Sergipe, 2010. v. 1. p. 77-87.

SPINELLI, M. *Helenização e recriação de sentidos: filosofia na época da expansão do cristianismo (séculos II, III e IV)*. Porto Alegre: EDIPUCRS, 2002.

SUETÔNIO. *A vida dos Doze Cézares: a vida pública e privada dos maiores imperadores de Roma*. São Paulo: Ediouro, 2002.

TEIXEIRA, W. et al. (Org.). *Decifrando a Terra*. 2. ed. São Paulo: Cia. Editora Nacional, 2009.

TUCÍDIDES. *História da Guerra do Peloponeso*. Brasília: Ed. UnB, 2001.

VERNANT, J-P. *As origens do pensamento grego*. São Paulo: Difel, 1981.

_____. *Entre mito e política*. São Paulo: Paz e Terra, 1990.

_____. *Mito e pensamento entre os gregos*. São Paulo: Edusp, 2002.

VEYNE, P. *A sociedade romana*. Lisboa: Edições 70, 1993.

VIDAL, C. *Textos para la historia del Pueblo judio*. Madrid: Cátedra, 1995.

VIDAL-NAQUET, P.; BERTIN, J. *Atlas histórico*. Lisboa: Círculo dos Leitores, 1990.